지구촌 관조

세계 24개국 순람기
지구촌 관조

2010년 10월 29일 인쇄
2010년 11월 1일 발행

지은이 / 황인발
펴낸이 / 손희경
펴낸곳 / 도서출판 책마을
등록 제 342-2007-00005호

주소 / 대구시 동구 신천4동 337-5
전화 (053) 942-5345
팩스 (053) 942-5346
E-mail moonin01@naver.com

값 12,000원

ISBN 978-89-93329-14-8

- 世界24個國 巡覽記

地지球구村촌觀관照조

黃 仁 墢 著

도서출판 책마을

책을 엮으면서

해외여행이 자유화 되면서부터 국내의 여행객들이 썰물처럼 국외로 몰려나가고 있어도 맡은 바 일에 영일이 없었던 나는 모처럼의 국외출장 기회마저 후임자들에게 미루었다.

언제나 사익보다 공익을 우선시한, 견인불변(堅忍不變)했던 35여 년의 공직생활을 마치고 자연인으로 돌아오자 묻어두었던 국외여행의 꿈이 다시 고개를 들기 시작했다.

다행스럽게도 퇴직을 기념하여 수하권속(手下眷屬)들의 주선으로 동남아와 중국 일부 그리고 일본과 동·서·북유럽의 국외여행이 시작되었고, 호주·뉴질랜드와 미동부·캐나다를 주마간산(走馬看山) 격으로나마 돌아보게 되었다.

가는 곳마다 친절하고 열심히 활동하는 관광안내원들의 역할에 감명을 받기도 했고, 모두가 발전해가는 고국과 국력의 신장 앞에서 각자의 책무를 다하고 있는 그들에게 갈채를 보내고 싶었다. 돌아보는 곳마다 역사적 유래와 변천과정에 각별한 관심을 가지게 되었고, 눈앞의 자연경관과 미려(美麗)한 풍광을 접할 때마다 깊은 감회(感懷)와 동경(憧憬)이 구름처럼 피어올랐다. 현지안내원들의 열띤 설명을 열심히 받아 적으며 의문점에 대한 질문도 많이 하여 주변의 핀잔을 받기까지 했으나, 돌아와서 정리하려고 하니 그래도 모르는 것이 너무 많았다.

머물렀던 지역의 지명이나 그곳 유관인사들의 인명 등 모두가 어렵고 낯선 용어들이어서 세계사 공부를 다시 하는 자세로 임해야했다. 세계사 사전을 비롯한 여러 가지 참고서의 설명에 의존했으나 그래도 미흡한 부분은 관광안내 책자의 설명을 인용해가며 독자적 열의와 천착(穿鑿)에도 불구하고 동유럽과 북유럽지역의 사료가 부족하여 어려움과 아쉬움이 많았다.

삼천리가 금수강산이라고 자랑하는 우리나라의 명승지보다 훨씬 아름다운 자연환경과 화려찬란(華麗燦爛)한 풍경들이 눈앞을 스칠 때는 경탄(驚歎)이 터져나왔고, 풍요와 안정의 생활터전을 지날 때는 부러움이 앞서왔다. 자연을 아끼고 사랑하는 마음과 정신이 곧 애국과 애향 애민사상이고, 애국정신이라는 각성과 함께 세계화의 광범한 환경 속에서 전개되는 치열한 경쟁력의 확보를 위해서도 모두가 다양화하고 역동적으로 발전해가는 실정을 명찰해둘 것을 권하고 싶다.

조변석개(朝變夕改)하며 변화무쌍(變化無雙)하게 달라져가는 세계의 여러 모습들을 각자의 생활현장에 적응시켜 내일의 새로움을 창조하는 참신(嶄新)한 선진의식의 발로(發露)가 무엇보다 중요하다는 것을 지적하면서 끝으로 여기에 인용 제시된 모든 내용과 자료들은 별기한 참고서적과 주변 전문인들의 조력과 현지안내원의 설명을 참고했음을 밝힌다. 아울러 오늘을 살아가는 우리에게 다소나마 보탬이 되고자하는 소박한 뜻과 정성을 담아 이 책을 엮었으나, 읽는 사람에 따라 감상과 견해가 다를 수 있기 때문에 부족하고 미흡한 사항에 대해서는 준엄한 질정과 살뜰한 편달이 있으시기를 삼가 기대하는 바이다.

끝으로 이 책을 상재함에 있어 여러 가지 어려움을 무릅쓰고 출판을 맡아 복잡한 원고의 교정 정리에 수고해주신 책마을 출판사 손희경 사장님을 비롯한 관계자 여러분에게 심심한 감사를 드리는 바이다.

서기 2010년 10월 20일
大邱 壽城洞 隅居에서
黃 仁 墢 識

巡了後感

地球唯一塊
自然佳景豊
風俗每尋更
言語各邦殊

차 례

東南亞地域

東유럽地域

西유럽地域

北유럽地域

뉴질랜드

濠洲

美國

캐나다

日本

1부

동남아 지역

1) 2002.1.29 태국 방콕의 새벽사원의 분수 2) 2002.1.28 말레이시아 조호바루 회고사원 앞 3) 2002.1.28 싱가폴 주롱새공원 4) 2002.1.31 태국 파타야 산호섬

5) 2002.1.29 방콕 왕국 앞

6) 2002.5.26 계림 7) 2002. 2.25 서안 진시황릉

泰國(Thiland)의 浪遊閑忙

인도지나반도 중앙에 위치한 태국은 북부 산지와 남부 메남(Menam)강 유역의 기름진 평야가 펼쳐진, 불성(佛性)이 심원(深遠)한 입헌왕국이다. 주요산업은 쌀, 고무(Gum), 주석, 티크(Teak)재를 중심으로 하고 있는데, 특히 쌀은 세계 최대 수출국으로 알려져 있다. 국토면적은 51만 8천㎢로 75%가 평야이며 늪지대가 많아 1m만 파도 지하수가 나오는 고온다습한 열대성기후로 논농사가 성행하고 있는 나라이기도 하다.

훤히 뚫린 고속도로를 시속 100㎞로 1시간 이상을 달려도 망망한 평야가 이어지는 기름진 옥토가 부럽기까지 했다. 6천만 인구에 1인당 국민소득이 2천불밖에 되지 않는다고 하나 풍요로운 광야가 지평선을 이루고 있는 태국의 대지는 희망이 솟는 것 같았다. 띄엄띄엄 휴경지(休耕地)가 보이기는 했으나 80%가 산지로 문 앞이 바로 산에 맞닿을 듯한 22만㎢의 한반도에 비해 매우 풍성해 보이기도 했다. 사계(四季)의 구분이 없는 상하(常夏)의 나라 태국은 이렇게 넉넉한 속에서 삶을 이어가고 있었다.

꿈꾸던 남원(南園)벌에 햇볕은 짙고
이국(異國)에 풍긴 향수 더욱 깊어라
끝없이 넓은 전원(田園) 부러움만 커가네

간혹 눈앞을 스치는 묵은 전답을 보고 '저곳에 목장이라도 시설해 소를 길러 보고 싶다'는 어느 관광객의 실토가 아직도 귓전을 맴돌고 있다. 무수히 널려 있는 자연 자원과 농한기, 영농기가 구분되지 않는 자유로운 생활에 여유가 있어 보이는 이곳 농촌이 우리의 농촌사람에게 어떻게 비쳤을까. 비탈진 산야를 개간하여 초지를 조성하고 사계절의 기후를 감내해가며 열심히 생활하는 이들에게는 큰 부러움의 대상이 아니었을까. 달리는 차창 밖으로 육지에 걸맞지 않는 염전(鹽田)과 새우 양식장이 지나갔다. 일부 휴경지와 많은 늪지대에는 악어와 독사가 많다는 안내원의 설명이 이어졌다.

농사를 짓는 사람 중 한 해 동안 독사에게 물려 피해를 입는 숫자가 교통사고로 피해를 입는 숫자와 맞먹는다는 말과 함께 이러한 인명의 피해를 막기 위해 지난 1991년 왕명으로 3m이상의 구렁이와 코브라의 포획을 허용했다고 한다. 살생을 금기시하는 전통 불교국에서 이러한 왕명이 내려졌다는 것도 놀라운 일이지만 한편으로는 인명을 중시하는 정책의 일환이라 할지라도 뱀과의 기연설(機緣說)이 존중시되는 불교의식에서는 획기적인 조치가 아닐 수 없다.

이렇게 포획한 독사와 코브라는 독성이 강한 독은 독사연구소로 납품하고, 뱀의 가죽은 가죽공장에, 뱀의 영양소는 화장품 원료로 각 각 납품하여 살과 뼈만 버렸던 것이, 요즈음은 뱀탕을 보신용으로 선호하는 한국인에게 큰 인기를 얻고 있다 하며 뱀은 버릴 것이 없는 귀중한 자원으로 각광받고 있다는 말에 또 한 번 놀랐다. 그렇다면 뱀탕을 선호하는 우리 한국인도 태국의 소득원에 일조를 하는 결과가 되지 않는가 싶어 뱀을 혐오하는 나에게는 씁쓸한 웃음이 앞서올 따름이었다.

풍성(豊盛)한 자연자원(自然資源) 넉넉한 인심
오가는 미소 속에 짙어가는 남국정취(南國情趣)
저무는 오늘 하루 피로(疲勞)함을 달래보리

3만여 곳의 사원에 20여만 명의 승려가 중심이 되어 불력을 성장시켜 온 이 나라는 한 번도 식민지 지배를 받은 적이 없으며 95%가 넘는 불교신자들의 종교생활도 매우 엄격해 보였다. 1782년 현 왕조인 방콕(Bangkok) 왕조가 차크리왕(Chakri:Rama.1세)에 의해 건국되고, 이 새로운 왕조의 중심으로서 세워진 것이 바로 유명한 왕궁(Grand Palace)과 에메랄드사원(Temple of the Emerald)이라 했다. 하얀 성벽으로 둘러싸인 100에이커(acre)나 되는 광활한 부지에 다양한 건물들이 세워져 있고 건물마다 조화로운 색깔로 도색되어 있었다. 특히 라마(Rama)9세가 거처하는 왕궁은 건물 전체가 찬란한 색으로 도금되어 그야말로 장려(壯麗)한 일대 예술품으로 모든 사람들의 감탄을 자아내게 했다.

고색창원(古色蒼遠)한 여러 탑들이 다투어 서 있는 이곳을 지나는 관광객들마다 분주하게 카메라의 놀림이 이어지고 있었다. 쉽사리 떨어지지 않는 발길을 돌려 새벽사원으로 갔다. 웅대한 이 건물 역시 도금으로 장식되어 기둥마다 거울조각으로 모자이크(mosaic)한 것이 이채로웠고 정숙한 법당 안은 향내음으로 가득했다. 각기 소원을 비려는 참배객들로 만원을 이루었고 이 법당안의 본존불에게 정성들여 기원하면 한 해 한 가지의 소원은 기필코 이루어진다는 안내원의 말을 듣고 법당 안으로 들어가려는 사람들이 이외로 많았다.

정숙한 새벽사원의 경내를 나와 황금불탑이 즐비한 왕궁의 이모저모를 돌아보고 태국인의 옛 생활을 살펴보기 위해 수상시장으로 갔다. 물 위에 지어 놓은 집들과 냇물을 따라 상품을 운반하고 판매하는 광경과 먹이 따라 뛰어오르는 물고기 떼가 남국의 흥취를 돋우었다. 오래된 건물과 바나나, 파인애플, 망고 등 열대 과일나무가 빽빽이 어우러진 이곳의 사람들. '물 위에서 태어나 물 위에서 자라고 물 위에서 한평생을 지낸다'는 말이 어쩌면 측은해 보이기까지 했다.

그러나 한편으로는 장구(長久)한 선조들의 생활전통을 굳건히 지켜온 이들의 숭조정신(崇祖精神)이 가상해보이기도 하여 무위(無爲)한 변화에 편승하려는 우리의 생활의식에 경종(警鐘)이 되기도 했다. 이윽고 물보라를 일으키며 강 위를 미끄러지듯 달리는 유람선을 뒤로 하고 입맛에

길들여진 우리의 전통한식이 기다리는 한식당 영빈관(迎賓館)으로 발길을 옮겼다.

그리던 한식 음료 귀중함 더욱 깨쳐
선조들 이어주신 그 전통 지켜가며
오천 년 쌓은 역사 이곳에 꽃 피우리

식당 안을 들어서니 간결하면서도 산뜻한 한 폭의 백련화(白蓮花) 그림이 우리를 맞는다. 이역만리(異域萬里) 남국에서 눈에 익은 그림을 대하니 잠자는 향수가 눈을 뜨기 시작한다. 외로이 반겨주는 백련화 액자 속의 글 귀(句)는 '백련화 핀 향기가 집안에 가득하네(白蓮花發滿院香)'란 시구(詩句)에 서린 정적(靜寂)과 깊어가는 타국의 고적함을 달래보려는 절실하고도 소망스러운 노래처럼 읽혀졌다. 능숙하고도 단련된 글 솜씨와 생동감 넘치는 세련된 필치가 보는 이의 마음을 한결 가볍고 명랑케 했다.

파타야(Pattaya)의 不夜城

파타야란 말은 우기의 시작을 알리는, '남쪽에서 북동쪽으로 부는 바람'이라는 말로 전해오고 있다. 방콕(Bangkok)에서 동쪽으로 스쿰빗고속도로(Sukum vit Road)를 125㎞로 약 두 시간 달리면 동양 최고의 휴양지라고 선전하는 세계적인 관광지 파타야에 이른다. 샴만(Siam灣)을 향해 3㎞해안선에 펼쳐져있는 호화로운 호텔과 나이트클럽(night club) 디스코텍(discothegue)들이 북적거리는 이곳은 60년대까지 월남전에 참전했던 미군들의 휴양지로 이용되었으나 전쟁이 끝나고 미군이 떠나간 허허로운 벌판에 남은 것은 삶의 황무지에 가까운 매춘행위 뿐이라 했다.

이보다 심한 삶의 공해가 어디 있겠는가. 그러나 야경이 휘황찬란한 파타야의 거리는 인육시장으로 탈바꿈하여 외래 관광객을 호객하는 풍습이 보편화되어 오히려 이로 인한 외화획득으로 경제발전에 기여하고 있다는 자부와 당위성에 의연해하고 있다는 말에 씁쓸함만 남았다. 밤에는 색깔도 현란한 네온이 빛나고 요란스러운 디스코뮤직(disco music)이 흐르는 불야성의 파타야는 확실히 화려한 타이(Thai Land) 아가씨들의 전유도시 같기도 했다. 누드(nude)화된 장식으로 펼쳐지는 다채로운 쇼(show) 등은 관광객들이 즐겨 찾는 곳이기도 하다. 특히 미국의 라스베가스(Lasvegas)쇼와 불란서의 리도(Lied)쇼에 이어 세계 3대 쇼로 알려진 이곳 태국의 알카자(alcazar)쇼는 그날의 관람객을 중심으로 공연되는 것이 이채로웠고 반라의 몸으로 무대에 오른 출연자 모두가 여장남자라는 데 더욱 놀랐다. 특히 애잔한 반주 속에 낭랑한 목소리로 부르는 노래가 너무도 귀에 익은 곡이라 아득히 흐른 옛일을 되새기게 했다. 일본 내에서도 청아한 목소리로 이름 높은 무라다 하나오(村田英雄)의 '겨울바다'란 노래가 장내를 뒤흔들었다.

> 먼 해변의 험한 나루터(遠い岬のあの わたり)
> 가면 싫어요 울부짖던 그 모습(行っちゃ いやだと 泣いてるように)
> 나의 등에 아련히 꽂히듯(俺の 背中に つきささる)
> 사랑해요 사랑해요 사랑하고 있어도(愛して 愛して 愛して 居でも)
> 배 떠나는 슬픈 겨울의 바다(出船 悲しい 冬の海)

무대 위에서 열창하는 연기자의 거동이 일본가수와 너무도 흡사한 데 더 놀랐으나 나중에 알고 보니 녹음된 노래 소리에 맞추어 움직이는 그들의 연기였던지라 가관스럽기까지 했다. 낮에는 39℃를 오르내리는 폭양을 피해 해변 가에 몰리고 밤이면 네온불빛 아래로 찾아드는 파타야의 황홀한 밤은 날 새는 줄 모르고 흥취 속에 빨려들고 있었다. 더욱이 고운 한복으로 분장한 출연자들의 아리랑 열창과, 약간은 서툴러 보이지만 우리의 가슴을 시원스럽게 쓰다듬던 부채춤은 쓸쓸히 저물어가는 남국의 여로를 달래주는 듯 푸근했다.

> 흥청거리는 파타야의 밤도
> 밀려오는 새벽기운에 조용히 물러가고
> 잔잔한 파도 일렁이는 해변에는
> 후끈한 해풍이 가슴을 스친다
> 구름이 흐르는 저 수평선 너머
> 고국이 있겠지
> 지금은 입춘을 앞둔 혹한이
> 기승을 부리는 늦겨울의 내 고향이지만
> 그래도 나는 대구가 그립다

파타야의 새벽은 어둠을 물리지 못한 채 새로운 활동을 재촉하고 있었다. 밤이 이슥하도록 몸부림에 가깝던 환락가의 열풍도 어디로 사라지고 조용한 아침을 맞이한 파타야의 해변은 산책인들로 붐볐다. 아침등산에 익숙한 나의 새아침맞이가 이곳의 산책으로 바뀌어 평생 쓰지 않던 선글라스와 해수욕복 차림으로 해변을 거닐었다. 멀리서 불어오는 해풍은 상쾌하여 지난밤의 피로를 씻어주었다. 호텔의 아침식사가 끝나자 산호섬으로 갈 쾌속정에 올라 배 안에서 지급되는 구명조끼와 타월을 받아 들고 먼 수평선을 바라보았다.

배는 시원한 바람과 물보라를 일으키며 쾌적하게 달렸다. 33층의 거대한 호텔건물이 점점 멀어져가고 파도치는 망망대해가 광활하게 펼쳐지고 있었다. 산호섬에 다다랐을 때는 2002년 1월 마지막 날 한낮이었고 뙤약볕은 몹시 따가웠다. 햇볕에 시달린 나무들은 조는 듯 미풍에 힘없이 흔들리고 있었고 벤치 가의 주점에는 관광객들로 붐볐다.

어디선지 닭 우는 소리가 은은히 들려오니 농번기의 우리 고장이 눈앞에 떠오른다. 양지바른 언덕의 이름 모를 꽃나무에는 꽃들이 다투어 피어 있고 백사장을 오가는 이국인들의 모습은 다양했다. 검고 희고 누렇고 검붉은 색깔이 어우러진 이 무리 속에 내가 섞여있구나 하는 한만(閑漫)이 밀려왔다.

백화가 난무하는 산호섬에는
숲 그늘 어우러진 환락의 마당으로
오색이 현란한 즐거운 해변
삶의 번뇌 벗어던진 오늘 하루
낭만이 파도처럼 출렁이는 낮 한때가
멀리서 들려오는 구슬픈 닭소리에
내 고향 정든 곳이 더욱 그립네

동양최대 휴양지인 파타야의 해수욕장! 정말 맑은 물과 석회석처럼 흰 모래밭을 거닐며 수영도 즐겼다. 바닷물은 생각보다 따뜻했고 염도가 짙어 우리의 동해물보다 짜다고들 이야기하지만 나의 미각으로는 더 싱겁게 느껴졌다. 공해가 없는 청정해수이기 때문일까? 해수욕을 마치고 맑은 물로 샤워를 하려고 하니 샤워장 입장료를 별도로 지불해야 한다고 하며, 굳이 샤워를 할 필요가 없다 했다. 이곳의 바닷물은 일부러 헹구지 않는다고 하며 그대로 있는 것이 오히려 피부를 더 부드럽게 한다는 말에 수긍이 가지 않았으나 물기가 물러간 내 피부가 한결 부드러워져 옴을 보고 새로운 파타야의 불가사의를 느낄 수 있었다. 야자수 그늘 아래 모여 앉은 사람들은 삶은 옥수수와 소주로 향수를 달래고 있었고, 수평선 언저리에는 꽃 같은 뭉게구름이 피어올랐다.

돌아가야 할 시간이 가까워지고 있었다. 타고 온 배에 오르는 순간 즐겁게 지나간 파타야의 광경이 새롭게 눈앞을 스쳤다._

파타야를 떠나야할 날이다. 그런데 떠나기 전인데도 벌써 파타야가 그리워진다. 정든 땅을 떠나는 것처럼 마음이 어수선해진다. 이렇게 떠나면 이곳을 다시 올 수는 없을 것 같아 더욱 쓸쓸해진다.

떠나가는 파타야여 다시 올 수 있으랴
그동안에 사귄 인정 떨치기가 아쉬워
그리운 이곳저곳 살펴보는 눈길이
돌아서는 발걸음을 멈추게 하네

배가 움직이기 시작했다. 즐거움을 만끽했던 산호섬이 꿈틀거리며 멀어졌다.

두고 가는 산호섬에 미련만이 쌓이고
맑은 물결 파도소리 조화 이룬 해변
뙤약볕에 그을린 살결도
불어오는 남국바람 다시 그리네

물보라 속으로 산호섬은 멀어져가고 눈앞에는 해변의 건물들이 모습을 드러낸다.

멀어지는 파타야여 다시 볼 수 있으랴
창망대해 울린 함성 그리움만 남기고

바라보는 수평선 위 떠오르는 산호섬
야자수 잎 그늘에 매달린 여운

환상처럼 눈앞을 지나는 홍취속의 파타야 낭유 3일이 짧기만 했다. 귀로에 널리 알려진 농눅민속촌(Nong nooch Village)을 들러 코끼리 쇼와 민속쇼 등을 관람하고 한국인(송진섭)이 경영하는 생약연구소에 들렀다. 그는 일행들에게 건강강좌와 간단한 진맥 등을 해주며 친절을 베풀었다. 우리 일행은 진맥을 받으며 자신의 건강을 상담하기도 했는데, 그는 여러 가지 좋은 비방도 많이 들려주었다. 강의실 벽에 있는 의학의 전당다운 한 글귀가 눈길을 끌었다.

"신기한 처방으로 좋은 약을 짓고(神方良藥) 묘한 손재주로 젊음을 돌이킨다(妙手回春)"

그렇다. 영묘한 솜씨를 빌어 지나간 내 청춘을 돌이켜보고자 하는 욕심보다 흔히 고령자에게 발병되기 쉬운 통풍에 대한 예방책과 근치요법을 정중히 물어보았다. 이외에도 거부감 없이 친절하게 몇 가지 요법을 일러주기에 열심히 받아 적었다. 아마도 태국여행길에서 내가 얻은 소득중 이것이 가장 큰 소득이 아니었을까 한다. 웅담(熊膽)과 우황(牛黃), 목향(木香), 침향(沈香) 그리고 사향(麝香)과 건칠(乾漆) 등을 갈아서 환으로 지어 장복하면 근치가 될 것이라고 송진섭 원장은 장담했다.

이윽고 불빛 영롱한 파타야를 떠나 태국의 돈무앙 국제공항(Don Muang International Airport)에서 귀국 비행기에 몸을 실으니 풍요로운 대지가 부럽게 느껴졌던 태국의 실상이 눈앞을 스쳐간다. 투박하면서도 넉넉해 보이는 코끼리들의 장난과 한 우리 속에서 생활하는 앙칼지면서도 날랜 호랑이와 미련스러우면서도 욕심이 많은 돼지와의 다툼이 우스웠던 일, 그리고 흉포한 모습으로 먹이를 낚아채던 악어들의 밀집생활과 날렵한 행동으로 사람들의 눈길을 끌던 원숭이들, 표독스럽고 흉측한 코브라의 모습들이 번갈아가며 귀국길 비행기 안을 조용히 메워갔다.

싱가포르(Singapore) 餘情

사자(獅子)의 도시(SingaPur)라고도 전해오는 오늘의 싱가포르는 1819년 영국의 토마스 스템포드 래플즈(Thomas Stamford Raffles)가 싱가포르의 강 하구에 상륙하여 개발에 착수하고 1824년 동인도회사를 설립함으로써 국제항의 기반을 이루어 세계에 그 이름이 알려지게 되었다고 한다. 1832년에는 영국의 해협식민지를 시발로 140년에 걸친 지루한 식민통치를 받아오다가, 1957년 말레시아(Malaysia)연방으로 편입되면서 식민통치에서 벗어나게 되었다. 1959년에는 말레시아 자치주의 지위를 얻어 자주권을 확보하고, 1965년 8월 9일에서야 말레시아로부터 완전히 독립한 나라라고 한다.

싱가포르는 국토면적 618㎢에 280만의 인구로 중국계가 80%이고 말레시아계가 20%를 차지하며, 1인당 국민소득이 2만8천 불을 상회하는 아시아의 신흥경제국으로 부상한 도시국가이기도 하다. 도시가 깨끗하고 주변 환경이 깨끗하며 국민들의 마음 또한 청렴하기로 이름 높은 싱가포르로, 모두가 선망하는 국민과 나라로 발전하게 된 동기가 무엇일까. 보는 사람의 시각에 따라 다르겠으나 얼마 되지 않는 국토와 국민이지만 세계에서 가장 긍지가 높고 애국심이 강한 나라로 손꼽히고 있다. 이것이 바로 싱가포르 발전의 원동력이 아니었을까. 이렇게 좁은 국토를 지혜롭게 개발하여 세계인들의 볼거리를 만들고 조화 있고 질서 있는 도시환경을 조성하는 등 보는 이로 하여금 흠탄(欽歎)을 자아내게 하는 '작으면서도 큰 나라와 찬양받는 나라'로 도약하고 있다.

싱가포르를 다녀온 사람이면 누구나 빠짐없이 둘러본다는 세계최대의 새장을 자랑하는 주롱 새공원(Jurong Bird Park)도 당초에는 쓸모없이 버려진 늪 지대였다고 한다. 그러나 좁은 국토지만 유용하게 개발할 수는 없을까를 고심하던 중 1968년 당시 재정장관이 브라질 리오 데 자네이로(Rio de Janiro)에서 열리는 회의에 참석했다가 그곳의 거대한 새장에 착안하여 방대한 이 새장의 개발을 추진하게 되었다고 한다. 이 공원은 동남아 최대 규모인 20ha 부지에 아시아, 아프리카, 남미, 유럽 등지에서 수집해온 646종 8,000수의 온갖 새들이 자유롭게 서식하고 있는 광대한 예술작품 같기도 했다. 아무도 돌아보지 않았던 이 황폐한 늪지대가 이렇게 탈바꿈을 하게 된 원동력은 과연 어디에 있었을까?

조용히 눈을 감고 사랑하는 우리의 조국 강토를 생각해 보았다. 아무런 창안과 안목도 없이 무질서하게 개발되고 있는 오늘의 우리 국토가 그 수려함을 잃어가는 현실이 안타까워지기까지 했다. 이기적이고 난폭하게 개발되는 자연의 파괴현상과, 내 이익을 위해서는 앞뒤 돌아볼 줄 모르는 NIMBY(Not In my Not Backyard)현상은 언제 그 꼬리를 감출 것인가……. 원생고려국(願生高麗國)이요 일견금강산(一見金剛山)이라던 한국의 찬미론이 퇴색해가는 오늘, 우리는 이 좁은 섬나라 싱가포르를 지나쳐 보아서는 안 될 것이다.

20ha에 달하는 넓은 공원을 한꺼번에 살펴볼 수 있도록 단궤철로(單軌鐵路:Monorail)를 시설해서 모두가 즐겁게 공원을 일주할 수 있도록 창안한 것도 우리에게는 부러움의 대상이기도 했다. 그뿐이 아니었다. 동서 4㎞, 남북 1.5㎞에 이르는 60여 개의 섬 중 세 번째로 큰 센토사섬(Sentosa island)의 종합관광단지를 빼놓을 수 없다. 싱가포르 본섬에서 약 800m에 위치한 거대한 놀이동산으로 지칭되는 이 센토사섬은 1.8㎞에 이르는 구간을 케이블카(Cable Car)를 이용해 들어갈 수 있게 했다. 버려졌던 이 섬도 어떻게 이토록 다양하게 개발했을까 할 만큼 감탄을 자아내게 했다.

60m 높이를 6인승 케이블카를 타고 섬으로 들어가는 감상은 마치 비행기를 타고 싱가포르 전역을 한 눈에 관망하는 듯 했는데, 이 기발한

창안은 어디에서 나왔는가! 1972년 이래 싱가포르 정부의 관광특수시책으로 역점개발 되었다고는 하나 100만 평에 이르는 이 단지 안에는 각종 관광시설과 박물관 등이 균형 있게 마련되어 이 섬을 찾는 사람으로 하여금 불편 없는 볼거리를 제공하고 있었다. 수많은 관광객을 신속하게 운송하기 위해 설치한 6.1㎞의 단궤철로는 시속 13.7㎞로 섬을 1주 순람(巡覽)할 수 있게 하여 또 한 번 탄성을 올리게 했고, 180억 원을 투자하여 5m 깊이의 해저(海底)를 83m나 굴착하여 터널(Tunnel)화한 거대한 수족관은 상상을 넘어서는 정채(精彩)로움이 아닐 수 없었다.

지난 1991년 4월에 개관했다는 이 진귀한 수족관은 흡사 바다 속으로 들어가는 듯한 착각 속에서도 한가로이 유영(遊泳)하는 고기들을 볼 수 있는 신비에 가까운 볼거리이기도 했다. 환상적이고도 정묘(精妙)한 이 광경은 모두가 보고 배워야할 우리들의 소망 같기도 했다.

단 한 번이라도 질서를 위반하면 25만 원이란 과중한 범칙금이 부과되는 이 나라에는 휴지나 쓰레기는 아예 거리에서 찾아 볼 수 없었다. 환경대책의 일환으로 껌(Chewing gum) 수입을 금지시켰는가 하면 각 호텔 객실에는 실내화나 칫솔 치약 등이 비치되어 있지 않았다. 내가 쓸 물건은 내가 가지고 다녀야 하고 남의 물건에 손을 대지 않겠다는 생활관이기도 하고, 다른 사람의 물건이 내 물건보다 소중하지 않다는 싱가포르 특유의 시책 같기도 하지만 평소 그들의 자존심이 은연 중 비치는 것 같았다. 거리에는 전선(電線)이 보이지 않고 교통경찰관이 보이지 않을 뿐 아니라 상하의 열대 나라임에도 파리와 모기가 없다는 3무의 상징국인 싱가포르! 전선은 모두 지하 매설(埋設)로 보이지 않으며, 질서유지가 잘 되고 있으니 당연히 거리에 교통경찰관이 보이지 않고, 정부의 방역대책이 철저하기 때문에 파리와 모기가 범접을 못하는 싱가포르의 현실이 어쩌면 꿈같은 말로 들릴지 모르겠다.

이러한 복지시책을 추진하기 위해서 몸부림치는 싱가포르의 국정운영은 자국을 보위(保衛)하는 애국 외에는 아무 것도 없는 듯 했다. 조호

(Johre)해협을 사이에 둔 말레이시아와의 관계에서 볼 수 있듯이 부족한 자원을 적절히 보강하기 위해 저렴한 말레이시아의 자원을 유효하게 활용하여 경제적인 부를 축적해가는 싱가포르의 교류책은 부족한 용수(用水)를 말레이시아에서 수입하여 정수한 물을 다시 말레이시아로 수출하고 있는 용의주도한 시책에 감탄치 않을 수 없었다.

매사에 생기발랄하고 맡은 일에 열중하는 싱가포르인들의 모습은 한결같이 명랑해 보였다. 거리에서부터 집안의 장식에 이르기까지 싱가포르의 근면성과 결속력이 눈에 띄었고 그들의 미래상 또한 눈앞에 다가왔다.

해저수족관 출입구에 걸려있는 한 편의 시에 이르기까지 그들의 생활상을 생동감 있게 묘사하고 있으니 그 내용을 다시 음미해 본다.

> 높이 비친 좋은 운세 해마다 기쁨 오고(燈照吉祥歲歲歡)
> 만개한 부귀의 꽃 집집마다 즐겁구나(花開富貴家家樂)
> 큰 업이 흥왕하니 좋은 뜻 생겨나고 (大業興旺生意好)
> 재운이 창성하니 날과 달이 새롭네(財運昌隆日月新)

무엇 하나 거리낌 없이 활력이 넘치는 싱가포르의 비약상(飛躍相)을 보고 아직도 추위가 기승을 부리는 늦겨울의 우리 고장, 봄을 기다리는 한반도의 답보상(踏步狀)이 못내 아쉬운 여망(餘望)을 안고 귀국길을 재촉했다.

언제 우리도 이 나라 싱가포르처럼 보람과 희망에 넘치는 웅비(雄飛)의 날개를 지구상에 펼칠 것인가. 절실한 이 소망이 어두운 앞날을 헤치고 있었으나 독실한 나의 애국관을 압도하지는 못했다. 일찍이 중국의 맹자는 혼란했던 전국시대를 살아가는 생활철리를 의(義)에 두고, 사람으로서 살고자 함도 내가 원하는 바(生亦我所欲也)이고, 또 사람으로서 의로움을 하고자 함도 내가 원하는 바(義亦我所欲也)이지만, 이 두 가지를 겸하여 얻을 수 없을 때에는 삶을 버리고 의를 취하겠다(二者不可得

兼 舍生而取義者也)라고 설파한 고사가 생각난다. 아무리 살기 좋은 싱가포르이고, 선진된 싱가포르이지만 내가 태어난 이 땅, 나의 조국에다 비하랴! 흔연(欣然)히 삶을 버리고 의를 택하겠다는 맹자의 정신처럼 나도 내가 살아가는 생활정도(生活正道)를 이 나라 발전에 기틀이 될 수 있는 애향(愛鄕)의 길로 택하기를 내심 다짐하며 네온(neon sign)불빛이 찬란한 싱가포르의 공항을 이륙했다. 부러움과 아쉬움이 엇갈리는 귀국길 기내(機內)에는 혼미(昏迷)한 정국과 경제적 불황이 반복되는 현실이 무거운 침묵을 안고 고향 하늘을 가까이 하고 있었다.

아리랑 旅窓

우리 민족의 애환과 정서가 담긴 대표적인 민요 아리랑은 유구한 우리의 역사와 함께 널리 불려왔다. 부르기 쉽고 듣기에 편하며 약간은 구성지게 들리기도 하나 그것은 우리가 안고 있었던 숙연(宿緣)의 표현이기도 하다. 이렇듯 청승맞으면서도 애틋하게 불려오던 아리랑이 우리 내국인에 앞서 외국인들이 즐겨 부르는 아리랑으로 승화되어 저 멀리 말레이시아(Malaysia)에서까지 애창되고 있는 것이 놀랍도록 반가웠다.

우연한 기회에 주마간산(走馬看山) 격으로 꿈처럼 다녀온 말레이시아는 선잠에서 아직 깨어나지 않은 대륙 같기도 했으나 북으로는 타일랜드(Thailand) 남으로는 싱가포르(Singapore)와 국경을 이루고 있다. 국토의 면적은 33만㎢로 한반도의 1.5배에 달하며 인구는 2,300만으로 13개주의 행정구역 안에 9명의 왕이 재임하고 있는 입헌군주국이라고 했다.

오랜 세월을 영국의 식민지로 있다가 1965년 싱가포르가 분리 독립됨으로써 말레이시아로 독립하게 된 이 나라는 1인당 국민소득이 4,000불에 불과하다고 한다. 싱가포르와 조호(Johre)해협을 사이에 두고 있으면서 1,050m의 조호대교를 통한 문물의 교류는 매우 활발해 보였다. 자원이 부족한 싱가포르에 자원을 공급하고 인력이 부족한 싱가포르에 인력을 지원해가며 외화를 벌어들이는 말레이시아 국민의 생활상은 너무도 낙천적이었다.

대량의 원수(源水)를 싱가포르에 수출하고서도 정수된 양질의 음료수를 다시 수입해오는 말레이시아 국민의 생활형편은 그리 넉넉해 보이지 않았다. 문 밖에만 나가도 수없이 널려있는 풍부한 자연자원은 있으나 애써 노력하여 소득을 높이겠다는 근면의식이 희박한 것인지……. 조호해

협에 자리한 조호바루(Johore Baharu)의 술탄(Istana Basar)왕궁을 멀리서 바라보며 원주민의 본거지인 캄퐁(Kampong Cherating)마을을 찾아갔다. 고무(Gomme)나무와 야자수에 에워싸인 풍요로운 숲은 우리들의 발걸음을 멈추게 했고, 깊숙한 숲을 헤치며 불어오는 미풍은 자연의 신비 그대로였다.

수식 없이 순수한 옛 모습 그대로를 전통으로 지켜오는 캄퐁마을 주민들의 모습과, 그들이 전통악기로 방문객을 맞이하는 행사는 상례적으로 전습(傳襲)해 오고 있는 생활상이기도 했으나 이것을 관광자원으로 활용하고 있는 것이 특이했다. 우리에게는 낙후된 의복처럼 비쳐지는 몸단장이지만 그들에게는 하등 문제가 되지 않는 평범하고도 자연스러운 생활풍습이었다. 오히려 화려하지 않은 그들의 생활모습에서 진한 전통미를 찾을 수 있었고, 아끼고 사랑하는 전통악기에서 그들이 소중하게 전승하고 있는 진가를 발견할 수가 있었다. 우리에게 하찮은 물건처럼 보이지만 그들에게는 비할 데 없이 귀중한 보물로 간직되어 왔고 앞으로도 변함없이 장원(長遠)하게 이어져갈 것 같았다. 더욱이 한국의 방문객을 환영하는 뜻에서 연주하는 아리랑은 매우 인상적이었고 그 청아한 음률은 한국의 기악에 비해 손색이 없었다.

한국말 한 마디를 구사해 보지 못한 이곳에서 귀에 익은 아리랑을 접하니 마치 은은한 향원(鄕園)의 애조처럼 들려오는 남국의 여로가 아득한 내 고향의 향수를 눈물로 불러왔다. 갑자기 고향이 그리워지고 고국의 사랑이 뜨겁게 느껴졌다. 5천 년의 장구한 역사 속에 애잔하게 전해오는 우리의 대표적인 민요 아리랑이 여기에서 연주되다니… 나도 모르게 흥에 겨워 무대 위로 뛰어올라가 아리랑을 열창했다.

아리랑 아리랑 아라리오
아리랑 고개로 넘어간다
나를 버리고 가시는 님은
십리도 못가서 발병난다.

함께 간 일행들도 손뼉을 치며 합창했고 그곳의 악사들도 신명난 연주로 합주를 했다. 잔잔하게 흐르는 선율에 맞추어 조용히 부르던 아리랑이 끝나자 옆에서 듣고 있던 말레이시아의 현지 안내원 겐디(Gan Dei)가 눈시울을 약간 붉히며 나에게로 다가왔다. 아무런 기교와 과장 없이 열심히 부르는 나의 아리랑을 감명 깊게 들었다면서 한국의 유명한 민요 아리랑을 한국어로 부르는 것을 몹시 듣고 싶었던 그 원을 오늘에서야 풀었다면서 아리랑의 시창국인(始唱國人)인 우리 일행을 안내하게 된 것이 길이 기억에 남을 것이라 했다.

중국인 2세로 말레시아에서 출생한 겐디는 서투른 한국어로 안내를 하다가도 간혹 자신도 모르게 일본말을 하기에 일본어를 할 수 있느냐고 물었더니 일본어 공부를 10년 이상 했다고 한다. 그때부터 나는 일본어로 그녀와 대화를 하기도 했다. 능숙하면서도 유창한 그녀의 일본어 실력은 흠잡을 데 없이 완벽해 보였다. 어떻게 일본어를 이토록 잘하며 왜 배우게 되었는가를 물었더니 그 동기 또한 하나의 운명이었다고 한다. 일본의 경제가 급성장하고 국력이 세계로 뻗어갈 때 이곳 말레이시아에도 일본어 열풍이 일기 시작했다는 것. 일본 관광객을 최상의 고객으로 맞이했던 당시의 말레이시아 정책이 일본어를 배우게 했다는 것이다. 그래서 겐디도 함께 일본어 공부를 하게 되었다고 한다. 그러나 이제는 환경이 많이 달라졌다고 한다. 이기심이 강하고 선진국 국민 행세를 해가며 거들먹거리던 교활한 일본인을 속속들이 좋아하지는 않았다는 말을 하면서 근자에 급속히 증가해 가는 한국의 관광객을 더 선호하며 한국인에게 더 많은 존경심을 보내고 있다는 이야기를 나에게 해주었다. 하긴 일제의 만행이 동양 일대를 휩쓸던 때, 여기인들 온전했으랴.

잔혹한 군국주의 칼날이 세계 2차 대전으로 불꽃 튀던 이곳 말레이시아 반도도 일본군의 발굽 아래서 치욕을 감수해야 했던 처절한 역사가 되살아나는 것 같았다. 악랄한 식민지 학정(虐政)에 통분(痛憤)해야 했던 이곳 말레이시아 국민의 운명이 일제식민지 학정을 받아왔던 우리의 고통과 다를 것이 무엇이겠는가. 이제 자유와 평화를 다시 찾고 내일을 향해 발전하려는 이곳 말레이시아인들도 전쟁을 싫어하고 침략을 모르는 조용한 아침의 나라가 아닌가.

겐디는 우리 한국을 좋아하고 한국인을 사랑한다고 거듭 말해 주었다. 정말인지는 몰라도 그들이 겪었던 참극의 과거를 되풀이하지 않기 위해서도 평화를 사랑하는 우리 한국을 좋아하는지 모르겠다. 나날이 늘어가는 한국의 관광객에 의해 우리의 국력이 신장되고 우리의 위상이 높아지고 있음을 여기에서 확인할 수 있었고 그들이 진심으로 우리를 성심껏 환대해주는 호의에 감동하기도 했다. 또한 겐디는 그의 조국 중국의 과거사를 되새겨가며 일본은 전쟁을 좋아하는 나라이고 도발을 잘하는 민족이기 때문에 일본을 가까이 하지 않는다 하면서 중국과 한국이 일본으로부터 입은 쓰라린 비극의 역사가 언제 지워질 것인가를 나에게 반문해 왔다. 애절한 과거를 반추하며 오늘을 능동적으로 극복하려는 겐디의 얼굴을 살피며 나는 한참동안 할 말을 잊고 있었다.

원망과 회한의 자성(自省)이 엇갈리는 그의 얼굴에서 전쟁을 증오하는 본성을 읽을 수 있었다. 나는 전쟁처럼 흉포(凶暴)한 것이 없으며 또 전쟁처럼 참혹한 것이 없음을 강조했다. 그리고 나는 전쟁을 좋아하는 어떠한 나라나 국민도 싫어하며 전쟁으로 인한 어떠한 이익과 영광도 배격한다고 했더니 슬픔이 스쳐간 그늘진 그녀의 얼굴에 쓸쓸한 미소가 떠올랐다. "선조들이 받은 비극의 역사는 다시 생각조차 하기 싫으며 그때의 학정을 자행(恣行)했던 일본은 아직도 밉다."는 말을 남기고 겐디는 우리가 다다른 싱가포르의 국경 저 건너 말레이시아령으로 사라져갔다.

섭씨 39도를 오르내리는 두터운 햇볕을 받으며 아리랑을 받아들인 캄퐁마을! 아리랑이 뿌리내린 말레이시아 원주민들의 이 한가로운 마을이 나의 뒤를 돌아보게 했다.

세계 시장의 대부분을 차지한다는 고무의 원산지요 언제나 부족함 없이 쓰고 남는 것을 수출한다는 원유의 생산지 말레이시아는 아직도 깊은 잠에서 깨어나지 않은 침묵의 나라처럼 보였으나 그들이 향유하고 있는 무한의 자원과 그곳에 내재되어있는 잠재력은 머지않아 도약의 날개를 펼쳐 부러움 없는 경제대국으로 비상할 것을 나는 의심치 않았다.

탐욕과 원심(怨心)이 없이 소탈하게 살아가는 조용하고도 평화로운 나라! 한정소언(閑靖少言)하고 불모영리(不慕榮利)하게 살아가는 이 나라에 심어진 우리의 위상! 우리나라의 국위가 이렇게 선양되고 있다는 것이 무엇보다 다행스러웠다. 마음속 깊이 다져지는 자긍심과 함께 멀어져가는 말레이시아의 산하가 아쉬운 여운을 남겼다. 한가로이 맡은바 일에 말없이 정진하는 그들이 한편은 부럽기까지 했다.

舊恨寃淚의 萬里長城

중국의 만리장성은 세계 7대 불가사의로 알려진 유명한 장성이다. 동쪽 산해관(山海關)에서 서쪽의 가욕관(嘉峪關)에 이르는 총연장 5,000㎞의 장성으로 그 기원은 춘추전국시대의 제(齊)나라에서 비롯되어 연(燕), 조(趙), 위(魏), 초(楚) 등 여러 나라가 구축했으나 BC214년에 연(燕), 조(趙) 등이 북변에 구축했던 성을 증개축하여 서쪽의 감숙성(甘肅省) 남부 민현(岷縣)에서 황해 서쪽으로 북상하여 음산산맥(陰山山脈)을 따라 동쪽으로 뻗어 요동(遼東)의 요양(遼陽)에 이르는 장성을 구축함으로써 흉노(匈奴)에 대한 방어선을 확고히 했다.

그 후 한(漢)대에 이르러 무제(武帝)는 영토의 서쪽 끝인 돈황(敦煌) 바깥쪽 옥문관(玉門關)까지 장성을 연장했다. 진(秦)한(漢)시대의 장성은 현재보다 훨씬 북쪽까지 뻗어있었는데 그것이 현재 위치로 남하하게 된 것은 거란(契丹) 돌궐(突厥) 등의 침입에 대비키 위해서였다. 즉 북위(北魏)는 5세기 초 장성을 보강하고 중엽에는 평성(平城)부근에 또 다른 성벽을 구축했으며 북제(北齊)는 6세기 중엽 대동(大同)북서쪽에서 거용관(居庸關), 산해관(山海關)에 이르는 장성을 축조해 현재의 내장성(內長城)에 해당하는 곳에 중성(重城)을 구축하는 한편 오늘날의 하남성(河南省), 산서성(山西省) 경계인 북부 태행산맥(太行山脈)을 따라 남하하는 장성도 북주(北周)의 방어대책으로 그 무렵 축조된 것이라 했다.

그 후 당대에 들어와서는 장성이 훨씬 북쪽까지 그 판도를 넓혔기 때문에 방어선으로서의 장성이 필요하지 않았고, 또 5대 이후에는 장성 지대가 북방민족의 점령 하에 있었기 때문에 거의 방치되어 있던 것을, 현재의 규모로 갖추게 된 것은 명(明)대에 들어와서라고 한다. 명나라는 이 장성지대를 9개의 군관구(軍管區)로 나누어 구변진(九邊鎮)을 두고 장성을 통과하는 교통요지 즉 안문관(雁門關), 거용관(居庸關), 고북구(古北口), 장가구(張家口) 등지에는 견고한 관성을 설치하였다. 청(淸)대 이후에는 군사적 의의를 상실하고 단지 중국본토와 만주지역을 나누는 정치와 행정적인 경계선에 불과하게 되었다고 하며 축성의 재료는 햇볕에 말린 벽돌과 돌등이며 높이는 6~9m 폭은 4,5m 기부(基部) 9m로 유네스코의 세계유산목록에 수록되었다고 했다.

춘추전국시대부터 17세기의 명조말엽까지 1000년간 지속되어온 이 장성축조에 20대 이상의 왕조가 간여(干與)한 셈이 된다. 그 중 공사규모가 가장 컸던 것은 진시왕과 한무제 시에 축조한 장성이라 했다. 이처럼 길게 이어지는 성벽은 중국고대 근로인민의 신고(辛苦)와 지혜의 상징이라 자랑하며 다음과 같이 기록하고 있다.

'이 장성은 중화민족의 자존과 긍지이다.(長城是中華民族的驕傲):The Great Wall is the pride of our nation'

또 유구웅대(悠久雄大)하고 신기한 보물인양 이렇게 표현하기도 했다.

웅대하고 위대한 공정은 세계적 기적이고(雄偉的工程世界的奇迹)
꿈틀꿈틀 10만 리는 2천 년의 역사이며(蜿蜒十萬里歷時二千年)
견고한 방위성벽 체계적인 완비이고(堅固的城防完備的體系)
어렵고 혹독한 노동은 지혜의 결정으로(艱辛的勞動知慧的結晶)
보배로운 문화소장 역사적 큰 비되니(文化的寶藏歷史的豊碑)
내 사랑은 중화요 내가 닦을 장성일세(愛我中華 修我長城)

또한 계절 따라 변모되는 장성의 변화상을 이렇게 과장해가며 불가사의함을 애써 수식해갔다.

웅관의 봄빛은 황화성의 장성이고(雄關春色黃花城長城)
구름 첩첩이 쌓인 산은 금산령의 장성이라(雲山疊翠金山嶺長城)
홍엽의 영마루 위는 모전욕의 장성이고(嶺上紅葉慕田峪長城)

옥룡 뛰어오르는 듯함은 팔달영의 장성일세(玉龍騰躍八達嶺長城)

이처럼 장구한 역사와 웅대한 규모로 축조된 장성을 세계의 기적으로 자랑하고 있지만 이 성벽의 축조과정에 묻혀버린 참담한 학민(虐民)의 원한은 그 어디에도 언급이 없다. 수많은 인력과 재화(財貨)와 시일이 소요되었던 비운의 역사는 숨겨지지 않은 채 중당(中唐) 시인들의 날카로운 필치에 의하여 그 처절하고도 비통했던 원한과 악몽으로 이어져간 백성들의 비애를 시로 표현되었다. 당대(唐代)의 유명시인 장적(張籍)은 그의 축성사(築城詞)에서 다음과 같이 구한원루(舊恨寃淚)의 그 시절을 노래한 바 있다.

천인만인 다함께 달구잡고 있는데(千人萬人齊把杵)
흙 단단히 굳었나 송곳을 박아보는(重重土堅試行錐)
군리는 채찍잡고 일 늦다 재촉하네(軍吏執鞭催作遲)
온 지 일 년 되어 깊은 모래벌판 속에(來時一年深磧裏)
모두 짧은 옷 입은 채 목 타도 마실 물 없고(盡著短衣渴無水)
있는 힘 다했어도 달구소리 못 멈추니(力盡不得抛杵聲)
달구소리 마치지 못한 사이 모두 다 죽어간다(杵聲未盡人皆死)
집집이 아들 길러 문호를 세우려했는데(家家養男當門戶)
오늘 군주의 성 밑에 흙이 되고 말았구나(今日作君城下土)

이 시대를 살아가는 나로서는, 말로는 흉노의 침략에 대비하고 북방방위대책의 일환으로 거대역사를 도모했다고 하나 진정 국민을 위해 성벽을 축조했다고는 이해하기 어려웠다. 이 성벽에 의해 국리와 민복을 성취했다는 기록도 없거니와 이로 인한 국민의 이익 또한 무엇이었는지 확인되지 않는다. 다만 국민을 위함보다는 한 사람의 군주를 위해 희생되어간 참상을 장적의 시에서 읽을 수 있고 당시 국왕의 영락(榮樂)과 안위(安危)만을 위해 힘없는 백성들만이 짓밟혀간 만리장성의 형적(形迹)은 오늘의 중국국민이 예찬하는 보배로운 문화재적 가치라기보다는 무고한 백성들의 피와 땀과 눈물로 얼룩져간 비극의 상징물처럼 느껴졌다.

돌아오며 말에게 장성굴 물 먹이려 하는데(回來飮馬長城窟)
장성의 길가에는 흰 뼈가 많아서(長城道傍多白骨)
그곳 노인에게 이 뼈 어느 때 사람 것이오 하니(問之耆老何代人)
진시왕 장성 쌓을 적 졸개들 것이라 말하네(云是秦始王築城卒)
해지는 국경북쪽에는 밥 짓는 연기 보이지 않고(黃昏塞北無人煙)
귀신들의 곡소리만 하늘을 비등하네(鬼哭啾啾聲沸天)
죄 없이 죽어간 공로에는 상도 받지 못하고(無罪見誅功不賞)
외로운 혼 떠돌다 이 장성근처에 떨어져 있는데(孤魂流落此城邊)
옛날 진시황이 칼자루에 손 얹고 일어서면(當昔秦王按劍起)
제후들 무릎으로 기며 감히 쳐다보지 못했는데(諸侯膝行不敢視)
부국강병 정책을 이십 년 쓰는 동안(富國强兵二十年)
원한 쌓으며 사람 징발하여 구천 리 성 쌓았으니(築怨興徭九千里)
진시왕 성 쌓은 게 얼마나 어리석었던가(秦王築城何太愚)
하늘이 진나라 망하게 한 것이지 북방오랑캐 때문은 아니었다네(天實亡秦非北胡)

당대 굴지의 시인 왕한(王翰)의 고장성음중(古長城吟中) 일절이다. 혹사당한 백성들의 원한이 그대로 표현되었다고 할 수 있는 이 시구(詩句)에서 무한한 참극과 무언의 희생으로 얼룩진 역사 속에 숨겨진 고혼(孤魂)들의 행적으로 보존되어온 이곳 장성을 찾는 관광객은 오늘도 줄을 잇고 있다. 어쩌면 피 흘려 쌓아 온 원혼들의 애망(哀望)으로 이 장성을 관광지로 찾게 되는 것인지도 모르겠다.

한여름철의 일모(日暮)에 장성을 스쳐가는 서늘한 바람은 답답했던 앞가슴을 쓰다듬고 지나가며 장성 밑을 이어가는 계곡으로 산새들은 평화로이 날고 있다. 운무심이출수(雲無心以出峀)하고 조권비이지환(鳥倦飛而知還)이라 하루를 힘겹게 살아가던 산새들도 해가 지면 둥지로 돌아가는 것을 알고 있는 만고진리의 정경을 운치 있게 읊었던 도연명(陶淵明)의 귀거래사 일 구가 아련히 떠올랐다. 자유분방하게 비상하는 저 새들도 둥지 찾아 어떤 꿈을 꿀 것인가. 장성주변에 어울려 있는 자연의 풍경은 길고도 슬펐던 중화민족의 애환을 모르는 채 저물고 있었다.

寃淚에 얼룩진 華淸池

화청지(華淸池)는 중국 서안(西安)에서 30㎞ 떨어진 여산(驪山:126m)기슭에 자리한 경치가 수려하고 산수가 청정한 곳으로 이름 높은 명승지다. 지금으로부터 3,000년 전 서주(西周)시대부터 온천의 원탕이 있기 때문에 역대의 제왕들이 향락에 빠진 곳이고 특히 당현종(唐玄宗)은 747년에 이곳에 궁전식 건물을 지어 화천궁(華淸宮)이라 이름 짓고 수시 행궁(行宮)하던 곳으로 많은 일화를 남긴 곳이기도 하다.

무위(武韋)의 난으로 말미암아 당실의 권위가 땅에 떨어졌던 국정의 혼란기 때 제위(帝位)에 오른 현종은 관제(官制)를 개혁하여 국정분위기를 쇄신하고 사치를 금지시켜 검약정신을 고취시켰다. 또한 귀족들에 의하여 진행되던 토지겸병문제(土地兼倂問題)를 해결하고 지방제도를 혁신하여 천하를 15도의 감찰구역(監察區域)으로 나누어 붕괴도상(崩壞途上)의 부병제(府兵制)를 모병제(募兵制)로 전환해서 10절도사를 두고 변경(邊境)의 방비에 힘쓴 결과 당실의 국력을 크게 회복시켜 평화와 더불어 당(唐) 일대를 통하여 가장 화려한 문화의 꽃을 피우게 했다고 한다.

그런데 어찌하여 말년에 이르러서는 사치와 향락을 일삼고 충신을 멀리하며 영행(佞倖)을 신임(信任)하는 정치의 문란을 초래했는지 알 수 없는 일이다. 심지어 아들인 수왕창(壽王瑁)의 비(妃)를 빼앗아 귀비(貴妃)로 삼기도 했다. 이런 방탕익애(放蕩溺愛)로 인해 국민의 빈축과 증오가 극도에 이르러 급기야는 안록산(安祿山)의 난을 당하게 되니 현군(賢君)으로서의 현종보다는 일신미모(一身美貌)의 양귀비(楊貴妃)에 의해 탕왕(蕩王)의 누명을 쓰게 된 장한(長恨)의 폐왕(廢王)으로 뭇 사람들의 기억에 남게 되었다.

화청지 입구에 설치 장식한 표지판에 '삼십제왕상유행(三十帝王常遊幸) 백위영수증리임(百位領袖曾莅臨)'이란 글만 보더라도 당시의 국정난맥상을 짐작할 수 있다. 백성들의 간고(艱苦)는 돌보지 않고 연화탕(蓮花湯), 해당탕(海棠湯)을 만들어 음락취흥(淫樂醉興)에 여일(餘日)이 없었던 국왕의 작태를 어느 국민이 좋아했겠는가!

이로 인한 국민의 불만은 안록산의 난으로 이어져 하늘 높은 줄 모르고 만고행락(萬古幸樂)에 묻혀있던 양귀비도 처참한 죽음으로 최후를 맞게 되는 비운의 한을 남겼으니 그 무슨 자랑꺼리가 되겠는가. 또한 당태종(唐太宗)이 별을 보면서 목욕했다는 성진탕(星辰湯)과 문무백관용으로 상식탕(尙食湯) 그리고 현종과 양귀비가 숙박하던 비상전(飛霜殿)은 노래와 춤으로 밤을 지새웠던 곳으로 이름나 있으나 내겐 당시의 화려함에 앞서 만민(萬民)의 원한을 안고 있는 흉전(凶殿)처럼 느껴졌다.

비상전 앞에서 피어오르는 김을 바라보며 즐겼다는 전설 같은 말이 있지만, 진정 선정(善政)은 민외(民畏)하고 선교(善敎)는 민애(民愛)한다는 위민정책(爲民政策)을 표방한 중국정통의 민본사상(民本思想)에 정면으로 배치되는 소위(所爲)가 아닌가. 민위귀(民爲貴)하고 사직차지(社稷次之)하며 군위경(君爲輕)이란 위정자들의 말은 한낱 구호에 그쳤던 과거의 위변(僞辯)이 아닌가 싶은 무거운 마음도 떨쳐버릴 수가 없었다. 이러한 화청지에 서린 한을 절묘하게 묘사한 백거이(白居易)의 장한가(長恨歌)에는, '봄 날씨 쌀쌀한 때 화청지에 목욕케 하니(春寒賜浴華淸池) 온천물 매끄러이 엉긴 기름 같은 살갗을 씻겼네(溫泉水滑洗凝脂)'라는 화사한 장면과, 향연(饗宴)과 취흥(醉興)으로 밤 가는 줄 몰랐던 현종의 심정을 적확(的確)히 표현하여 '봄밤은 너무 짧아 어느덧 해 높이 뜨니(春宵苦短日高起) 이로써 임금은 아침조회 보시지 못 하였다네(從此君王不早朝)' 라고 했으니 당시 현종의 방종상(放縱相)을 그대로 목견(目見)하는 듯하다.

그러나 비장필천(轡長必踐)이요 흥진비래(興盡悲來)라 했으니 낮이면 해 저무는 줄 모르고 밤이면 날 새는 줄 모르며 흥취몽상(興趣夢想)에서 헤어나지 못했으니 백성들은 조세(租稅) 요역(徭役)의 중압(重壓)과 지방관리의 주구(誅求) 및 상업 고리대자본의 희생물이 되어 토지를 잃고 타향으로 유망(流亡)하는 자가 속출했다. 이런 사회악의 창궐(猖獗)로 안록산의 난을 당하게 되니 당황한 현종이 양귀비와 함께 사천(四川)의 촉(蜀)으로 도주하던 도중 마외파(馬嵬坡)에서 애비 양귀비가 나라망친 책임으로 고력사(高力士)에게 교살(絞殺)을 당하게 되니 그 참혹함을 이렇게 표현했다.

온 군사들 나아가지 않으니 어찌할 수 없고(六軍不發無奈何)
아름다운 양귀비는 군사들 말 앞에서 죽었네(宛轉蛾眉馬前死)
꽃비녀 땅에 떨어져도 거두는 사람 없고(花鈿委地無人收)
비취장식 금 옥 머리장식 모두 버려졌네(翠翹金雀玉搔頭)
임군도 얼굴 가린 채 구해내지 못하여(君王掩面求不得)
머리 돌릴 때엔 피눈물 섞여 흘렀다네(回首血淚相和流)

한때의 호화가 참담한 고역으로 돌아온 천운(天運)의 결과였던가. 옛말에 '만약 사람이 착하지 못한 일(若人作不善)로 이름을 세상에 드러낸다(得顯名者) 해도, 비록 사람은 해치지 않을(人雖不害)지라도 하늘은 반드시 친다(天必誅之)'고 했으니 이를 두고 하는 말인가…….

늦봄의 도타운 햇살이 비치는 화청지는 옛 모습과 다르지 않아 그 아름다움에 이끌려 여러 나라의 관광객이 붐비고 있었다. 그러나 그 모든 사람들이 지나간 비극적 역사를 생각하면서 오늘의 화청지를 바라보는 것 같지는 않았다. 그저 즐겁게 카메라를 들어대고 양귀비 동상 앞에서 기념사진을 찍을 뿐이었다. 우리를 안내한 사람도 오늘의 중국인은 옛 조상들의 덕을 톡톡히 보고 있다는 말을 하고 있었으나 그것은 찬란한 문화의 꽃을 피웠던 옛 선조들의 유적 덕분에 오늘을 살아간다는 말로 들렸다. 정말 그런 것일까?

찬연한 문화의 그늘 아래 몇 사람의 즐거움을 충족시키고자 무자비하게 희생되어간 수많은 백성들의 한은 어디에서 찾을 것이며 그들의 서러웠던 원(怨)은 어떻게 달랠 것인가. 그 원혼들을 달래주려는 오늘의 화청지가 되어야하지 않겠는가. '무한의 희생을 감수해가며 애국의 혼을 심고 간 그들의 업적에 경건한 예라도 드려야 하지 않겠는가' 하는 자계심(自戒心)마저 가지면서 다시 돌아본 화청지는 평소의 화려함에 앞서 쓸쓸한 어둠이 드리워진 원루(冤淚)의 유흔지(遺痕地) 같았다.

耳聞巡覽의 西安景

서안(西安)은 서주시대부터 명대까지 장안(長安)이라 했으나 명대 초에 서안으로 개칭되었다. 현재는 섬서성 인민정부 소재지로 성(省)의 정치, 경제, 문화, 교통의 중심지이며 6현(縣)7구(區)를 통괄하고 있는 인구 617만, 9,963㎢의 면적을 가진 중국서부의 최대도시로 이름이 높다. 관중평야(關中平野) 중부에 위치하여 비교적 토지가 비옥하고 해발 400m에 연 강수량 600㎜ 로 밀과 쌀 옥수수, 조, 목화, 채소류 등이 주산물로 재배되고 있다.

주변을 흐르는 8개의 냇물 가운데 유명한 것은 위수(渭水)이고 황하의 최대 지류로 관중평야를 관류해가며 동관(潼關)에서 황하와 합류하고 있다 했다. 서안시를 동서남북으로 에워싼 함곡관(函谷關)과 대산관(大散關), 무관(武關)과 소관(蕭關) 등의 관소(關所)가 있어 기원전부터 11개 왕조가 1,100년간 수도로 정했던 유서 깊은 곳이기도 하다.

여로(旅勞)를 물리치며 서안(西安)벌 순람(巡覽)할 때
진시왕릉(秦始王陵) 웅대(雄大)함에 놀라움 접어두고
그 옛날 혹사(酷使)당한 여민(黎民)들이 서러워라
화청지(華淸池) 맑은 물은 고금(古今)이 불변(不變)한데
찾아드는 시방토(十方土)의 탐승객(探勝客) 이어지고
둘러본 양귀비(楊貴妃)의 그 영광(榮光) 무상(無常)하다.

머리 위를 스쳐가는 서안수운(西安愁雲)을 이렇게 읊조려 보았다. 오래된 역사와 함께 고적과 명소 등이 유수할 뿐 아니라 이름난 고대건축물은 귀중한 문화재로 남아 있었다. 성벽에 둘러싸인 시내에는 명대의

종루(鐘樓)와 고루(鼓樓), 당대의 청진대사(淸眞大寺)와 비림박물관(碑林博物館)에는 수(隨), 당(唐), 송(宋)에 이르는 역대 명필가들의 필치가 담겨있는 1,095기의 비석이 창연(蒼然)했고, 6,000여 년 전의 중국 고대사회의 집락유적(集落遺跡)을 별견할 수 있는 반파유적(半坡遺跡)에서 당시 인들의 주거생활과 도요(陶窯) 장묘문화(葬墓文化) 등을 엿볼 수가 있었다.

또한 당3대 고종 이치(李治)가 죽은 문덕황후(文德皇后)의 자은(慈恩)을 추모하여 건립하였다는 자은사(慈恩寺)는 당시 1,897실의 승방(僧房)과 300여인의 승려가 있었다고 하나 당대 말기의 전란(戰亂)으로 모두 소실되고 지금은 그 10분의 1에 불과하다는 설명도 들었다. 자은사의 대웅보전에는 석가여래의 삼신불과 19나한이 있는데 모두 명대의 것이라 했다. 또 서역(西域) 128개국을 순방하고 인도에서 유학을 마친 현장법사(玄奘法師)는 많은 경전과 불상을 가지고 돌아와 경서번역을 위한 번역경원(飜譯經院)을 세우고 657부의 경전을 이곳에서 번역했다 하며, 1,300여 년의 역사를 가진 높이 64m의 대안탑(大雁塔)도 멀리서 바라볼 수 있었다. 특히 이 탑은 그 동안 진도 7도 이상의 지진을 두 번이나 겪었지만 그 옛날 웅자한 모습 그대로 중후한 모양을 하고 있었으며, 현장법사의 고매한 제자인 신라의 원측법사(圓測法師) 묘탑(墓塔)이 현장 묘탑 옆에 세워져 있어 더욱 감회가 깊었다.

여산(驪山)의 우뚝함은 진한시대 참화(慘禍) 알고
위강(渭江)의 굽이진 물 격전지(激戰地)가 회상되니
피고 지는 영욕(榮辱)속의 그 영웅(英雄) 어디 갔나
구름이 내려앉는 광활(廣闊)한 대지에는
대농(大農)의 본산(本産)처럼 풍요(豊饒)가 숨 쉬는데
어이해 그 시절(時節)은 군마(軍馬)에게 짓밟혔나

바람이 얼굴을 스치는 서안벌의 쓸쓸한 여산소회(驪山素懷)를 이렇게

떠올리며 천복사(薦福寺)로 걸음을 옮겼다.

천복사는 서기 684년 측천무후(則天武后)가 죽은 고종의 명복을 기원하기 위해 세운 사찰이다. 당시 명승 의정(義淨)은 서기671년 낙양(洛陽)을 떠나 인도를 비롯하여 30여 개 국을 순방해가며 많은 경전을 연구한 후 서기695년에 경전 400부를 가지고 돌아와 천복사를 경전번역의 도장으로 하여 서기706~728년까지 56부의 경전을 한역하였을 뿐 아니라 대당서역구법고승전(大唐西域求法高僧傳)이란 전기(傳記)도 저술했다 한다. 천복사 안에 세워진 소안탑(小雁塔)은 경룡년간(景龍年間:707~709)에 건조된 연와조(煉瓦造)의 탑(높이43m)으로 원래 15층이었으나 서기1555년 대지진으로 상부 2층이 무너져 지금은 13층만 잔존한다고 했다. 그런데 주변에 있는 명대 왕학(王鶴)의 석비에 의하면, 서기1487년의 대지진으로 탑신 한가운데가 밑에서부터 위까지 갈라져 한 척(尺) 정도의 틈이 생겼는데 명대 정덕(正德)년말 또 한 차례의 지진으로 하룻밤 사이에 갈라졌던 탑신 틈이 원상태로 돌아갔다고 한다. 마치 신의 조화인양 경탄하면서 이 기현상을 신합(神合)이라 믿었다는 말이 한편은 흥미로웠다. 이렇듯 유구장원(悠久長遠)한 역사와 함께 전승되어온 유적으로 인해 서안 관광은 그야말로 귀로 듣는 관광이란 말이 실감 되었다.

이미 3,000년 전의 역사가 살아 숨 쉬고 있는 주(周), 진(秦), 한(漢), 당(唐)에 걸쳐 73명의 황제에 의해 이룩되어온 유현(幽玄)한 고적명소를 돌아보고 진정 우리나라가 좁고도 역사가 얕은 소국임을 비로소 깨닫게 되었다. 특히 여산 기슭에 자리한 높이 47m의 진시왕릉을 올라보고 분서갱유(焚書坑儒)의 강압정책을 써가며 능묘(陵墓)축조에 70여만 명의 인력이 동원되었다는 말에 나도 모르게 한숨이 터져 나왔다. 그뿐인가. 진시왕이 매장될 때 묘역 내의 비밀을 지키기 위해 능묘축조작업에 종사했던 공인(工人)과 생전 궁전의 시녀였던 3,000명의 미녀들까지 한 곳에 생매장했다는 끔찍한 이야기를 듣고 참렬무모(慘烈無謀)한 격정(激情)마저 느꼈다. 어떻게 그렇게도 잔인무도할 수 있었을까. 더욱이 왕릉에서 동쪽으로 1.5㎞ 떨어진 곳에는 왕릉을 지키는 지하용갱(地下俑坑)이 구축되어 있었는데 이 용갱에서 8,000채의 도용(陶俑)과 도마(陶馬)와 10,000여 건의 무기가 출토되었다는 말에 중국의 대 통일을 실현한 그의 야욕을 죽어서까지 지켜주기 바랐던 진시황의 가공(可恐)할 시책에 비감(悲感)한 원구(怨咎)와 답답한 의구심마저 생겼다.

한편으로는 호방장대(豪放壯大)한 기개(氣槪)와 광활한 지역에 부러움이 앞섰으나 학민정책(虐民政策)으로 서민을 탄압했던 진시황이 죽으면서까지 자신의 지위를 확보하려 했던 여러 가지 흔적에서 중국인의 슬픔을 재확인할 수가 있었다. 오히려 보람된 일보다 슬픈 일이 더 많았던 서안의 역사가 차라리 눈으로 보기보다 귀로 듣는 것이 훨씬 좋았을지 모르겠다.

고답창원(高踏蒼遠)한 유적 속에 스며있는 서안여민(西安黎民)의 애환(哀歡)이 오늘의 관광객을 손짓하듯 했고 창망무애(悵望無涯)한 서안벌 역시 어딘지 모르게 수연(愁然)한 어둠이 드리워진 비운의 유허지(遺墟地)처럼 느껴졌다.

兩眼에 머문 桂林妙嶽

계림(桂林)은 광서장족(廣西壯族) 자치구 동북에 위치한 인구 50만의 지방도시로 계수나무가 무성한 숲을 이루고 있는 곳이다. 계수나무는 금계(金桂)와 은계(銀桂), 단계(丹桂)와 사철계 등 4종이 있는데 금계는 노란 꽃, 은계는 연분홍 꽃이 철 따라 피고 사철계는 꽃은 피지 않아도 사계절 짙푸른 숲을 이룬다고 한다. 또한 계림에서는 이 계수나무 꽃으로 차를 만들고 계화주(桂花酒)라는 술을 빚어 판매하고 있었다. 특히 계림의 계화차에는 8가지 신묘한 효용이 있다고 하여 다음묘용(多飮妙用)을 이렇게 적고 있었다.

차를 마시면 수명이 연장되고(飮茶養生延年)
차를 마시면 몸이 건강하여 정신이 드높으며(飮茶健體提神)
차를 마시면 간이 맑아져서 눈이 밝아지고(飮茶淸肝明目)
차를 마시면 정신이 편안하여 얼굴을 살찌우며(飮茶寧神養顔)
차를 마시면 비만이 감퇴하여 지방이 떨어지고(飮茶減肥降脂)
차를 마시면 오줌이 잘나와 비장이 건강하며(飮茶利尿健脾)
차를 마시면 혈압이 낮아져서 주갈을 풀어주고(飮茶降壓解酒)
차를 마시면 치아를 보호하여 더러움을 내친다(飮茶護齒去汚)

그래서 계림의 계화차야 말로 만병통치에 가까운 효험이 있다고 선전에 열을 올리면서도, 막상 '중국에서 태어나 평생을 그곳에 살아도 다 먹어보지 못한 음식과 다 배울 수 없는 언어와 다 돌아보지 못한 지역이 있다'라고 중국의 광대함을 은연중 자랑했지만 한편으로는 불행함을 호소하는 듯 했다. 무려 5,600여 종의 음식을 어찌 다 먹어 볼 수 있고,

52종족의 말을 어떻게 다 배울 수가 있으며, 끝없이 펼쳐진 중국대지를 어떻게 다 돌아다닐 수가 있겠는가 하는 것이 중국을 사랑하는 그들의 표현이었다.

음식점마다 열정복무(熱情服務) 일류구미(一流口味)라는 표어를 써 붙여놓고 내객을 맞이하는 그들에게선 다른 나라처럼 지나친 친절과 분에 넘친 환영의 기색은 찾아볼 수 없었다. 더욱이 10만2천봉의 계림산경(桂林山景)이 다투어 솟아있는 천혜의 자연경관과 3천여 개의 동굴들이 산재해 있을 뿐 아니라 멸종위기에 직면한 호랑이도 380여 마리나 서식한다는 놀라운 소식을 들려주었고 480여 마리의 곰도 있다며 현지안내원 서창준(徐昌俊)씨는 소개했다.

그렇다면 우리나라의 기암산봉(奇巖山峰)이 임입(林立)한 금강산(金剛山)과 어떻게 다를까 하는 충동마저 느꼈다. 아직 금강산을 가보지는 못했지만 이제 눈앞에 전개될 계림의 10만2천 산봉보다 수(數)적으로는 적을지라도 미(美)적으로는 우리 금강산이 더 절묘할 것이라는 우월감을 가지고 그 옛날 전해오던 이야기를 환기(喚起)했다. 그것은 사랑하는 내 조국의 명망 높은 금강산이 결코 계림절경에 뒤지지 않으리라는 하나의 오기였을지 모른다. 중국의 한 시인이 우리 금강산을 돌아보고 감탄한 나머지 '원생고려국이요 일견금강산'이란 명언을 남겼다는 말이 어찌 그 때만의 실상이었겠는가! 수 없는 세월이 흘러가도 산천은 의구(依舊)하다 했으니 아직도 옛 모습 그대로 1만2천 금강묘봉은 변하지 않았으리라.

아무리 계림의 묘봉이라 할지라도 우리 금강산에 비견(比肩)할 수 있겠는가 하는 자긍심을 가지고 구름이 안개처럼 내려앉는 곳(云霧山庄)이라는 이강(漓江)에 다다랐다. 이강의 총연장은 437㎞이며 지금으로부터 3억8천만 년 전에는 바다였으나 1억8천만 년 전에 육지로 변해버린 채 돌이 많은 특이한 지역으로 이름이 나있다. 평소 이강을 말할 때 계림에서 양삭(陽朔)까지 83㎞ 구간을 이강의 주요 풍광대(風光帶)로서 '1백리의 화랑(畵廊')'이라 불린다 했다. 양안(兩岸)에 기이한 산봉이 우뚝우뚝 솟아있고 맑은 강물이 깎아지른 듯한 절벽 사이를 굽이쳐 흘러가기 때문에 '강물은 푸른 비단 띠 같고 산은 마치 옥비녀 같다'라는 예찬과 함께 상산수월(象山水月)에 탑산홍엽(塔山紅葉)이요 천산기동(穿山寄洞)에 두구웅치(斗鷗雄峙)라 정병와강(淨瓶臥江)에 용문고용(龍門古榕)이라 기봉임입(奇峯林立)에 고진신모(古鎭新貌)요 벽애인연(碧崖姻緣)에 구우삼주(九牛三洲)이니 망부선석(望夫仙石)이 우변기도(牛邊奇渡)라 관암유경(冠岩幽境)이 투산채회(綉山彩繪)에 도원상기(桃源賞奇)하니 선인추마(仙人推磨)에 양제풍광(楊堤風光) 등이 그대로 이어진 입체 산수화를 이룬다고 극찬했다.

시내에서 이강까지 가는 길가에는 양어장과 과수원 등이 드문드문 눈에 들어오고 2모작을 한 논에서는 한가한 농부들의 모습이 우리의 60년대 풍경을 연상케 했다. 한 가지라도 더 많이 팔아보려고 모여드는 잡상인들을 물리치고 이강의 선유여행에 올랐다.

물 맑은 이강(灕江) 그 흐름이 힘차고
계림산봉 10만2천 그 형상 기이(奇異)하다
안개구름 받쳐 이고 단애(斷崖)를 굽이치는
망망한 이강 유장(流長) 그 길이 437킬로미터
오가는 유람선상 환호성이 드높은데
연경(煙景)속의 기암묘봉 다가올 듯 멀어지니
영운(嶺雲)에 실린 풍광 화공(畵工)의 발길 잡듯
상미(賞美)할 명구승지(名區勝地) 홀연히 바라볼 제
어이해 우리 땅엔 이런 절승(絶勝) 없는 건가

시원한 바람이 앞가슴을 스치며 지나가는 배 위에서 양안을 바라보니 나무배를 저어가며 고기잡이에 열중하는 어부들이 눈에 들어왔다. 투망(投網)을 하는 사람과 낚싯대를 드리운 사람 모두가 선경(仙境)에 몰입해 가는 신선처럼 조망(眺望)되어 왔다.

강 상류 굽이진 곳에서 뱃머리를 돌려 접안장(接岸場)으로 돌아와 관암동굴(冠岩洞窟)로 향했다. 관암은 이곳 이강의 곁에 있는 거형의 지하동굴로서 그 산형(山形)이 제왕의 금관 같아서 관암이란 이름을 얻게 되었다(因其山形 如帝王金冠而得名)는 전설이 있다. 또한 이 관암은 전형적 암용지모(Karst tomograph)로 갖추어진 것이 특징(具有典型的 岩容地貌 特徵)이라 했다. 굴 입구에는 커다란 약도와 간단한 설명문이 적힌 표지판이 있었다. 총 길이 2㎞가 개미굴처럼 뚫려 한 바퀴를 돌아 나오게 되어 있었는데 굴 안에 들어서니 칠흑같이 캄캄했다. 비추어 주는 제등(Lantern)으로 앞사람을 따라 걸음을 옮겨가니 환경이 일신하여 답답했던 기분과는 달랐다. 종유석(鍾乳石)과 석순(石筍)이 불빛에 비쳐 호화찬란했고 수많은 관광객이 한꺼번에 들어가도 굴 내의 공기는 별도의 환기시설이 없어도 탁하지 않았으며 별도의 냉풍시설이 없어도 흐르는 땀을 식힐 수가 있어 정말 신기했다.

형형색색의 기묘한 종유석들은 관광객들의 발걸음을 멈추게 했고 60m의 높은 곳에서 쏟아지는 맑은 폭포수는 보는 이의 가슴을 서늘하게 하여 상쾌감을 더해주었다. 폭120m의 큰못에 담수(淡水)된 물이 너무 희고 맑아서 머리 위를 쳐다보니 천장부위에 흰색으로 도장(塗裝)되어 있는 바위가 이채로웠다. 연못을 지나 굽이진 소하천을 따라 보트(boat)를 타는 것 또한 흥미로웠고 보트가 미끄러지듯 흘러가니 과연 여기가 굴 안인가 싶은 환상마저 일어났다. 선착지에 이르니 소형 궤도열차(小型 軌道列車)가 기다리고 있었다.

한 칸에 6명씩 나뉘어 타고 1,2㎞를 달리니 이번에는 자율조작 모노레일(monorail)이 기다리고 있었다. 1칸에 2명씩 타고 손수 운전하여 굴 밖으로 나가게 되어있어 이때야말로 나의 증서운전(paper drive)면허의 실력을 발휘할 때다 싶어 조종간(操縱桿)을 힘 있게 잡았다. 뒷좌석에 아내를 앉히고 조용히 시발하였다. 앞서간 사람들이 아득히 보였으나 점점 그 거리는 단축되어갔다. 아마도 내 조작능력이 앞선 탓인가 싶어 속도를 적정하게 조절했다. 굴 밖을 나와 목적지에 도착한 것은 일행들과 거의 동시였다.

천연냉동으로 더위를 잊었던 온 몸이 갑자기 서기(暑氣)에 묻혀갔다. 기다리는 버스에 올라 도화강(桃花江)이 흘러드는 이강의 물을 코끼리가 마시려는 형상을 한 전설의 상비산(象鼻山)을 찾아 차머리를 돌렸다. 길고도 지루했던 여름 하루가 얇아지는 햇살을 안고 서산으로 기우는 일모(日暮)에 우리는 예정된 문창교(文昌橋) 부근 강가에 도착했다. 아득히 바라보이는 절승의 상비산을 관망하면서 양안(兩眼)에 머무는 계림의 묘악(妙嶽)들을 연상(聯想)해 보았다. 정말 강물은 비단 띠 같고 산은 옥비녀 같다는 말을 반추해가며 계림의 절경을 새로이 음미해 보던 하루해가 아쉬움을 더해갔다.

頤和園에 잠든 西太后의 驕奢風潮

이화원(頤和園)은 금조(金朝)1153년에 제4대 해릉왕(海陵王)이 그들의 근거지였던 상경회녕부(上京會寧府)에서 이곳 연경(燕京)으로 천도(遷都)할 때 궁전을 조성한 것을 시초로 명조(明朝)에 몇 채의 건물을 세워 호산원(好山園)으로 하였다가 청(淸)의 건융제(乾隆帝)가 1750년 곤명호(昆明湖)를 확대하고 각 건물을 만수산(萬壽山)에 세웠고 1860년 제2차 아편전쟁(阿片戰爭)으로 영불연합군의 공격에 의해 대파된 바 있으나 그 후 서태후(西太后)는 해군의 군함건조비(軍艦建造費)를 유용하면서까지 1888년에 이 별궁을 재건함으로써 중국의 군함이 줄어들어 1894년 청일전쟁(淸日戰爭)에서 일본해군에게 대패하게 된 요인이 되었다고 한다.

그 후 수리할 때 이화원으로 개칭하였다는 말이 있는 등 복잡하고도 미묘한 사연을 안고 있는 이화원은 총면적이 257ha다. 이중 곤명호라는 인공 못이 4분의 3을 차지하고 북쪽에는 역시 인공으로 조성한 만수산(萬壽山)이 자리하여 이 일대가 성벽으로 둘러싸인 전형적인 중국풍원림(中國風園林)의 대표작이라 자랑하고 있었다. 해마다 내외국의 관광객이 물결치고 있는 이 이화원에는 인수전(仁壽殿), 옥란당(玉欄堂), 낙수당(樂壽堂), 불향각(佛香閣) 등의 많은 건물이 있으며 특히 낙수당에서 서쪽으로 곤명호반(昆明湖畔)을 끼고 728m의 긴 회랑(廻廊)이 있는데 이 장랑(長廊)은 서태후의 달맞이를 위한 요월문(邀月門)까지 뻗쳐있어 당시 서태후의 위세를 짐작케 했다.

1889년 광서제(光緖帝)가 혼례를 올리자 서태후는 자금성(紫金城)에서 이화원으로 옮기고 정계를 은퇴했으나 정치에 대한 관심을 아주 버리지는 않고 자신의 질녀를 황후로 뽑아 황제의 일거수일투족을 감시케 하고 그에게 가까운 측근자(側近者)들을 권좌(權座)에 앉혀서 중요한 내정(內政)과 외교문제를 한손에 움켜쥐고 황제를 지배했다 하니 그 당시 서태후의 야망을 한 눈으로 읽을 수가 있었다. 이화원으로 돌아온 서태후는 이곳을 최고위층(最高位層)이 거처하는 곳으로 인식하게 하기 위해 갖가지 아름다운 꽃을 심어가며 그의 심미안(審美眼)을 만족시키고 있었을 뿐 아니라 환관(宦官)들에게는 화려한 옷을 입히고 곤명호에는 찬란한 유람선을 띄워가며 호화의 극치 속에서 은퇴생활을 즐겼다 한다.

뿐만 아니라 거의 날마다 거동하는 서태후 주변에는 수많은 수행원들이 따라 붙었고 수십 명의 환관들은 화장함(化粧函)을 들고 뒤따라야했다는 말에 어안이 벙벙했다. 더욱이 청일전쟁이 끝난 후 국정개혁(國政改革)을 이룩해 보려던 광서제(光緖帝)를 원세개(袁世凱)의 터무니없는 밀고로 10년이나 유폐(幽閉)시켰던 곳으로, 서태후의 잔혹성을 일깨우게 한 비운의 회한지(悔恨地) 같기도 했다. 안휘성(安徽省)의 일개 도원(道員)의 딸로 태어나서 함풍황제(咸豊皇帝)의 비(妃)로 간택되기까지 그의 불타는 야욕과 집념은 그 어디에도 비할 수 없는 옹고집착(壅固執着)이었다 한다.

그러나 당시 서태후의 야심은 그 자리에 연연치 않고 암우(暗愚)한 함풍제를 그냥 두지 않았을 뿐 아니라 이미 16세에 오경(五經)을 독파하고 고전(古傳)에 대한 교양을 익혀가며 중국정사(中國正史)인 이십사사(二十四史)를 통해 치란흥망(治亂興亡)의 기미(機微)를 살피는 데까지 나아갔다. 그는 증국번(曾國藩)을 통한 태평천국전(太平天國戰)의 난(亂)을 평정한 예지(銳智)도 겸비하고 있었다 했다. 또한 태후의 섭정(攝政)은 청조정(淸朝廷)의 가법(家法)에 위반됨을 무릅쓰고 공친왕(恭親王)과 더불어 동치제(同治帝)의 수렴청정을 성사시킴으로써 4억여 중국국민은 서태후의 지배에서 벗어날 수 없었던 어지러운 역사가 눈앞을 스쳐갔다.

유폐된 광서제를 임의로 폐위(廢位)하고 단군왕재의(端郡王載漪)의 아들 부준(溥儁)을 황제로 옹립하여 무수한 염문(艶聞)을 낳았을 뿐 아니라 단군왕재의에 의해 조직된 의화단(義和團)의 난으로 중국대륙이 전란의 소용돌이에 휘말릴 때도 4억 국민 중 누구 하나 서태후를 원망하거나 불평조차도 하지 않았다 하니 이것이 군주국(君主國)에 의한 '보황정신(保皇精神)'이었던가 의심케도 했다. 또한 연합군의 공격을 받고 서안으로 몽진하기에 앞서 서태후는 자금성에 가득 찬 보석과 골동품 등 금은재화가 걱정되어 철저한 은폐까지 지시했고 출발에 앞서 진비(珍妃)를 처참하게 처형했다니 상상조차 하기 어려운 그 잔인성에 경악을 금치 못했다.

이렇게 서태후 자신의 영달과 만욕(慢慾)을 채우기 위해서는 물불을 가리지 않았던 혹독한 독재정신을 희미하게나마 감지했고 때마침 불어치는 일모사양(日暮斜陽)의 세찬 바람 속에는 호화로운 곤명호반을 거닐 때 피우장랑(避雨長廊)으로 이용했다는 화려한 그림과 함께 교기(嬌氣)가 넘치는 당시의 서태후 모습과 애절하게 죽어간 진비의 참담했던 모습이 번갈아 떠오르는 슬픈 여운을 남기게도 했다.

그러나 줄기찬 사치와 호사한 생활로 일관해가며 불굴의 오만(傲慢)과 교기에 전신을 불태웠던 비범무상(非凡無上)한 서태후도 천명(天命)을 거역하지 못한 채 광서34년(1908년) 10월21일 광서제가 서거한 그 다음날 오후5시에 운명하고 말았다 하니 우연치고는 너무도 기이한 운명의 일치라 아니 할 수 없었다. 꺼져가는 숨결로 "이후 두 번 다시 부인(婦人)에게 국정을 맡겨서는 안된다."는 여한(餘恨)의 말을 유언으로 남기고 파란만장한 일생을 마감했다는 슬픈 이야기를 뒤로한 채 서산낙일(西山落日)의 바람 부는 이화원을 쓸쓸히 물러나왔다.

2부

동유럽지역

1) 2008.9.4 프라하 마사릭 앞에서 2) 2008.9.4 프라하 비츨라프
3) 2008.8.31 부다페스트 영웅광장

4) 2008 .8.31 부다페스트 도나우강
5) 2008. 9. 7 짤쯔부르크 짤쯔캄머굿에서

'아름다운 샘물'로 由來된 쇤브룬(Schlob Schonbunn)宮

쇤브룬궁이 자리 잡고 있는 빈(Wiener) 교외는 숲이 우거져 황제와 귀족들이 자주 사냥을 나오던 곳이라 한다. '쇤브룬'이란 이름도 1619년 마티아스(Matthöas)황제가 사냥하다 아름다운 샘(Schonner Brunnen)을 발견한 데서 유래되어 이름이 지어졌다고 하며 전망 좋은 이곳에 최초로 여름별장을 지은 황제는 페르디난트(Feadinand)2세라 한다. 화려한 이 여름궁전은 페르디난트황제 사후에 황후가 물려받았으나 1683년 오스만투르크(Osman Turks)의 침공으로 불타버렸고, 1529년에도 사냥을 위해 지은 작은 궁이 오스만트르크군에 의해 파괴된 적이 있다 한다.

합스부르크(Habsburg)왕가의 여름궁전이 전에는 1층 건물이었으나 터기 오스만제국(Osman Empire)에 의해 파괴된 후 황제의 명으로 유럽에서 가장 큰 궁전을 짓도록 지시하여 오늘과 같은 큰 3층 건물로 지어졌다 한다. 약42만 평의 대지에 현재와 같은 아름다움과 규모를 갖추게 된 것은 마리아테레지아(Maria Theresia)여제의 치세 때인데 1736년 결혼한 마리아테레지아는 여제가 되자 건축가인 니콜라우스 파카시(Nicolaus Facasi)를 불러 요한 베른하르트(Johannes Bernhard)의 설계안에 따라 중단된 궁을 전면적으로 다시 짓되 프랑스의 베르사유(Versailles)궁을 능가하게 짓도록 명을 내려 추진함으로써 오랫동안 오스트리아(Austria)궁을 지배했던 이탈리아(Italia)양식에서 프랑스(France)고전주의 양식의 왕궁이 들어서게 되었고 실내장식은 18세기중반 프랑스에서 크게 유행하던 곡선위주의 섬세하고 우아한 로코코(Rococo)양식을 따르게 되었다는 설명도 아울러 해주었다.

통 큰 여걸이었던 마리아테레지아였지만 화려한 것을 좋아했기 때문에 프랑스식 로코코에 만족하지 않고 더 화려하게 희귀한 목재와 벽포(壁包) 등에 중국식 문양까지 첨가해 실내장식을 한 궁 내부는 마치 동화 속의 성처럼 지극히 여성적이면서도 호화찬란하게 꾸며져 있었다.

그런데 제1차 세계대전이 끝나던 1918년 11월11일 오스트리아는 유럽 최대 왕가인 합스부르크가의 마지막 국왕인 카를(Karl)1세가 왕권포기문서에 서명을 함으로써 왕국에서 공화국으로 탄생했던 장소 또한 이곳 쇤브룬궁 이라하니 역사의 변전은 무상하지 않을 수 없었다.

궁 외부에 높이 솟은 두 개의 방첨탑(Obelisk)을 지나면 넓은 명예광장이 나오는데 방첨탑 위에는 황제의 상징인 독수리가 있었고 7,000평이 넘는 이 광장 우측에는 궁전극장이 자리 잡고 있었다. 궁 내부는 1,440개의 방이 있는데 그 중 40개 만 일반에게 공개되고 있었다. 황후의 내전, 접견실, 마리아테레지아실, 황실박물관을 돌아보고 밖으로 나와 공원과 넵튠분수(Nepyunbrunnen)를 보았다. 당구장, 근위대방, 접견실이 있던 호두나무방과 서제 그리고 침실로 이루어진 황제 프란츠요세프2세의 내전(Apartment of Emperor Franz JosephⅡ)보다 아침 식사용 살롱(Salon)과 왕자와 공주의 방 등으로 꾸며져 있어 황실가족들이 함께 만찬을 즐겼던 황후의 내전이 더 화사해보였다.

오스트리아 화가 로자(Rosa)의 스위스(Swiss)와 이탈리아 풍경그림으로 꾸며놓은 3개의 로자살롱, 랜턴(Lantern)살롱, 대 회랑, 소 회랑과 중국실 등이 있는 접견실이 웅장해 보였다. 그중에서도 6세의 모차르트(Mozart Wolfgang Amadeus)가 황실가족들 앞에서 연주를 했던 거울의 방(Holl of Mirrors)이 가장 아름다웠고, 호화롭기로는 무도회와 대규모 콘서트(Concert)가 열리던 접견실(Ceremoial Room)이 볼만했다. 특히 이곳은 유럽 여러 나라가 모여 나폴레옹(Napolèon)제국이 붕괴되면서 야기된 제반문제를 논의하기 위해 1815년에 열렸던 빈(Wiener)회의의 장소이기도 하여, 케네디(Kennedy John Fitzherald)와 흐루시초프(Khnushchyov Nikolai Sergeevich)가 냉전의 와중에 만나 정상회담을

했던 곳이기도 하다. 1760년에 완성된 세로7m 가로8m의 웅장한 천정화는 이탈리아 화가 그레고리오(Gregorio Guli gilmi)가 심혈을 기울여 그린 것으로 오스트리아제국과 평화와 전쟁을 주제로 했으며, 그 옆 소회랑은 황실가족들이 활용했던 방으로 좌우 2개의 둥근 중국실이 있었는데 이 중국실에는 금박(金箔) 입힌 청동 샹들리에(Chandelier), 라전칠기(螺鈿漆器), 중국산 도자기 등이 우아한 모습으로 우리를 맞아주었다.

다음으로 돌아본 곳은 마리아테레지아실(Maria Theresia Apartnent)로 일본식 라전(螺鈿) 장식한 이방은 여제가 공식행사나 기타 집무를 하던 방이었으나 세월이 흐르면서 용도가 변해 나폴레옹이 1805년에서 1809년까지 오스트리아를 점령했을 때 집무실로도 쓰였다 했다.

그 다음에는 1691년 프랑스의 정원사가 설계하고 1780년에 한 번 개조했다는 공원(Schlobpak)으로 갔다. 성의 정면에서 멀리 보이는 언덕위의 글로리에트(Gloriette)까지 탁 트인 전망을 즐길 수 있는 2㎢의 정원이었다. 이 정원은 18세기말인 1779년에 일반인에게 공개된 이래 많은 사람들이 들어와 산책을 하고 있는 곳으로 현재도 1년에 800만 명의 관광객이 찾는 빈의 최대 관광명소라고 소개했다. 옛날에는 정자가 있는 숲 사이로 미로와 같은 오솔길이 있었지만 19세기말에 없애버렸고 최근들어 원래의 모습으로 복원하였다고 했다.

끝으로 넵툰분수를 돌아보았는데 넵툰이란 그리스(Greece)신화의 포세이돈(Poseidon)에 해당하는 로마(Rome)신화의 바다신이라 했다. 바다가 없는 내륙 국가였지만 네덜란드(Netherlands), 스페인(Spain) 등을 거느리고 있었던 오스트리아의 옛 영광을 상징하는 조각들이었다. 1780년 오스트리아 건축가 페르디난트(Ferdinand)가 설계하여 순백색의 대리석으로 제작된 조각품 중 여신 테티스(Thetis)가 트로이(Troy)전쟁에 참가하는 자신의 아들 아킬레스(Achilles)의 보호를 기원하는 모습이 돋보였다. 무릎을 꿇은 채 바다의 신에게 간원하는 장면이 실제와 같이 묘사된 그 작품 외에도 정원 내 각양각색의 조각품들이 눈길을 끌었다.

戰禍와 改築을 反復해온 由緖깊은 빈의 史跡地 슈태반(Stephans Dom) 大聖堂

1137년에 축조하기 시작하여 1147년에 완공된 단순한 바실리카(Basilica)양식의 허름한 성당이었던 슈태반 대 성당은 그 후 수많은 증개축과정을 거쳤고 또 많은 전쟁으로 파괴, 복원하기를 반복하면서 800년의 빈 역사를 대변해주는 유적 중 하나라고 한다. 빈(Wien) 시민들의 신앙과 마음의 고향이요 빈의 상징이기도 한 유서 깊은 이 성당은 제2차 세계대전 당시 공습으로 파괴되었던 것을 지난 1952년에 다시 복원했다고 한다. 원거리에서도 식별이 가능한 다채색의 모자이크지붕과 높이 137m의 높은 첨탑은 이 성당이 고딕(Gothic)성당임을 일러주었고 800년의 오랜 세월을 거치면서 로마네스크(Romenesque)와 고딕(Gothic), 바로크(Baroque)양식 등으로 혼합된 이 슈태반 성당에는 3개의 문이 있는데, 대성당의 정문은 '거인의 문(Riesentor)'이라는 문이 하나만 있고 문 중앙에는 두 천사가 호위하고 있는 예수가 조각되어 있는데, 이 문이 거인의 문으로 불리게 된 것은 1230년경 건축공사 시 인근에서 거대한 유골이 발견되었기 때문이라 했다. 당시 사람들은 노아(Noah)의 홍수 때문에 빠져죽은 거인의 유골로 생각하고 문 위에 걸어두었지만 18세기에 확인된 결과 기독교와는 아무런 관련이 없는 선사동물의 거대경골(巨大脛骨)로 판명되어 없애버렸다는 이야기도 들려주었다.

그다음 볼만한 것은 독수리탑(Aeïdentürme)과 슈테플(Steffl)탑인데 15세기중엽에 완성된 이 독수리탑은 1957년에 탑 상단부에 무게 21톤의 육중한 종을 올려놓았다고 하며 이 종은 1683년 오스만투르크족을 격퇴하면서 노획한 180문의 대포를 녹여서 1711년에 만든 종이라 했다.

원래는 남쪽 탑에 있었는데 1945년 제2차 세계대전당시 파괴된 것을 복원하여 1957년 북쪽 탑에 올려놓았다고 했다. 종의 위치를 바꾼 것은 거대한 종의 음파 때문에 남쪽 탑에 많은 균열이 갔기 때문이라 했고, 독수리탑 자체는 미완성인 채 남아있었다. 그 원인은 종교개혁 때문인 것으로 추정하지만 정확한 것은 아직까지 확인되지 않고 있다. 건축가와 악마에 얽힌 여러 가지 전설이 구전되고 있었으나 모두 확인되지 않는 것이었고 약 25만 매의 채색기와로 장식된 성당의 지붕은 빈의 또 다른 상징으로 관광객의 시선을 모으고 있었다.

또 성당 남쪽에 세워져있는 높이137m의 슈테풀은 1359년에 공사를 시작하여 74년만인 1443년에 완성한 탑이라 했다. 독일 고딕건축의 걸작으로 꼽히는 이 탑은 독일의 푸라이부르크(Freiburg)성당의 첨탑과 함께 독일어권에서는 가장 아름다운 탑으로 칭송받는 고딕건축의 백미였다. 탑신은 사각형이지만 탑을 장식하고 있는 수많은 첨탑들은 팔각형으로 축조되어 탑의 미학적 완성도를 높여주고 있었다. 이 탑 밑에 있는 '가수들의 문(Singertor)'은 옛날에 남자들이 드나들던 문이었고 남쪽 탑인 슈테플탑은 343개의 개단을 통해 73m까지 올라갈 수 있었다. 그리고 길이170m 폭39m인 성당내부는 전체적으로 고딕양식의 문양이 일렁이는 불꽃처럼 화려함을 자랑하고 있었다. 내부에 들어서면 갑자기 적막함이 몸을 에워싸는데 수많은 관광객들도 이 고요함에 압도되어 숙연해진다. 더욱이 19세기 말에서 20세기 초에 걸쳐 새로운 미술운동인 빈의 분리파운동을 주도했던 건축가 아돌프루스(AdolphLoos)조차도 이 성당내부를 둘러보고 "우리는 세계에서 가장 아름다운 성당을 갖고 있다."고 감탄사를 연발했다고 한다.

또 1447년에 제작된 제단화는 몇 개의 패널(Panel)로 만들어진 전형적인 중세 제단화인데 펼치면 성모의 대관식, 성모상 등의 그림이 나오고 접으면 예수의 수난상이 묘사되어 있었다. 또 다른 남쪽 복도 끝에는 마리아포츠(Mariapócs)제단이 있는데 헝가리(Hungary) 북부의 한 작은 마을에서 단풍나무에 그려진 평범한 성화를 발견하여 보관하던 중 1696년 한 농부가 그 그림에 묘사된 마리아(Maria)가 눈물 흘리는 모습을 보았다는 말이 전해지자 이 소식에 접한 황제가 그림을 구입해서 성당에 안치하였다고 한다.

끝으로 '새로운 시장'이라는 뜻의 노이마르크트광장(Neumart Plaz) 한가운데에는 빈에서 가장 아름다운 바로크(Baroque) 분수가 있었다. 원래는 '신의 섭리'란 뜻의 프로비덴티아(Providentier)분수로 불렸으나 후에 이 분수를 만든 게오르 크라파엘돈너(Georach Raffall Donner)의 이름을 따서 돈너분수라고 부르게 되었다 한다. 분수 중앙에 있는 여성이 신의 섭리를 상징한다 하며 그 주위에는 분수를 둘러싼 4개의 조각상이 있는데 각각 오스트리아를 흐르는 강을 상징한다 했다.

이 분수대를 보고 있노라니, 북유럽 여행 시 노르웨이(Norway)의 비그란드(Vigeland) 조각공원에서 본 분수대가 눈앞에 떠올랐다. 5인의 역사(力士)가 큰 덩어리를 받쳐 이고 고통스러워하는 모습의 그 분수대 5인은 5대주 전 인류의 고통을 대신하여 머리에 얹고 있다는 설명이 감명 깊었는데, 오늘 이 분수대의 조각상은 4인밖에 안되어 비그란드의 분수대와는 다른 그 이유를 물어봤더니 별 뜻은 없다고 해서 다른 곳으로 발길을 옮겼다.

由緖깊은 歷史가 살아 숨 쉬는 부다페스트(Budapest)

헝가리(Hungary)의 아름다운 수도 부다페스트는 유네스코(UNESCO)의 세계유산에 등록된 도시이다. 시가중심부를 도나우(Donau)강이 흐르고 있어 '도나우의 진주(Donau of peal)' 혹은 '도나우의 장미(Donau of Rose)'라고 불린다 했다. 서쪽의 '부다'와 동쪽의 '페스트'는 전혀 다르다고 해도 좋을 만큼 서로 경치가 달랐다. 구릉지대인 부다는 기복이 심하고 녹음이 우거져있었고, 도나우강과 이어지는 언덕에는 변화의 역사를 겪어온 왕궁이 장엄하게 서있었다. 서쪽에는 야노슈(Janos-Hegy)산이 우뚝 서 있었고 산자락에는 한적한 주택가가 펼쳐져있어 평온한 분위기가 감돌았다.

페스트는 부다와 대조적으로 지형이 평탄하여 상점이나 사무실, 관공서, 극장 등의 상업지역으로 부다페스트에서 가장 번화한 비치거리(Váci Street)가 있고 녹음이 이어져있는 아름다운 안드라시거리(Andrássy Boulevard)가 뻗어 있어 아름다운 광경을 더해 주고 있었다. 또 부다페스트는 세 개의 도시가 통합된 것으로 현재의 오부다(Obuda)라고 부르는 부다의 북쪽은 원래 고대 로마인의 식민지로 판노니아(Panonia)라는 큰 도시였다고 하는데 이 판노니아와 부다와 페스트가 통합된 것은 1873년이라고 한다. 이렇게 도시가 통합될 수 있었던 것은 1849년에 사슬다리(Chain Bridg)가 완성되어 도나우강으로 나뉘었던 도시가 연결되면서 가능해졌다고 한다.

22개구로 이루어진 부다페스트의 볼거리는 주로 도나우강을 중심으로 반경2km의 범위 내에 집중되어 있다고 했다. 특히 밤이면 380m의 케이블(Cable)로 이어진 수천 개의 전등이 도나우강의 수면을 비추는 야경이 압권인데 이는 부다페스트를 상징하는 것이라 했으나 일정관계로 직접 보지는 못한 채 사슬다리만 도보로 건너보았다. 이 다리를 건너면서 도나우강의 풍부한 수량과 양안에 자리한 아름다운 주택들을 보면서 우리나라의 한강을 생각했다. 뿐만 아니라 1989년 10월23일 헝가리가 사회주의와 결별한 날, 시민은 빨간색, 흰색, 초록색의 삼색기를 들고 이 다리에 모여 새로운 역사의 첫 걸음을 축하했다는 이야기도 여기에서 들었다.

이 다리를 가설하게 된 동기는 헝가리의 국민적 영웅인 세체니 이슈트반(Szécheny István) 백작의 제창에 의해 10년간 공을 쌓아 이 다리를 완성하였고, 다리의 명칭도 세체니의 사슬다리(Széchengi Lanchid)라 했다. 19세기의 자유독립운동이 전 유럽을 휩쓸고 있을 때 오스트리아와 전쟁을 치루면서 파괴된 적이 있었고, 또 세계2차대전 당시 독일군에 의해 파괴되기도 했으나 1956년 헝가리 동란 때는 나치독일로부터 헝가리를 구했던 구 소련군의 전차가 건너기도 한 이 다리는 과거를 아는 듯 모르는 듯 너무도 의연히 우리를 맞아주었다.

수많은 관광객이 흠탄을 보내는 이 다리도 과거는 이렇게 험난했음을 생각할 때 우리의 한강대교가 눈앞에 떠올랐다. 1950년 6.25전란으로 두 동강이 났던 한강교! 그 다리를 건너려다 참변을 당했던 수많은 전재민들! 역사는 이렇게 피로 얼룩졌지만 발전되어가는 경제력에 의해 우리의 한강대교도 이렇듯 장중하고 유연한 모습으로 세계인들을 맞이했으면 하는 아쉬움도 있었다.

어둔 하늘이 열리듯
고요한 적막 속
동천을 태우는 불꽃처럼
붉은 하늘이 찬란하다
저 동쪽 5백만 마일 건너편에는
햇볕 이글거리는

대구가 있겠지…
여기 도나우강 언덕을 스치는
숲속의 바람과 함께
부다페스트는 조용하다.

08. 8.30 부다페스트의 아침

연록색의 도나우강물은 한강의 물빛과 같고 양안을 가득 채운 수량 또한 한강과 같은데 왜 한강에는 여기처럼 사람들이 모여들지 않는가 하는 아쉬움이 사라지려 할 때 나는 60년 전 이종매(姨從妹)로부터 배운 다뉴브강의 노래가 생각났다. 이종매와 함께 부르던 다뉴브강이 바로 이 강이구나 생각하니 감회가 새로웠다. 그리고 열화와 같이 전국을 휩쓸었던 자유운동의 상징물인 자유의 여신상을 돌아보고 혼란한 정국을 수습한 유진(Eugen) 장군의 기마상과 부다페스트의 첫 도읍지에 세운 투룰리(Turul) 봉황새의 동상 등이 떠나는 우리의 머릿속에서 사라지지 않았다.

折衷主義 美學으로 設計된 國會議事堂

도나우강변의 코슈트라요슈광장(Kossuth Lajostèr)에 건립된 국회의사당(Parliament)은 1885년에 착공하여 1902년에 완공한 네오고딕(Neo Gothic)양식과 바로크(Baroque)식이 혼합된 건물로서 부다페스트에서 손꼽히는 건물이라 했다. 이 건물의 설계는 헝가리에서 이름 높은 건축가 슈테인도르임레(Suggestion Delow Imre)가 했는데 그는 설계에 착수하기 전 세계각지를 돌아보며 다양한 건축양식을 연구하여 서로 다른 모형을 도입한 절충주의를 설계의 기본으로 삼아 희대의 명 건물인 이 국회의사당을 설계했다고 한다. 실로 이 건물은 절충주의의 집대성이라고도 할 수 있는 걸작이라고 소개했다. 이에 걸맞게 국회의사당은 길이 268m에 폭118m 총면적 약18,000㎡의 위엄 있는 모습으로 우리를 대하였다. 여러 개의 첨탑이 하늘을 찌르는 듯한 네오고딕양식의 아름다운 외관은 높이 96m에 이르며 중앙의 돔(Dome)은 우아한 르네상스(Renaissance)풍으로 관람객을 압도했다.

외벽에는 88명의 역사적인 인물상이 서있고 내부는 바로크양식의 호화로운 장식으로 꾸며진 691개의 방과 옛날 국립박물관에 있던 왕관을 2000년부터 이곳에 옮겨 전시하고 있는 방이 있었다. 이 왕관은 초대국왕인 이슈트반(István Bazilika)이 대관(戴冠)한 천 년부터 마지막 왕 카로이(Károly)4세가 1948년 퇴임할 때까지 약850년에 걸쳐 계승되어온 헝가리 역사의 산 증인과 같은 존재라 했다. 제2차 세계대전 후 국외로 반출되어 오랫동안 미국에 보관되어 있었으나 1978년 카터(Carter James Earl Jr) 대통령의 결정으로 고국에 돌아왔다 하니 이 얼마나 다행한 일인가.

수많은 문화재가 아직도 고국으로 돌아오지 못한 우리의 보물들은 언제 찾아오려는가! 1886년의 양요 때에 프랑스(France)군에게 약탈당한 규장각외문서의 일부가 아직도 돌아오지 못하고 있고, 1592년에 일어난 임진왜란 시 약탈해간 수많은 문화재가 아직도 일본에서 귀국을 기다리고 있으니 이 얼마나 수치스럽고 안타까운 사실인가……. 민족의 혼(魂)과 백(魄)이 어린 기예품들이 동족의 품안으로 돌아오지 못한 책임도 우리에게 있음을 각성할 때 이곳 부다페스트의 국민들이 한층 우러러보였다.

건물자체에서 풍기는 품격과 국민의지를 읽을 수가 있고 이 건물을 아름답게 관리하고 있는 국민정신 또한 흠탄할만했다. 국민의 혈세로 건립된 우리의 국회의사당은 어떠한가! 이를 운영 관리하는 주인공들이 철저한 애용정신을 가져야 함에도 여차하면 개인의 사물인 양 흉기를 들고 파손해버리는 악습은 언제 없어지려는가. 다시 한 번 우리의 과거가 되돌아보였다.

의사당 앞 광장에는 헝가리의 영웅으로 존경받고 있는 코슈트(Kossuth)와 라코치(Rakocz)의 동상이 많은 사람들의 시선을 모으고 있었다. 그 앞에 있는 서 있는 건물이 네오르네상스양식의 중후한 민족박물관(Ethnography Museum)이라 했으나 들어가 보지는 못했다. 내부천정은 높고 넓은 홀과 무게감 있는 계단 그리고 선명한 천정화 등 호화로운 구조로 축조되어 있다고 가이드가 소개만 해주었다. 전시물로는 헝가리 민족의상과 가구, 도자기와 인물 등의 민예품이 다수라 했다.

헝가리 建國의 象徵處 英雄廣場

영웅광장(英雄廣場)은 헝가리 건국 1000주년을 기념하여 1836년에 조성한 부다페스트 최대의 광장으로 안드라시거리(Andrassy Boulevard)의 북쪽 끝에 있었다. 중앙에 대천사 가브리엘(Gabriel)을 떠받치는 높이35m의 '건국 1000년 기념비(Millenniumi emlékmü)'가 서있고, 기념비 받침대에는 현재 도나우강에 놓여있는 다리의 이름인 마자르(Magyar)족의 수상 아르파(Arpád)를 한 가운데 세운 모두 일곱 부족장의 기마상이 빙 둘러 싸듯 서 있었다.

이 기마상에 대한 유래는, 대천사 가브리엘이 어느 날 꿈에 로마 법왕이 나타나서 이슈트반(St,István)1세에게 왕위를 내리도록 했고, 부족장은 헝가리의 선조라고도 할 수 있는 마자르 7부족장들로서 9세기 후반까지 현재의 헝가리에 살고 있었다는 데서 유래되었다 했다. 기념비 좌우에 부채형으로 늘어서있는 것은 역대국왕과 장군, 예술가 등 14명의 헝가리 영웅들을 상징했고, 옛날에는 이 상의 끝에 헝가리를 지배했던 합스브루크家의 왕상들이 늘어서있었으나 공화국 선언 후 1948년에 이들을 대신해서 헝가리 독립전쟁 지도자들의 상으로 대치했다고 했다. 탑체 위의 부채형 조형물 양끝에 늘어서있는 4개의 상은 마주보는 왼쪽부터 '노동과 번영(Lobor and Properity)' '전쟁(War)' '평화(Peace)' '학문과 예술(Learning and Artistic)'을 상징하고 있다 했다. 또 그 부근을 통하는 지하철도도 시설된 지 110년이 넘었다하니 우리나라의 지하철시대와는 근 100년 차다. 수다한 국난과 변란의 소용돌이 속에서도 꾸준히 전통을 보존한 채 발전을 거듭해온 헝가리의 국민정신에 선망이 갔다.

바로 내려다보이는 에르제베트교(Elizabeth Bridge)는 매우 장중해 보였고 그 밑을 흐르는 2,858km의 도나우강에 걸쳐진 길이450m의 이 다리는 부다페스트 교통의 요충지이기도 하다. 수심4m에 하폭400m의 이 도나우강변의 수십만 관광객들은 호화롭게 마련된 유람선을 찾아 모여들고 있었다.

수십 척의 호화유람선이 강을 누비고 있는 이 광경과 부단히 모여드는 선유객들의 화사한 모습을 바라보며 또다시 우리의 한강을 되돌아보았다. 아직도 한강대교의 장식은 이곳 에르제베르트교의 장식을 따라갈 수 없고 한강을 누비는 선유객들도 이곳 유람선 선유객에 대비할 바가 못 된다. 세계 제2차 대전이 끝나고 1949년 11월에 개통한 이래 지금까지 그 모습을 보존하고 있을 뿐 아니라 1956년 헝가리동란 때는 나치(Nazis)독일로부터 헝가리를 구했고, 1989년 10월23일 헝가리가 사회주의와 결별한 날 수만 시민이 이 다리에서 환호했다는 이야기에 나는 우리의 6.25를 상기했다. 동족상잔의 폭풍 속에 허리가 잘린 한강교가 허다한 난경을 거치면서 오늘에 이른 역사와 너무도 흡사했기 때문이다.

그런데 어찌하여 부다페스트의 도나우강과 에르제베트교에는 이렇게 관광객들로 붐비는데 우리의 한강과 한강교는 허전하기만 한가! 풍부한 수량과 넓은 하폭, 수심 모두가 이곳에 못지않건만 관광객을 모으는 수단이 헝가리만 못한 탓일까? 관광을 전담하고 있는 전문가의 각성이 촉구되기도 한다. 외국으로 출국하는 사람에게 관광진흥기금만 징수할 것이 아니라 널리 흩어져 있는 관광자원을 유용하게 개발하는 데 힘써야 함을 명심해서 외국인이 선호하는 볼거리가 무엇인지 잘 포착해주기를 기대해본다.

外敵防備보다 都市美觀에 힘쓴 漁夫의 要塞

마차슈교회(Matthias Church) 뒤편을 늠름히 흐르는 도나우江을 따라 네오로마네스크(Neo Romenesque)양식으로 축조된 7개소의 첨탑과 회랑은 외적의 침입을 방비했던 요새라고는 하지만 전투에 이용했던 곳이 아니라 당시 마차슈교회를 개축한 건축가 슈레크(Schreck)가 도시 미화계획의 일환으로 축조한 것이라 한다. 7개소의 높은 탑은 내습하는 적의 동태를 면밀히 감시할 수 있도록 누대로 활용되었고, 석축으로 축성된 이 요새는 어느 방비시설 못지않은 완벽한 성벽이었다. 예전에는 이곳에 어시장(魚市場)이 섰다고 하며, 요새 부근을 도나우 어부조합이 자율적으로 방비했던 연유로 '어부의 요새(Fishermen's Bastion)'로 이름이 붙여졌다 했다.

하얀 석회석으로 된 건물자체도 환상적이지만 도나우강 맞은편으로 펼쳐지는 페스트(Past)지구를 한 눈에 볼 수 있는 전망 또한 압권이었다. 또 요새의 남쪽 끝 마차슈교회 옆에는 헝가리 초대 국왕인 성 이슈트반(István)의 기마상이 우뚝 서 있었다. 한 손에는 이중십자가를 들고 있었는데 헝가리 국장(國章)에도 사용된 이 이중십자가는 이슈트반이 기독교를 도입하여 기독교국가로서 헝가리왕국을 건설하였다는 점과 헝가리 대주교를 결정하는 결정권을 법왕으로부터 부여받았다는 두 가지 뜻을 의미한다고 했다.

동상이 서있는 주변에는 페스트(Pest)병으로 희생된 영혼들을 위로하는 위령탑이 쓸쓸히 서 있어 이곳 시민들의 마음을 어둡게 하는 듯했다. 또한 이곳 헝가리는 연중 200일 이상이 흐린 날씨로 헝가리 사람들의 정서는 어두운 편이라 했다. 그 가운데서도 새로이 기억해야 할 것은

140년 전 세계해양조약이 이곳 헝가리에서 체결되었다는 점이다. 지금이 조약에 근거한 조세의 감면정책으로, 고루하고 어두운 거리를 밝은 패션(Fashion)거리로 조성해 나갈 계획이라 했다. 어두운 거리를 밝은 거리로 환경 일신을 하고자 하는 이 계획을 듣자 문득 일본의 홋카이도(北海道) 폐광도시의 슬로건(Slogan)인 유바리시의 검은 이미지(image)를 밝은 이미지로 바꾸기 위해 추진했던 환경조성이 아련히 떠올랐다.

끝으로 겔레르트(Gellért) 언덕을 찾아 1956년에 일어난 자유운동을 상징하는 자유의 여신상을 돌아보고 혼란했던 정국을 수습한 유진(Eugen) 장군의 기마상과 부다페스트의 첫 도읍지에 세운 투루리(Turul)봉황의 동상을 둘러보았다. 겔레르트의 장미언덕을 둘러보았는데, 위에서 내려다보는 전경이 너무도 아름다워 그 어디에도 비할 수 없는 압권이란 생각을 했다. 균형 잡힌 도시의 거리와 정비된 가옥의 규모와 모습들이 정말 관광도시다웠다.

언덕 기슭에서 페스트 쪽으로 이어지는 새하얀 에르제베트(Elizabeth)는 사슬교(Chain Bridge)와 나란히 도나우강의 아름다운 경관을 더해주고 있었는데, 이렇듯 겔레르트 언덕은 부다페스트에서도 손꼽히는 전망으로 이 두 다리를 높은 곳에서 바라볼 수가 있어 이곳을 '도나우의 진주'라 일컫는 게 아닌가 싶었다.

또 겔레르트 언덕 정상에 있는 전망 좋은 요새 치타델라(Citadel)는 합스부르크家가 헝가리의 독립운동을 진압한 후 헝가리를 감시하기 위해 세운 곳이었으나 1894년에 부다페스트 소유지가 되었고, 제2차 세계대전 때는 나치독일이 점령하여 이곳에서 부다페스트 시내를 포격한 비운의 역사를 안고 있기도 하다. 그 후 20세기에 들어와서 시민에게 개방되었고 현재는 235m에서 즐길 수 있는 전경이 인기라고 했으나 시간에 쫓기어 오르지 못하고 발길을 돌려야 했다.

頻煩한 戰災慘禍를 克服한 부다王宮 (Budavárl Paloto)과 마차슈(Matthias)교회

13세기 후반 몽고의 내습으로 에스테르곰(Esztergom)에서 피신해 온 벨라(Bellah)4세는 언덕의 지리적 이점을 발견하고 왕궁을 축조하기로 결정했다. 이후 부다왕궁은 몇 차례의 증개축을 거치면서 15세기에 이르렀고 당시 이탈리아 등지에서 모여든 장인(匠人)과 예술가들이 마차슈1세의 왕정에 호응함으로써 헝가리 르네상스의 막이 올랐다고 한다.

이때 헝가리는 중유럽 르네상스의 중심지로 영화를 누렸으나 16세기 터키(Turkey)와의 전쟁으로 왕궁이 파괴되었고, 17세기에 들어서자 합스부르크家의 도움으로 터키로부터의 해방은 되었으나 합스부르크가의 새로운 지배를 받게 되어 바로크양식의 궁전을 그때 신축하게 되었다고 한다. 그러나 18세기 마리아테레지아(MariaTheresia) 여제의 명으로 새로운 증개축을 실시하였으나 19세기 후반의 대화재로 왕궁은 소실되고 이를 계기로 대 개축을 시작하여 1904년에 완공을 하였으나 그 후 두 차례에 걸친 세계대전으로 다시 큰 파괴를 당하고 말았다 한다.

이렇듯 거듭되는 전란과 참화의 재난을 무릅쓰고 지금의 모습으로 재현하기 위한 전후복구사업에 헝가리국민의 총력을 기울인 결과 1950년에 완공하여 오늘에 이르고 있다 하니 건물자체는 그리 오래되지 않았지만 예로부터 전래하는 왕의 거처와 정치문화의 중심지였음을 알 수가 있었다. 현재 이 왕궁은 국립미술관과 박물관, 2만여 권의 장서를 자랑하는 세체니 도서관(Országos Szechény Konyvtár) 등으로 활용되고 있었다.

다음은 마차슈교회다. 13세기 중엽 성녀 마리아를 받들기 위해 벨라(Bellah)4세의 명에 의해 로마네스크양식으로 축조하였으나 14세기에 고딕(Gothic)양식으로 다시 지었고 15세기에 마차슈왕이 지금의 탑을 증축하였다. 본 명칭은 '성녀 마리아교회'지만 마차슈왕의 명으로 지은 탑이 가장 눈에 잘 띄어 '마차슈교회'라 부른다고 했다. 마차슈왕은 이 교회에서 대관식과 두 번의 결혼식을 거행한 바 있다.

1541년에는 부다(Buda)가 터키에 점령당하자 교회는 바로 회교사원으로 바뀌어 150년 동안 알라(Allah)신에 대한 예배의식을 거행해야 했다는 슬픈 역사의 단면도 이야기해 주었다. 17세기 합스부르크가에 의해 터키로부터 해방되자 비로소 회교사원에서 다시 가톨릭(Catholic)교회로 돌아올 수 있었다. 하지만 파사드(Facade)는 바로크(Baroque)양식으로 개조했다고 한다. 19세기후반에는 합스부르크제국의 프란츠 요제프(Franc Joseph)황제와 왕비 에르제베트(Elizabeth)가 헝가리왕과 왕비가 되기 위해 이 교회에서 대관식을 거행했다고 한다. 그 후 제2차 세계대전 시 크게 파괴되었으나 원래의 모습대로 복원하여 현재에 이르고 있다.

내부는 아름다운 스테인드글라스(Stained Glass)와 그리스도 관련 회화 석상 등으로 장식되어 엄숙한 분위기가 감돌았고, 벽의 문양과 색채는 독특한 기법이 엿보였다. 또한 비엔나(Vienna)의 슈테판성당(Stephon Dom)지붕은 타일(Tile)로 이어졌지만 마차슈교회의 지붕은 도자기로 이어져있다 하니 이 얼마나 귀중한 문화유산인가! 장구한 세월 동안 영욕이 반복되었던 환란을 극복하고 오늘의 부다페스트로 발전하면서까지 옛 자취를 그대로 보존하고 있는 국민의식이 부러웠다.

또 마차슈교회 앞 광장에는 18세기에 세워진 삼위일체상(Holy Trinity Square)이 있었는데 중세유럽에서 맹위를 떨치던 페스트의 종언을 기념하여 만들어진 삼각형의 탑이라고 했다. 높이35m의 바로크양식인 이 탑은 렌디(V.Render)가 설계한 특이한 건물이었다.

헝가리 建國의 아버지로 推仰하기 위해 세운 聖 이슈트반(István) 大聖堂

聖 이슈트반 대성당은 데아크(Deaktér)광장에서 약300m 북쪽에 위치한 거대하고 위엄 있는 건물로 대형의 돔(Dome)형 지붕을 이고 있다. 왕궁의 언덕에서 페스트 쪽을 바라볼 때에 유일하게 먼저 눈앞에 다가오는 건물이 이슈트반 대성당이었다. 돔의 직경만도 22m이고 높이가 96m이며 대성당의 수용인원이 8,500명에 이른다 했다. 웅대한 이 성당은 1851년에 건립을 시작하여 50여 년이 소요된 난공과정을 겪은 후 1903년에 완공된 부다페스트의 상징적 건물로 추앙받고 있다.

긴 공사기간 중 건립공정을 감독한 사람은 모두 3명인데 처음 공사를 지휘한 사람은 당시 연로자였던 힐드 요제프(Hildo József)였으나 그가 죽은 후 이블미크로슈(Miklos Ybl)가 공사를 이어받았다고 한다. 이 방대한 공사를 추진하는 동안 벽에 균열이 발견되고 곧이어 폭풍으로 돔이 붕괴되는 사건이 발생하여 대폭적인 돔의 설계변경이 불가피하게 되었고, 그 후 1891년에 미크로슈 이블이 사망하자 카우세르 요제프(Kauser Józef)가 이어받아 이 난공사를 완공하게 되었다 한다.

헝가리의 초대 성왕인 이슈트반1세를 흠앙하기 위해 건립된 이 대성당은 헝가리의 건국년도인 896년을 뜻하여 그 첨탑 높이를 96m로 했다는 것과 이슈트반1세의 오른손이 미라(mirra)로 보관되어 있는 것이 특이했다. 이슈트반은 초대 헝가리 국왕이었고 헝가리의 선조는 아시아계의 기마유목민족으로서 기독교인은 아니었다 한다. 그렇지만 이슈트반은 기독교를 도입하여 국교로 정하고 헝가리를 유럽의 한나라로 확립함으로써 국내통일을 완수하였다는 점에서 헝가리 건국의 아버지로 추앙받게 되었다. 이 공덕으로 1083년에 성인으로 추대되어 그의 이름이 역사에 남게 되었다는 설명을 듣고 아시아의 기마민족이 준험한 알타이(Altai) 고원지대를 넘어 광대한 초야가 펼쳐지는 이곳 헝가리 대평원에 뿌리내렸다는 것에 감명을 받기도 했다. 더욱이 대성당 입구 상단에 각명(刻銘)된 이슈트반의 선호성구(選好聖句)인 요한복음 제14장 6절의 「내가 곧 길이요 진리요 생명이다(Eco Sum Via Veritas Et Vita)」라는 경구로 국론을 통일했고 나아가 헝가리의 국기(國基)를 튼튼히 했던 지도력의 발휘는 헝가리 민족의 긍지와 자위력의 바탕이 되었다는 설명에 각별한 선망이 앞서왔다.

수많은 외침과 변란의 폭풍을 겪으면서도 떳떳이 국토를 지켜온 헝가리 국민의 애국의지와 단결력 앞에선, 주변의 강대국에 고개도 들 수 없었던 우리의 국치가 한층 더 부끄럽게 느껴졌다. 한국 초대 대통령도 인의 장막에 묻혀 그의 애국심을 올바르게 발휘하지 못했고, 빈곤의 퇴치와 경제재건에 심혈을 기울였던 박정희 대통령도 가장 신임했던 동향인의 총탄에 쓰러졌으니 우리의 국민성은 왜 이러한가… 다른 사람이 잘 되는 것을 곱게 보지 못하고 자신이 잘 되기 위해서는 물불을 가리지 않는 이기심의 팽배가 나라를 망치는 사례라고 역사가 증명하고 있음을 돌아보게 했다.

언제 우리나라도 아시아의 태양으로 빛나는 나라의 기틀이 잡혀질까 하는 근심과 소망을 안고 발길을 돌렸다.

險山峻嶺이 이어지는 타트라(Tatra)의 自然

면적 49,035km²의 슬로바키아(Slovakia)는 1993년 체코(Creco)와 분리독립한 내륙국가로 국토 대부분이 산악지대다. 북부는 폴란드(Poland)와의 국경에 걸쳐있는 카르파티아(Carpathian)산맥에서 이어지는 타트라산맥이 가로질러 있어 자연의 웅대함에 감탄치 않을 수 없었다.

해발 2,633m의 고산험모(高山險貌)의 렘닉스카이 슈티트(Lemnicky Stit)산과 2,628m의 라도이(L.dovy S,tit)산이 눈앞에 다가서니 여기가 동유럽의 알프스(Alps)인가 하고 모두 탄성을 올렸다. 날카롭게 솟아오른 봉우리와 거구의 몸을 옆으로 한 태산이 눈길을 끌었다. 흡사 고향의 주흘산(主屹山)처럼 보여 더욱 감회가 새로웠다. 특히 2,655m의 하이타트라(Gerlachovsky Syt)의 웅장한 모습은 일대장관이 아닐 수 없었다.

高山埈石荒形像 : 높은 산 험한 돌의 거친 모습이
不然回想故鄕追 : 불연히 고향 쫒는 생각이 되어
到處親環麗景豊 : 이르는 곳마다 고운경치 풍요롭고
巨貌雄姿主屹莊 : 거대웅장 그 모습 주흘의 씩씩함 같네
繞木資材續産餘 : 둘러선 나무자재 생산이어 남아돌고
深菁盛妙仙園場 : 깊고도 묘한 무성한 숲은 신선의 뜰안 같네
淸凉流水滿盈才 : 청량한 유수를 가득 채운 그 재주는
羨貪奇谷樂勤庭 : 부럽고 탐나게 가꾼 기괴한 계곡일세

여름에는 등산과 피서로 즐기고 겨울에는 스키(Ski) 등 겨울스포츠를 즐기는 사람들로 북적이는 지역으로 이름이 높다 했고, 도나우(Donau) 수계의 이강 줄기가 종횡으로 흘러서 남부에 도나우평야를 이루고 동부에는 동슬로바키아평야를 형성하여 광활한 대평원으로 이어지는 전원지

역으로서 포도재배가 활발하다 했다. 보는 각도에 따라 모습을 달리하는 산줄기 모퉁이를 돌아가며 폴란드의 국경을 향해 달렸다.

깊은 산협지를 지날 때마다 초지를 조성하여 방목하는 것을 볼 수 있었으나 축우들은 눈에 띄지 않았다. 협곡을 따라 흐르는 소계천이 있었으나 수량은 풍족치 않았고, 얼마 뒤 ORD라는 휴게소를 지나니 멀리 타트라산맥이 보이는 광야를 달려가고 있었다. 곳곳에 싸인 깊은 숲 속의 촌락들은 어찌 저리 편안해 보일까. 마을 앞을 지나는 전주의 모습이 북유럽과는 다르나 경쟁적으로 세워진 우리의 것과는 차이가 많았다.

눈앞을 스치는 농토엔 전작농으로 옥수수가 태반이었고 간혹 포도농원이 보이는 가운데 반스카 비스트리차(Banská Bystrica)를 지나게 되었다. 이 도시는 중부슬로바키아의 중심으로 예로부터 동이나 은을 채굴 정제하여 광업도시로 발전해왔고 14~16세기에 이르는 동안 동 생산의 최성기를 이루어 각지로 수출해왔다. 또 1525년에는 광산 노동자들의 노동운동으로 일시적 점거를 당한 적도 있었지만 이내 광산자원의 고갈로 폐광되고 수공업이 주요산업으로 대체되면서 번영을 해왔다 한다. 그 후 18세기 후반에서 19세기 중반 무렵에는 슬로바키아 민족운동의 중심지가 되어 항쟁을 한 역사의 도시이기도 하다. 특히 제1차세계대전 후 체코슬로바키아가 성립되자 중부슬로바키아의 산업경제거점이 되기도 했으며, 제2차세계대전 말기인 1944년에는 나치독일의 지배에 대항하여 슬로바키아 민족봉기가 시작된 곳도 바로 이곳이라는 소개도 있었다.

맑은 하늘, 넓은 초야를 보며 고향생각을 해봤다. 눈앞을 가로막는 산지가 태반인 우리와는 너무도 다른 환경이다. 대기가 오염된 하늘과 산간협곡이 많은 우리 자연에 비해 이곳은 얼마나 풍요롭고 축복받은 땅인가. 끝없이 펼쳐진 농원에서 기계화영농으로 생산력을 늘려가는 이곳이 한없는 부러웠다. 이농향도로 피폐해져가는 우리의 농촌에 비해 얼마나 다복한 촌락들인가. 무작정 도시로 몰려드는 민심을, 치정(治政)을 농위본(農爲本)으로 한 복지정책은 과연 없는 것인가 아쉽기만 하다.

世界屈指의 巖鹽窟 비엘리치카(Wieliczka) 採掘場

비엘리치카는 크라카우(Krakw)에서 남쪽으로 약15km 떨어진 곳에 있는 소도시였다. 놀랍게도 이 도시 지하에는 세계에서 손꼽히는 규모의 암염채굴장(巖鹽採掘場)이 있다 했다. 1250년경부터 1950년대까지 채굴되었던 곳으로 1978년 유네스코 세계유산에 등록되었다 했다. 또 비엘리치카 소금광산은 지하375m까지이며 우리가 돌아볼 수 있는 곳은 135m까지라 했다. 이렇게 깊은 곳에서 광부들이 소금을 채굴한 것도 놀랍지만 이 광산이 700년 전 발견되어 지하64m의 깊이로 총연장 300km에 이른다는 것이 더욱 놀라웠다.

소금을 찾아 광부들이 2,000여 개의 방을 만들었고 이 갱내에 사용된 자재는 단 두 가지, 목재와 소금뿐이라는 설명에서 타트라산맥의 거목들이 이쪽으로 옮겨지지 않았을까 하는 생각도 해보았다. 또 소금을 캐다가 여가시간에 만든 소금조각품은 어느 조각품에 못지않은 정교한 예술품이었다. 우리들이 돌아본 곳은 20개 방이었는데 그중 관광객이 많이 찾는 몇 곳을 상기해 본다.

• 코페르니쿠스(Copernicus)의 상(像)

지동설을 주장한 폴란드 출신의 코페르니쿠스 탄생500주년을 기념하여 세운 염석상(鹽石像)인데, 근엄하고 준결한 모습을 하고 있는 이 염석상의 당사자가 과연 아라스타로코스(Aristarchos)의 지동설을 체계화시킨 공헌자였던가 싶은 공경심이 앞서왔다. 다음으로 소금광산의 수호신으로 추앙을 받고 있는 킹가(St,Kinga)공주의 방을 둘러봤다. 13세기 헝가리 왕 벨라(Boleslaw)4세의 딸 킹가가 약혼예물을 받으면서 "나는 반지보다 소금이 더 필요하다."며 반지를 묻고 떠났는데 그 후 그 곳을 파보니 이 소금광산이 있더라는 전설에 따라 킹가공주는 소금광산 광부들의 수호신으로 추앙받게 됐다는 말은, 금은보석보다 소금이 절실했던 당시를 각성케 했고, 수천 년 전 지각변동이 있기 전 이곳은 큰 바다였다는 전설에 한편 놀랍기도 했다. 안내자의 설명에 의하면 이 광산의 갱내에서 가장 두려워하고 경계하는 것은 물과 메틸알코올(Methyl alcohol)이라 했다. 물은 소금을 용해시켜 시설물을 침하(沈下) 붕괴시키므로 적극 경계해야 하고 메틸알코올은 인화성이 강하기 때문에 불을 가까이하면 폭발하기 쉬워 갱내에서 생활하는 이들에게는 불이 필수이나 경계심을 늦출 수 없다고 강조했다. 캄캄한 갱내에서 항상 불을 들고 다녀야 하므로 생명을 담보한 채 저자세로 다녀야만 생명을 지킬 수 있다고 했다.

• 고행자(Penances)의 방

이곳은 광부들의 생활과 그 변천사를 보여주는 방인데 처음에는 수작업으로 소금계단을 만들어 지상까지 운반했으나 다음에는 수레를 만들고 다음에는 말을 이용하였다고 한다. 어떻게 큰말을 지하 갱내까지 들여갈 수 있었을까 의심했으나 안내자는, 광부들이 망아지를 안고 들어와 함께 생활하며 큰말로 성장시켜 운반을 전담케 했다고 하면서 오래되면 말이 실명까지 하더라며 당시의 참담한 갱내생활을 전하기도 했다.

• 소금수로와 물레방아

염광의 갱내에서도 물이 흐르지 않을 수 없으므로 일정한 수로를 시설하여 한곳으로 흐르게 하고 이 물을 일정한 장소에 저장 집수케 하여, 물레방아를 만들어 그 물레방아에 용기를 주렁주렁 매달아 지상으로 배수토록 시설해 놓아 두 사람의 광부가 이 물레를 돌리면 물레 뒤의 큰 원통을 통해 고인물이 지상으로 배출되고 있었다.

• 킹가(Kinga) 대 성당

지하110m에 위치한 이 성당은 길이54m 폭17m 높이12m의 시설로 3

인의 광부에 의해 건축되었는데 모두 완전한 염석(鹽石)으로 조각되어 마치 흙으로 빚은 듯 정교한 조각술에 경탄치 않을 수 없었다. 특히 눈길을 끈 작품은 호화찬란한 샹들리에(Chandelier)와 성당내부에 조각 설치된 '최후의 만찬'인데, 깊이 25cm로 조각된 이 작품은 원근효과가 확실하고 입체감이 선명하여 이를 배우기 위해 세계의 조각가들이 줄을 잇는다 했고 반대편 벽에는 예수의 연대기를 기록한 벽 조각품들이 정교했다. 바닥은 대리석 이상으로 다각형의 보도블록처럼 조화롭게 깔려있어 이 바닥의 홈도 광부들이 정교하게 판 것이라고 자랑했다.

• 소금호수

지하130m인 이곳에 소금호수가 있었다. 깊이3m에 넓이가 약150평 정도인 이 호수는 이스라엘(Israel)의 사해처럼 염도가 높아 사람이 빠져도 가라앉지 않고 둥둥 뜬다했고 호숫가는 염분 때문에 하얀 선이 두껍게 그려져 있었다.

• 대들보의 방

아름드리나무들로 쌓아놓은 대들보의 방이다. 이 방에는 유럽 제1의 대학 크라코프대학(Krakow University)이 수여한 감사패가 걸려 있었다. 이 대학은 소금광산의 재정적 후원에 대한 감사의 뜻으로 전한 패라 했다. 아름드리 통나무의 양과 규모는 엄청났다. 과연 지하375m까지 채굴해 300km의 갱도와 2,000여 개의 방과 부대시설을 하자면 이정도 목재의 양이 필요했으리라 생각되었다.

끝으로 소금광산을 방문한 괴테(Goethe)를 기념하여 세운 괴테의 염석상을 돌아보고 한손에는 소금을 다른 한손에는 책을 든 괴테의 상을 보고 소금광산에 많은 관심을 보였다는 것을 직감할 수 있었다.

로마교황에 등위한 요한 바오로(John Paul)2세의 엄숙한 상과 러시아(Russia)와의 대전에서 대승을 거둔 유제프 피우스드(Jozef Pilsudski)의 늠름한 염석상도 이채로워 보였다.

天人共怒할 慘殺의 現場
아우슈비츠(Auschwitz) 收容所

제2차 세계대전 중 나치독일의 점령하에 있던 유대(Judea)인, 공산주의자, 반 나치활동가, 동성애자 등이 체포되어 각지에 설치된 강제수용소로 이송되었는데 어떤 사람은 즉석에서 처형되었고 어떤 사람은 가혹한 노동에 신음하다가 살해되고 말았던 살인공장이라고도 할 수 있는 이 강제수용소는 크라쿠프(Kraków)에서 서쪽으로 54km 떨어진 아우슈비츠 교외에 있었다. 이곳에서 죽어간 사람들은 28개 민족으로 그 수가 무려 150만 명이 넘는다 한다.

수용소 입구 정문에는 '일하면 자유로워진다(Arbeit Macht Frei)'라는 표어가 걸려있었고 이 문을 통해 외부출입이 되고 있었다. 수용소 외부의 벽은 높은 원장이 아니었고 전류가 흐르는 고압선의 철조망이 1km간격으로 두 겹 에워싸여 있었다. 탈출방지를 위해 고압선을 시설했으나 중노동에 견디지 못하여 고압선으로 달려가 자살한 유대인들도 많았다 했다. 이러한 참상은 거의 사진자료와 실재 유품들로 대변할 수 있다는데, 이러한 실증품들이 패전과 더불어 독일군에 의해 폐기되지 않고 보존되었던 것은 러시아군이 이 지역을 선점한 때문이라 했다.

수용소 안에는 28개의 수인동(囚人棟)이 있었는데 한 번에 2만8천 명을 동시에 수용한 적도 있었다고 하며 각 수용동마다 어떤 일이 있었는지 남아있는 유품들을 그 증거로 공개하고 있었다. 특히 죽음의 지역(Block)이라고 불렸던 11동은 임시재판의 판결을 기다리는 수인들의 감금실, 채찍대, 이동교수대(移動絞首臺)와 수인들을 묶었던 말뚝 외에 기아실(飢餓室), 입석감옥 등이 당시의 모습대로 고스란히 남아 있었다. 본래 수용소였던 다른 건물에는 나치가 수용자들로부터 몰수한 생활용품들을 공개전시하고 있었는데 굉장히 많은 옷더미에 이름과 주소가 적힌 트렁크(trunk), 브러시(brush), 구두, 안경 등과 유체(遺體)에서 벗겨낸 의족과 의수들이 어지럽게 놓여있었다. 보다 잔인한 만행은 죽은 자의 머리카락을 2kg이상 저장한 저장실이었다. 사람들의 머리카락으로 1만 kg 이상의 방석과 직조사를 만들었다고 하니 그 악랄함을 어떻게 표현할 수 있겠는가.

百萬餘民慘殺跡　백만 넘는 국민의 참살된 흔적은
悲痛哀憐不忍苦　비통하고 애련한 그 고통 못참겠고
暴惡武徒怪漢鬼　포악한 무장무리 괴한의 악귀처럼
賢良愛族滅傷群　어질고 선한 겨레 멸상케 했으니
當時回想保存物　그때를 회상하는 보존된 물건들은
現世萬邦民怨高　온 세상 사람들의 원증을 높이네
戰後殘情淚積史　전후에 남은 정황 눈물겨운 역사를
何由辨明實眞誰　그 누가 이 까닭을 명쾌히 설명하랴

1941년 독일군이 찍었다는 한 사진에는 오케스트라(Orchestra)의 연주장면이 있는데 연주자들이 유대인이라 했다. 이곳에 우수한 인텔리(Intelligent)들이 많이 들어와 음악가나 화가들도 많았다 한다. 그중 오케스트라 연주가능자를 선발하여 작업능률을 올리기 위해 오케스트라를 연주케 했는데 연주가 끝나면 곧 작업장에 투입되기 때문에 더 힘들어했다는 말도 들을 수 있었다.

또 독일인이라도 장애인은 전쟁수행에 걸림돌이 된다며 인간쭉정이로 악평하며 무차별 참살했다는 만행에 소름이 끼쳤다. 1944년 70만 명을 끌어오기 위해 2km의 직통철로를 부설한바 있고, 직송된 수인들은 70%가 가스실로 직행되는데 그 분류관이 독일군 친위대(SS, Schutzsyaffel)의 군의관 요제프 엥겔(Joseph Engel)이었다 한다. 의학자이기도한 요제프는 유대인을 대상으로 생체실험까지 했으며 특히 쌍둥이를 이용한 실험을 많이 했다고 한다.

그런데 아이러니하게도 요제프 엥겔은 패전 후 도망하여 84세가 되도록 살다가 남미 어느 지역에서 한 많은 일생을 마쳤다는 이야기도 들려주었다.

다음은 히틀러(Hitler Adolf)의 우직한 추종자로 이 수용소를 총괄했던 루돌프 헤스(Rudolf Hoess) 수용소장이다. 수많은 수인을 처형한 죄를 물어 자신이 시설한 교수대(Gallows)에서 교수형에 처해졌다 하니, 무상한 운명을 맞이한 그들이 처절했다. 무거운 마음을 안고 수용소를 나오려는데 미묘하게 심금을 울리는 간판이 눈에 띄었다.

"과거를 기억하지 않는 자들은 과거의 잘못을 반복할 수밖에 없다.(The one who does not Remember History is Bound to Live Through it Again)"

에스파냐(España) 출생의 미국철학자 겸 시인이며 평론가이기도 한 산타야나(George Santana)의 명문이다. 정말 과거의 잘못을 뼈아프게 기억하지 않는다면 또다시 아비규환의 참사를 되풀이할 수도 있지 않을까 반성해 볼 일이다.

古色蒼然한 체스키크룸로프城

13세기에 남 보헤미아(Bohemia) 귀족인 비트코프(Vitkov)가 성을 건설한 것이 체스키크룸로프(Castle Cesky krumlov) 역사의 시작이라고 설명하면서 14세기 초에는 로젬베르크(Rozemberk)가의 지배하에 들게 되어 도시는 화려하게 발전해나갔고, 16세기에 이르러서는 르네상스로서 번영의 절정기에 달하게 되어 현재의 모습을 거의 갖추게 되었다 한다.

그러나 그 이후 슈바르첸베르크(Schwarzenberg)가와 에겐베르크(Eggenberg)가로 주인이 바뀌면서 점차 근대화에서 뒤지게 되어 쇠퇴했다고 하며 또한 체스키크룸로프는 크게 굴곡으로 흐르는 볼타바(Vltava)강에 싸인 채 번영을 거듭해온 도시이고 아름다움을 유지해온 고도이기도 했다. 1992년 도시 전체가 유네스코의 세계문화유산으로 등록되면서부터 세계의 주목을 받게 되고 이에 힘입은 체스키크룸로프는 보헤미아 지방에서 프라하성에 이어 두 번째로 규모가 큰 성으로 발돋움해 그 특유의 고유성을 가지고 오늘에 이르고 있다.

볼타바강변에서 올려다보는 천혜의 성벽은 실로 장관이었고 천연적으로 요새화된 볼타바강 유역이 아름다웠다. 외적방비에 해자(垓字)의 역할을 겸비한 자연장애물로 활용할 수 있는 성의 위치 또한 천험의 요지였다. 13세기에 창건한 후 순차적으로 개보축이 되어 각각의 시대양식에 조화를 이루어가며 거대한 복합건축물로 각광을 받고 있었으나 2002년 8월 기록적인 홍수로 큰 피해를 입고 복구한 흔적이 여러 곳 보였다.

오랜 역사와 전통미를 살리지 않은 채 현대감각에 맞춘 보완설비와 불필요한 미장도색 그리고 출입구에 있는 편의시설의 범람은 고답적인 고적감각을 잃은 듯 했고 이곳을 찾는 관광객의 유치에만 애쓴 결과 같기도 했다. 다음은 흐라데크(Hradek)에 있는 성의 탑으로 올라가 멀리 전망되는 도시의 풍경과 짙은 녹음이 펼쳐지고 있는 광활한 대지, 크게 굴곡진 볼타바강의 모습이 압권이라고 해 탑으로 올라가려 했으나, 계단이 협소하고 인원이 많아 성의 정원(Costle Gorden)을 돌아보기로 했다.

성 서쪽 계곡에 가설된 플라슈티교(Most Na Pláśti)를 건너면 바로크양식의 정원이 있었는데 짙은 녹색으로 뒤덮여 다람쥐들이 노니는 평화로운 곳이었다. 그 한가운데에도 바로크양식의 회전무대가 있어 이색적이었고 엷은 분홍색의 아름다운 건물이 눈앞을 떠나지 않았다.

끝으로 1394년과 1402년 보헤미아왕 바츨라프4세의 감옥으로 사용했던 바츨라프 지하실(Wenceslas Cellars)을 갤러리(Gallery)로 활용, 체코를 비롯하여 세계 각국의 현대미술을 전시하고 있으나 시간에 쫓겨 들리지 못했다. 뿐만 아니라 체스키크룸로프 및 남 보헤미아 지방의 고고학적인 자료로부터 역사, 민속, 예술, 민속공예까지 다양하게 전시되고 있다는 지역박물관(Okresni Vlastivédné Muzeum) 역시 돌아보지 못한 채 프라하로 이동했다.

숲이 우거진 풍요로운 광농의 정경이 눈앞에 펼쳐진다. 눈길이 닿지 않는 망망한 대평원에는 옥수수의 수확이 한창이었고 숲에 가린 평화로운 마을 앞에는 공동으로 마련된 주차장이 안온해보였다. 골목마다 차량으로 넘치는 우리들의 사정과는 너무도 달랐다. 나만의 편의를 위해서는 다른 사람의 대문 앞 출입구도 막아버리는 주차의식과는 얼마나 다른 것인가. 그리고 탕일낭비를 막기 위해 주세가 엄청나게 비싸다는 것과 국민이 바치는 세금은 모두 노령기의 복지기금으로 환원된다하니 이 얼마나 합리적이고 선진적인 정책인가를 생각하면서 차창을 스치는 풍경에 시선을 보내고 있었다.

自由守護의 抗爭地 프라하(Praha)

옛날 보헤미아(Bohemia)왕국의 수도였던 프라하는 중세의 거리풍경이 그대로 남아 있었다. 볼타바(Vltava)강을 끼고 동쪽에는 다양한 사적이 많이 있는 구 시가지이고, 서쪽에는 프라하의 상징인 프라하성이 자리 잡고 있는데 양쪽 모두 붉은 지붕의 거리가 이어져있는 전형적인 고도였다. 여기저기에 고딕건축과 르네상스건축의 교회와 궁전이 늘어서있고 11세기경 독일과 프랑스 등 상업적인 관계의 발전으로 교회와 상인들의 주거지로 마련되었던 광장 등이 그대로 보존되어 있었다.

특히 이 광장은 수많은 역사적 불운의 시대를 돌아보게 하는 지역이기도 했다. 그것을 실증하는 것 중 한 곳이 구 시청사 앞 지면에 그려진 27개의 하얀 십자가였는데 이 십자가는 1620년 빌라호라(Bilá Hora)전투에서 합스부르크家에 패한 체코(Česká) 측 지도자 27명이 이 광장에서 처형된 비극의 현장이었으며 이들 십자가는 그 머리를 안치했던 곳이라고 한다.

한편 광장 북쪽에는 체코의 영웅으로 추앙받고 있는 얀 후스(Jan Hus)의 동상이 늠름하게 서 있었는데 얀 후스는 15세기 체코 종교개혁의 선구자로 본 직업은 카를(Karlův)대학 총장이었지만 프라하의 베들레헴 예배당(Betlemska Kople)에서 설교사를 겸해 일반에게 알기 쉬운 설법으로 폭넓은 여러 층의 지지를 얻었다고 한다. 경건한 기독교 신자였던 얀 후스는 로마교회의 타락을 격렬하게 비판하여 콘스탄트(Constance)공의회에 소환되었으나 그곳에서도 신념을 굽히지 않고 교황과 교회의 권위를 부정했기 때문에 이단으로 몰려 1415년 화형에 처해지고 말았다한다. 얀 후스의 죽음에 충격을 받은 체코 국민과 얀 후스의 신봉자들은 일제히 봉기하여 가톨릭교회와 격렬하게 싸우게 되었고, 이 후스상은 그가 죽은 후 500년이 지난 1915년에 조각가 라디슬라프 살로운(Ladislav Saloun)에 의해 제작되었다고 했다. 이렇듯 프라하는 국가의 자주와 국민의 자유권 확보를 위해 부단히 항쟁해온 비운의 역사적 중심지로 알려져 있다.

특히 1968년 구 체코슬로바키아(Czech Slovakia)에서 시작된 프라하의 봄은 세계를 놀라게 했다. 스탈린(Stalin)형 정치경제체제가 1960년까지 지속되자 그때까지 체제에 대한 비판이 표면화되면서 보다 자유로운 사회구현을 위한 개혁기세가 높아져 국내 보수파도 개혁파의 기운을 억누르지 못하고 1968년 1월 보수파의 노보트니(Novotny)가 공산당 제1서기 직을 사임하게 되자 개혁파의 두브체크(Dubcék)가 그 직에 취임하면서 획기적으로 언론의 자유와 다양한 권리보호를 위해 힘써 나갔다. 그러나 구 소련을 비롯한 구 동유럽의 개혁운동비판에 밀려 같은 해 8월21일 바르샤바(Warszawa)조약기구에 속한 여러 나라의 저지를 받게 되고 이들 나라의 군사개입이 강행되어 구 소련의 전차가 바츨라프광장에 투입되었으나 체코국민의 강렬한 저항을 받게 되었고 온 세계의 여론을 환기시키는 계기가 된 이 운동을 '체코사건' 또는 '프라하의 봄' 이라 한다했다. 이 운동에 죽음으로 항의한 용감한 학생 얀파라프(Jan Palach)가 바츨라프 기마상 앞에서 분신자살을 기도했던 사건으로부터 20년 후인 1989년에도 이곳을 찾는 세계인들이 100만 명을 넘었다하니 얼마나 프라하에 대한 애착이 높은가를 짐작케 했다.

四十年前抗擧爭　사십 년 전 자유항쟁 그 거사는
天地雷霆振動化　하늘을 뒤흔드는 우뢰와 같았고
結束諸魂總力和　결속된 모든 혼력 화합으로 뭉쳐
惡群追放安民靜　악한 무리 추방하고 민심안정 이루었네
主權伸張擴基盤　주권은 신장하고 기반확충 튼튼하게
跳躍高揚現實情　드높이 약진하는 현실을 이루었네

受難悲痛早忘時　비통했던 수난사 어서 빨리 잊을 때
萬邦尋客讚辭高　찾아오는 세계인의 칭송만이 높다네

특히 국립박물관 내에 전시된, 프라하의 봄을 상징하는 자유운동의 회상화는 40년 전의 실제를 눈으로 확인시켜주는 듯했다. 현지 안내자의 설명에 의하면 당시 프라하 시민들은 침입해오는 소련군의 전차를 저지하기 위하여 개인의 주소지를 바꾸고 젊은 여인들은 미니스커트(Miniskurt) 복장으로 꽃다발을 만들어 달려오는 전차를 가로막았는가하면 프라하의 지도자들은 한결같은 자유주의를 장렬하게 부르짖었다고 한다.

이렇듯 물밀 듯이 몰려왔던 소련군의 진입거리는 이름 모를 갖가지 화사한 꽃들과 함께 '프라하의 봄'을 외치던 화보로 장식된 720m의 중앙로 분리대 거리가 눈길을 끌었다.

歷代 王의 居處였던 프라하城과 王墓가 奉安된 聖비투스大聖堂

볼타바강 서쪽의 흐라치니(Hradčany)언덕 위에서 프라하의 시가지를 건너다보는 프라하성은 역대 왕이 거처였던 곳으로 9세기 중반에 건축을 시작하여 수많은 변천을 거친 후 보헤미아(Bohemia)왕국의 전성기였던 14세기 카를(Karl)4세의 치세로 현재의 위용이 갖추어졌다 했다. 성벽으로 둘러싸인 넓은 부지에는 구 왕궁, 교회, 수도원 등이 들어서 있고, 건물 일부를 활용하고 있는 박물관과 미술관도 있었다.

성의 정문은 프라하성 남쪽 흐라치나 광장에서 제1정원으로 들어가는 곳에 있었는데, 문을 장식하고 있는 두 개의 강건해 보이는 조각은 '싸우는 거인들'로 18세기 후반에 이그나츠플라제르(I,Platrer)에 의해 제작되었다 했다. 그리고 입구 옆에는 의례복을 입은 위병이 서 있었고 제1정원에서 마치아스문(Mathyáśova Brána)을 지나면 제2정원이었고 광장 중앙에는 1686년에 건립된 바로크양식의 분수가 있고, 오른쪽에는 성십자가예배당이 있었는데 예배당은 현재는 관광안내소로 활용되고 있었다.

또 이 교회 뒤편 건물은 대통령궁으로 이용하고 있어 대통령이 재실중일 때는 체코국기와 대통령기를 게양한다고 했다. 또 왼쪽 문을 지나가면 다리를 건너서 성 밖으로 나갈 수 있고 정면의 문을 지나면 성 비투스성당(St,Vitus'sCthedral)이 있는 제3정원으로 이어진다 하기에 정면의 문을 지나 성 비투스성당으로 발길을 옮겼다. 성 비투스성당은 본래 930년에 건립한 로마네스크양식의 전형적 원통형의 심플(simple)한 교회였는데 14세기 카를4세 시대에 개축공사를 시작하여 오랜 기간을 거쳐 현재의 당당한 모습을 갖추게 되었다한다.

처음 설계를 맡았던 건축가는 프랑스 출신인 마티아스 아슈(Matthias of Arras)로서 23세의 젊은 나이로 이 대성당을 설계했다는데 놀라지 않을 수 없었다. 그러나 불행히도 그는 1352년에 죽고 그 뒤 오스트리아의 국경 근처에서 페트르 파를레슈(Petr Parléř)라는 젊은 건축가를 초청하여 공사를 계속하게 되어 1420년에 완성을 보게 되었으나 그 후에도 개보수를 계속하여 최종 완성을 보게 된 것은 20세기에 이르러서였다고 하는데, 이 성당의 총 길이는 124m이고 폭60m, 탑의 높이가 96.9m나 되는 웅대한 모습이었다.

19세기 말에서부터 20세기 초에 걸쳐 제작된 멋진 스테인드글라스(Stained Glass) 중에는 체코의 유명했던 예술가요 화가였던 알폰소 무하(Alfonso Mousa)의 지름10,5m의 작품도 구경할 수 있었다. 대성당의 내부와 탑으로 들어가기 위해서는 유료 티켓(ticket)이 필요했으며 파를레슈가 1362년에서 1364년에 걸쳐서 지은 성 바출라프예배당(Gotická Kaplesv Václava)과 은으로 된 성 네포무츠키(Stribmý nohrobek Jana Nepomuckého) 등 볼거리가 충분하고 다양했다. 그 가운데 눈길을 끈 것은 20세기에서 가장 아름답다고 하는 '장미의 창(Rosette Window)'과 1927년 안토닌 포들라하(Antonin Fodraha)에 의해 완성된 26,740매의 유리조각으로 제작한 천지창조의 그림이 이채로웠다.

햇빛을 받아 새로운 빛을 발산하는 광채는 거의 환상적이었으며 너무도 세밀하고 정교한 기예로 그림이 완성된 이 작품에 어이 경탄치 않겠는가! 유리 한 조각 한 조각에 정성이 담겨있고 기한이 정해지지 않은 무한의 제작과정 속에 담긴 그 인고의 값은 후세인인 우리들이 평할 것이 아닌가. 성급한 일과성에 몰입되고 깊은 창의가 없이 모방술에 넘치는 우리들이 겪는 예술세계와는 근본적인 차이가 있어 보였다.

聖人 彫刻像이 林立한 카를橋(Charles Bridge)의 威容

볼타바(Vltava)강에 가설된 프라하의 교량 가운데 가장 오래되고 아름다운 석재교가 이 카를교라 했듯이 관광객의 내왕이 빈번하고 그 모습 또한 웅장해보였다. 14세기 후반부터 15세기 초반에 걸쳐 카를(Karl)4세 시대에 고딕양식으로 건조된 이 다리는 길이가 520m이고 폭이 약 10m인데 교량의 양쪽 난간에 설치 임입한 30개의 성인 조각상이 눈길을 끌었다. 현재 자동차의 통행이 금지되어 있어 거리 연예인이나 음악인 초상화가 및 기념품 판매상들이 난입하고 있는 거리처럼 보였다.

이러한 활기에 찬 다리의 내력에 대해 지금까지 알려진 바로는 볼타바강에 처음 시설된 것은 12세기 초 현재의 장소에서 약간 상류에 있었던 목조다리였다고 한다. 그러나 12세기 중반에 홍수로 유실해버렸고 그 다음에는 돌다리를 시설했는데, 유럽에서는 독일의 레겐스부르크(Regens Burg)에 있는 돌다리에 이어 두 번째 돌다리라고 했다. 이 다리는 브라티슬라프(Bratislar)2세의 두 번째 왕비 이름을 따서 유디타교(Juditin Most)라고 명명하여 교통의 요충지로 많이 이용되었으나 1342년의 홍수에 또다시 유실되었고, 그 후 카를4세의 명으로 1357년에 새로 착공하여 60년 가까이 걸려 완공한 다리가 현재의 카를교라 했다.

당시 건축가는 27세의 젊은 천재 페트르 파를레슈(Petr Parler)인데 강 양쪽을 연결하는 유일한 다리로 최고의 기술을 활용해 건설하였기 때문에 완공 후 600년 가까이 건재하여 몇 번의 대홍수에도 견디어 온 것을 보고 모두 그 기술에 놀란다고 했다. 더욱이 이 카를교의 경관을 돋보이게 한 것은 교량난간에 늘어선 성인의 조각상들인데 좌우양쪽에 15개씩 모두 30개의 동상이 서 있었다. 이 성인들은 성서에서 제재를 차용하거나 역사적인 성인과 영웅을 모델로 한 것이 아니고, 그 후 17세기에서 19세기에 걸쳐서 설치되었기 때문에 교량은 고딕양식이고 조각물은 바로크양식이 많다고 했다. 그리고 처음 세워진 조각은 구 시가지에서 헤아려 오른쪽에서 8번째인 성 얀네포무츠키(SV, Jan Nepomuck)상으로 1683년에 제작했고 또 구 시가지 쪽으로 볼 때 왼쪽 5번째 조각은 성 프란시스코 자비에르(Francisco Xavier)로 자비에르를 떠받치고 있는 사람들 가운데는 동양인인 듯한 인물도 눈에 띄었다.

그것은 아마도 자비에르가 1549년 일본 가고시마(鹿兒島)에 상륙하여 최초로 일본에 기독교를 전파하고 중국으로 가서 포교 중 광동에서 사망한 사실을 은연중 표현한 것이 아닌가 싶었다. 그 외에도 다리 기슭에는 각각의 교탑이 있는데 구 시가지 쪽 교탑은 1400년에 페트르 파를레슈가 통행료징수와 교량경비를 위해 건립하였다고 하나 현재는 일반에게 공개되고 있었다. 탑 위에서 카를교를 바라보니 30기의 성인 조각상으로 인해 프라하가 조각예술의 천국처럼 느껴졌고 또한 볼타바강 카를교의 위용이기도 했다.

長遠한 古色風貌의 舊 市廳舍와 宇宙觀에 基礎한 天文時計의 妙術

구 시가지 광장에서 틴교회(Church of Our Lady before Týn)와 마주 보고 서 있는 높은 탑의 건물이 프라하의 구 시청사이다. 구 시청사에는 이름난 천문시계도 있었지만 건물 자체도 매우 독특했다. 지금의 구 시청사는 제2차 세계대전 시 파괴된 것을 복구한 것이나 본래 시청사로 건립한 것이 아니라 수세기에 걸쳐 있었던 기존 건물을 증개축하거나 업무상 필요에 따라 인접건물들을 매입하여 편입 개축한 것이라고 했다. 그래서 장식이나 규모 등이 이질적으로 이어져 와서 어디서부터 어디까지가 구 시청사인지 분간키 어려우나 시계탑에서부터, 검은 벽면 가득 인물이 그려진 스그라피트(Scratch Grapite)장식이 눈길을 끄는 모퉁이의 건물까지가 구 시청사라 했다.

지금은 공지로 남아있지만 탑 옆 부분에도 건물이 있었으나 제2차 세계대전 시 나치독일에 의해 파괴되어 그 참상을 기억하기 위해 공지를 그대로 보존하고 있다 한다. 탑과 그 외의 건물들은 섬세한 장식이 있는 문(紋)은 고딕양식이며 스그라피드 장식은 르네상스기의 문(紋)이라 했고, 한가운데의 분홍색 건물에는 구 시가지의 문장(紋章)과 함께 '프라하왕국의 수도(Prahgue Caput Regui)' 라고 적힌 장식이 눈길을 끌었다. 또 구 시청사 안에는 소규모의 예배당도 있었고 프라하 시민들이 활용할 수 있는 결혼식장도 마련되어 있어 좋은 반응을 얻고 있었다.

이렇듯 과거의 긍지와 비운의 역사를 가감 없이 실증 그대로 보존하여 후세의 교훈으로 삼고 있는 프라하의 시민정신이 한층 더 우러러보였다. 무엇이든 마음에 차지 않으면 자취도 없이 철거해버리는 우리의 습성과는 얼마나 다른가 되돌아보게 했다. 숱한 건물과 시설들을 재개발과 도시미화란 시책으로 잔인하게 파괴·철거해버리는 당국자들에게 보여주고 싶은 실상이었다. 그 외에도 구 시청사 탑 아래쪽에 시설된 천문시계는 세로로 두 개의 원이 있고 각각 제작될 당시의 우주관(천동설)에 기초한 천체의 움직임과 시간을 표시하고 있는데 위쪽이 지구를 중심으로 도는 태양과 달, 그 외의 천체 움직임을 표시하고 연월일과 시간을 표시해가며 1년에 걸쳐 한 바퀴 도는 것으로 이를 플라네타륨(Planetarium)이라고 부르며, 아래쪽은 황도의 12궁과 사계절의 농촌작업을 그린 달력으로 하루에 한 눈금씩 움직이는데 이것을 카렌다리움(Calendarium)이라 한다고 했다.

플라네타륨의 양옆에 있는 인형은 허영심, 탐욕, 사신(邪神), 이교도(異教徒)의 침략이라는 네 가지 공포를 표현하고 카렌다리움 양옆의 인형은 역사의 기록자, 천사, 천문학자, 철학자를 표현하고 있다 했다. 그리고 9시에 개관하여 21시까지 매 시간의 정각이면 기묘하게 제작된 시계의 장치가 가동되는데, 두 개의 원반 위에 놓인 천사의 조각 양옆의 창이 열리고 사신(四神)이 울리는 종소리와 함께 그리스도(Kristos)의 12사도가 창밖으로 서서히 모습을 드러냈다가 사라지고 곧이어 시계의 상단부에서 비둘기 우는 소리가 나면 모든 가동이 종료되었다. 시계의 시동시간이 가까워지면 많은 사람들이 이 광경을 보려고 모여들었다.

이 시계는 1490년경에 시계제작 장인인 미굴라슈(Mikuláse)가 만들었다는 설과 15세기경 프라하의 천문학자이며 카를(Karlúv)대학 수학교수였던 하누슈(Hanus)가 만들었다는 두 가지 설이 있다. 그 중 하누슈에 관한 비화가 전설로 남아 전해오고 있었다. 하누슈가 시계를 완성했을 때 시계의 묘술에 감명을 받은 다른 도시인들의 제작요청이 쇄도하자 이를 방해하기 위한 음해가 있었다. 한밤중에 누군가 하누슈를 습격해 눈을 실명시킨 것이다. 똑같은 시계가 다른 곳에 생겨나는 것을 막기 위한 행위였다는 데 또 한 번 놀랐다. 그만큼 훌륭한 시계를 제작한 하누슈는 눈이 먼 후 시계관리에 혼신의 열을 바치다가 질병으로 세상을 떠났다는 이야기에 모두 숙연해졌다.

다음으로 1365년에 개축한 것으로 금장식을 정점으로 한 두 개의 탑 높이가 80m나 되는 틴교회를 돌아보았다. 모든 사람들이 틴교회라고 부르고 있으나 실제 명칭은 성모마리아교회라고 한다. '틴'은 '세관'이라는 말인데 교회 뒤편에 세관이 있어서 붙여진 이름이라 했다.

그리고 틴교회와는 광장의 대각선 맞은편에 있는 성 미쿨라슈교회(Kostel sv Mikuláse)가 바로크양식의 파사드(Facade)가 장엄한 분위기를 자아내며 우뚝 서 있었다. 이 교회의 전체 설계자는 보헤미아(Bohemia) 바로크를 대표하는 건축가의 한사람인 킬리안 이그나츠 단체호퍼(Kilián lgnác Dcenzenhofer)인데 이 교회 역시 몇 번의 개보수를 거쳐 최종 완성한 것이 18세기 초라고 한다. 내부는 성 미쿨라슈의 생애와 성서를 제재(題材)로 한 화려한 천정화가 바로크양식의 중후한 조각으로 가득 차 있다고 했으나 들어가 보지 못해 아쉬움이 많았다.

葡萄酒談判으로 城民을 지킨 뉴슈市長의 再現場 마르크트廣場

프랑크푸르트(Frankfurt)의 동쪽 약100km 지점인 뷔르츠부르크(Wuerzburg)에서 시작하여 뮌헨(München) 남쪽인 알프스(Alps) 기슭의 퓐센(Fuessen)까지 작은 고도(古都)가 곳곳에 산견되는 가도가 로만티크(Romentische)가도라 했다. 중세시대에는 독일과 이태리를 연결하는 중요한 통로였지만 근대에 이르러서는 공업화의 물결에 밀려 개발이 늦어져 옛 가도가 그대로 남아있다 했다. 이런 점에 착안한 독일의 관광당국은 관광을 목적으로 개발하기 시작하여 현재는 아시아를 비롯하여 미국에서까지 많은 관광객이 몰려오고 있다 했다.

서정적인 취향이라고 할 수도 있는 가도의 연변고도에는 근대적인 대도시와는 달리 한가로운 전원풍경과 성벽이나 성문 등이 옛 모습을 지키고 있고, 옛날 교회와 벽돌색 지붕들이 잇달아 있어서 중세에 대한 환상을 불러일으키기에 충분했다. '중세의 보석'이라고 불리는 로텐부르크(Rothenburg)는 로만티크가도의 백미이고, 성벽으로 둘러싸인 도시에 한 걸음 발을 들여놓으면 시간의 벽을 넘어선 듯한 착각에 빠지기도 해 마치 동화 속 같은 세계가 펼쳐진다고 한다.

도시중심인 마르크트광장(Marktplatz)에는 13~16세기에 건립된 시청사(Rathaus)와 높이60m의 종탑과 고딕양식과 르네상스양식이 복합된 건물들이 눈길을 끌었다. 광장 가운데에는 시청사와 시의원 연회관(Ratstrinkstube) 등이 있고, 광장의 명물은 시의원 연회관 벽의 벽시계 인형인데, 매일 오전11시부터 오후5시까지 매시정각에 시계창문이 열리면서 인형이 술을 마시는 인형극이 공연되었다. 마이스터트룽크(Meistertrunk)라고 불리는 이 인형은 17세기의 30년 전쟁당시 이곳을 점령한 에스파냐(Renio de Espania)의 틸리(Tilly) 장군으로부터 포도주 한 통(桶3,25L)을 단숨에 마시면 시민을 학살하지 않고 성도 파괴하지 않겠다는 제안을 받고 뉴슈(Nusch Nuschi) 시장이 자원하여 단숨에 포도주 한 통을 마셔 성과 시민을 구해낸 이야기를 재현한 것이라고 했다. 성을 지키고 시민을 보호하겠다는 열혈충정의 시장 투혼은 만세에 빛날 표상이요 충절의 상징으로 남을 것임을 의심치 않았다. 오늘날까지 뉴슈 시장을 기리는 시민의 열정과 경모의 정신은 변함없이 계승되고 있는데, 매년 10월30일이면 뉴슈 시장을 기리는 다채로운 축제가 이곳에서 개최되며 매 시에 공연되는 인형극을 보기 위해 인산인해를 이루는 것은 애국애족정신에 투철했던 뉴슈 시장을 흠앙하기 위한 것이 아니겠는가 생각되었다. 살기등등한 중무장의 대군 앞에서 살신성인의 정신으로 부대장과 맞서 담판을 했던 뉴슈 시장의 장렬한 모습을 그리면서 깊은 감회에 빠져들었다.

다음은 성 야곱교회로 갔다. 이 교회(ST, Jakobskirche Rothenburgob der Tauber)는 로텐부르크를 상징하는 고딕양식의 교회로 1331년 시공하여 190년이 걸려 완공을 보게 된 건물이다. 이 교회 안에는 수많은 예술작품들이 소장되어 있었다. 그 가운데서도 독일 최고의 조각가로 칭송을 받고 있는 틸만 리멘슈나이더(Tilman Riemenschneider)의 유일한 작품인 성혈제단의 '최후의 만찬'이라는 조각으로 보는 이의 감탄을 자아냈다. 1505년에 조각된 이 작품은 섬세한 묘사도 뛰어나지만 두 천사가 받치고 있는 금박의 십자가에 예수의 피가 들어갔다고 전해지는 부분에 수정이 박혀 있어 눈길을 끌었다.

마르크트광장을 돌아본 우리들은 현지식으로 중식을 마치고 아우크스부르크(Augsburg)로 출발했다. 달리는 길 양변은 숲으로 울창했고 평평한 대 초원들도 여러 곳을 지나갔다. 간혹 한가로이 풀을 뜯는 젖소들의 모습도 볼 수 있었고 겨울연료 준비에 분망한 주민들도 눈에 띄었다.

얼마 후 오스트리아(Austria) 영역인 산역에 도착했다. 깎아지른 듯한 석산들이 만년설을 머리에 인 것 같은 모습으로 우리를 맞이했다. 모두 탄성을 지르며 그 웅장미묘한 모습에 감탄했다. 멋진 알프스(Alps)산맥이 병풍처럼 둘러 서 있는 산자락은 마치 히말라야(Himmalaya)산맥의 그림을 보는 것이 아닌가 할 정도로 기암괴석이 임입해 있었고 천고부지의 고봉준령들이 눈앞을 가득 채워오니 어이 감탄치 않겠는가!

何願脫毛山頂高　무얼 바라 머리털 다 빠진 채 정상만 높고
近眺不厭全貌影　근접해도 싫증 없는 그 모습 즐거워라
人跡無蹬險峻陵　인적 없는 험한 능과 언덕에는
幾種獁群交友親　얼마의 짐승들과 사귀며 친했는가
低丘綠樹懇望招　낮은 둔덕 푸른 숲들 간절히 청해 봐도
不動搖姿反應虛　꿈쩍도 하지 않는 허무한 반응에
絶妙天然是景觀　절묘한 천연의 이 경관은
造物恭精結果形　조물주의 정성들인 결과상이 아닌가

하늘을 찌를 듯한 2,692m의 추크슈피체(Zugs Pitze)봉과 2,600m의 추크슈피츠플레트(Zugs Pitz Platt)봉 그리고 2,050m의 아우스트펠다코프트(Ostertelderkest)봉과 1,651m의 크렌작(Kreuzeck)봉 1,000m의 엘비제(Elbsee)봉 등이 연접해 있는 계곡을 지나면서 내 고향의 주흘산봉을 연상했다. 아직도 인적미답의 주흘봉을 이곳 알프스계곡처럼 관광자원화 할 수는 없을까 상상해보며 일모를 맞이했다.

숲과 湖水에 싸인 조용한 小都市 퓌센과 城砦宮殿으로 築造된 노인슈반슈타인성

노인슈반슈타인성(Schlob Neuschwanstein)으로 잘 알려진 퓌센(Füssen)은 로만티크가도의 남쪽 끝에 위치한 조용한 도시로 숲과 호수에 둘러싸인 조용한 산촌이었다. 마을 남쪽에는 포르겐호(Forggensee)에서 흘러오는 아름다운 레이(Lech)강이 있고 이 강을 건너면 울창한 숲이 펼쳐지는 목장과 호반의 캠프(Camp)장, 알프스로 올라가는 리프트(Lift) 등이 있어 이곳을 찾는 관광객의 볼거리에 기여하고 있었다.

노인슈반슈타인성이란 '백조의 성'이란 뜻으로, 바이에른(Bayern)왕국의 루드비히(Ludwig)2세가 1869년에서 1886년까지 17년간 거액의 사재를 들여 축조한 성이다. 18세에 왕위에 오른 루드비히2세가 자신의 꿈을 실현하고자 "나는 이 퓌라트 슐흐트(Püllat schlucht)계곡에 있는 저 오래된 호엔슈반가우(Hohensch wagau)성의 폐허된 것을 새로이 고쳐 세우고자 한다."라고 표명한 후 순수한 독일기사의 거성양식에 따라 새로이 축조한 이 성은 지금도 '소중하고도 아름다운 성'으로 일컬어지고 있다. 하지만 그가 이 성에 머문 것은 겨우 100일에 지나지 않는다 하니 인생무상을 여기에서도 느낄 수 있었다.

루드비히2세는 감수성이 예민하고 시상이 풍부했다. 오래도록 독신으로 있으면서 작곡가 비헬름 바그너(Wilhelm Richard Wagner)와 친숙하게 지냈고 국민들에게는 신임이 높았다고 했다. 3층에는 왕이 바그너와 함께 연주했던 피아노와 동양의 미술품이 전시되어 있다 했으나 시간에 쫓겨 둘러보지 못했다.

우리는 성 입구에서 셔틀버스로 성 마루까지 올라가서 협곡에 걸쳐진 마리엔 다리(Marienbrcke)를 돌아보고 도보로 하산했다. 하산하는 동안 계곡 건너편에 자리한 호엔슈반가우성을 바라보았다. 노인슈반슈타인성에 비해 규모는 작으나 노란색 외관이 숲의 녹음과 절묘한 조화를 이루어 보는 이로 하여금 감탄을 자아내게 했다. 루드비히2세의 아버지인 맥시밀리언(Maximilian)2세의 성으로 루드비히2세가 유년기를 이곳에서 보냈다했다.

성을 둘러싸고 있는 주변은 여러 모습으로 조화를 이루면서 관광객의 눈길을 끌었다. 멀리 보이는 큰 호수와 그 주위를 화려하게 장식한 전통가옥의 붉은 기와집들은 푸르른 잔디와 너무도 잘 어울렸다. 인접해 있는 호수에는 검푸른 하늘빛이 그대로 담겨있고 물 가운데를 자맥질하며 노니는 청둥오리와 검정오리들의 평화로운 모습이 신의 축복을 받지 않고서는 누릴 수 없는 경관이요 선물인 듯했다. 이런 곳에서 생활할 수 없을까 하는 부러움이 앞섰다.

우리나라를 둘러보고 원생고려국(願生高麗國)이요 일견금강산(一見金剛山)이라고 읊었던 옛 중국시인이 있었다고는 하지만 155마일 휴전선을 사이에 두고 총포로 대치하고 있는 우리의 모습이 너무도 참담했다. 무엇을 얻기 위하여 또 무엇을 이루기 위하여 동족에게 총포를 겨누고 있는 것인가… 이 잔인함과 어리석음을 세계인들은 어떻게 보고 있을까? 지구상에서 유일하게 남아있는 분단국의 아픔을 뒤로한 채 원노(怨怒)의 경계를 계속할 것인가！ 5000년사에서 한 번도 안도할 수 없이 주변국의 침략으로 얼룩졌던 과거사가 채 아물기도 전에 동족끼리의 상쟁은 무엇을 말하는 것인가！ 한 마디로 부끄럽고 못난 민족으로밖에 치부되지 않을 것이다.

사재를 털어 축성한 노인슈반슈타인성의 소중한 보존과 주변에 평화로이 흩어져 있는 전통가옥들의 모습에서 느껴지는 나의 울적한 마음이었다. 수많은 사화와 변란으로 불타버린 우리의 사적들을 생각할 때 정말 가슴이 아파왔다. 전화가 휩쓸고 지나간 6,25때도 우리가 애호하는 유적과 사적들만은 파괴하지 말아야 한다는 국민의 염원으로 서울의 남대문과 경복궁이 의연한 모습으로 자리를 지키게 되었으나 남대문이 못난 한 사람의 불장난으로 또 한 번 세계인의 비웃음을 사게 되니 부끄러움의 되풀이다. 자연을 사랑하고 자연과 조화를 이루어가며 평화롭게 살아가는 독일인의 모습과 천혜의 자연 속에서 풍요로움에 잠겨있는 퓌센의 산촌이 부러웠다.

英才音樂家 모차르트의 故鄕 잘츠부르크의 絶妙한 景觀

서기700년경에 세워진 잘츠부르크(Salzburg)는 유럽 대부분의 도시들처럼 대주교관구가 되면서 발전할 수 있었고 경제적으로는 무엇보다 암염광(巖鹽鑛)에서 생산되는 소금이 발전의 원동력이 되었다고 한다. 신성로마제국의 귀족이기도 했던 잘츠부르크 인근의 대주교들은 르네상스 당시 이탈리아(Italia)로부터 강한 영향을 받아 잘츠부르크를 '북구의 로마'로 만들고자 하는 열망을 갖고 자신들의 부와 권력에 어울리는 궁들을 짓기 시작했다고 한다.

또한 세기의 영재음악가 모차르트가 태어난 곳이기도 한 잘츠부르크는 인구 15만의 소도시이긴 하나 빈(Wien) 못지않은 음악도시로 유명하다. 화려한 바로크양식으로 꾸며진 고급스런 도시와 알프스지방에 위치했다는 지리적 이점으로 도시와 알프스의 산악분위기를 동시에 느낄 수 있어 많은 관광객이 몰리고 있다 했다. 또한 이곳이 세계에서 가장 아름다운 도시로 유명한 것은, 이곳저곳에 흩어져있는 사원과 이탈리아풍의 건물들이 도시 중심을 흐르는 잘츠흐(Salzach)강과 호엔잘츠부르크성(Festung Hohensalzg)의 조화를 잘 이룬 매력적인 도시라는 점이 교회와 산, 강, 호수에서 볼 수 있는 상쾌한 경치들 때문이라 했다.

또한 게트라이데 9번지(Getreidegasse9)에 있는 4층 건물은 모차르트가 1756년 1월27일 출생해 17년간 생활했던 집으로, 현재는 생가박물관이 되어 있었고 모차르트가 어렸을 때 사용했던 바이올린(Violin)과 그의 누이와 함께 피아노(Piano)를 치고 있는 모습을 그린 그림 등이 잘 정리되어 있었다.

음악예향 짙은 모차르트의 생가를 돌아보고 레지덴츠광장(Residenz

Platz)으로 나갔다. 16~17세기에 조성된 이 광장에는 1658년에 세운 강(江)의 신 트리톤(Triton)과 말(馬)들이 어울려있는 레지덴츠 분수가 있었고, 35개의 종(鍾)이 설치된 글로켄슈필(Glockenspiel)탑도 있었는데 이 종탑이 있는 건물은 잘츠부르크를 찾는 유럽 고관대작들의 숙소로 16세기에 지어진 레지덴츠의 영빈관이라 했다.

다음 돌아본 곳은 1977년 게르하르트(Erzbisch Gebhard) 대주교가 창건한 호엔잘츠부르크(Hohen Salzburg)성이다. 높이120m로 구 시가지 남쪽의 묀히스베르크(Mönchsberg)언덕에 우뚝 서있어 어디에서나 잘 보였다. 잘츠부르크의 상징으로 불리는 이 성은 11세기 후반 로마교황과 독일황제가 서임권(敍任權)을 둘러싼 대립이 극심할 때 교황 측 게브하르트 대주교가 남부독일제후의 공격에 대비해 축조한 성채(城砦)로 중요한 역사적 의미를 가진다 했다. 창건 후 17세기까지 여러 차례 확장 개보수가 있었으나 파손되지 않고 보존되어온 유럽의 성채 중 최대 규모라고 한다. 보존상태가 양호할 뿐 아니라 성의 테라스(Terrace)에서 내려다보는 잘츠부르크의 시내경관이 몹시 아름다웠고 성 내부에는 대주교의 거실과 옛날 무기와 고문(古文), 가구, 공예품 등이 전시되어있는 라이너 박물관(Rainer Musseum)이 있었다.

해가 기우는 일모를 맞아 잘츠부르크의 신시가지에 있는 미라벨궁(Schlob Mirabell) 앞 정원으로 갔다. 이 정원은 1690년 바로크건축의 대가인 요한 피셔 폰 에를라프(Johann Fischea Von Erlch)가 조성했고 18세기에 건축가 요한 루키스 폰 힐데브란트(Johann Lukas Von Hildebrandt)가 개축했으나 1818년 화재로 소실된 후 지금의 모습으로 복원했다 한다. 예전에는 궁전에 속해 있어 일반인들의 출입이 허용되지 않았으나 지금은 완전 개방하여 누구나 분수와 연못 대리석 조각물들을 볼 수 있고 사계절 백운야화(白雲野花)의 조화로움을 즐길 수가 있어 좋았다. 중앙분수 주위에는 1690년 모스트(Most)가 그리스신화 속의 영웅을 조각한 작품들이 늘어서 있고 그 옆에는 유럽의 많은 바로크 예술품들을 전시해 놓은 바로크박물관도 있었다.

마지막 숙박지인 팬션호텔(Pension Leonhaederhof)로 이동, 멋진 산자락 아래 자리한 목조건물인 호텔에서 여장을 풀었다. 방안에 들어앉으니 10박11일간의 일정이 꿈처럼 느껴지고 머지않아 일행과 석별을 하고자 하니 어딘가 마음이 허전해왔다.

가물거리는 탁상 등에 의지해 귀로상을 읊어 보았다.

朝雲浮動閑流去　아침에 뜬 구름은 한가로이 흘러가고
歲暮速星如夢過　한 해의 저묾은 꿈처럼 빠르구나.
不遠到來秋景風　머지않아 이르는 가을풍경은
霜露降臨零落像　내리는 서릿발에 나뭇잎 떨어지고
今日歡逢旅樂途　오늘 만나 함께 즐긴 그리운 여행도
明終各路歸鄉惜　내일이면 모두 끝나 귀향길이 아쉽네.
東歐巡與覽豊原　풍요로운 동유럽을 더불어 돌아보고
到着親堂無事祈　정든 집 무사도착 기원할 뿐이리라.

웃고 즐기던 얼굴들을 떠올리며 잠자리에 들었다.

76個의 湖水가 高山峻峯 사이로 펼쳐지는 잘츠카머구트의 絶景

잘츠카머구트(Salzkammergut)의 호수지대는 3개 주(Salzburg주, Steirmak주, Oberösterrich주)에 걸쳐있는 호수와 산악이 어우러진 관광특구라 했다. 헤아릴 수 없이 많은 산봉과 계곡 사이로 크고 작은 76개의 호수가 펼쳐져 있는 경관은 일찍이 볼 수 없던 장관이었다. 대부분의 호수는 오버외스터라이히(Oberösterich)주에 자리 잡고 있으나 호수의 중앙에 위치한 바트이슐(Bad Isch)이라는 온천도시가 교통의 중심지 역할을 하고 있다 했다.

잘츠부르크를 출발한 우리들은 큰 바다처럼 보이는 잘츠흐(Salzach)강을 바라보며 그 옆을 지나게 되었다. 강의 길이와 넓이, 수량을 아는 사람은 아무도 없었다. 그저 감탄만을 연발하며 모차르트의 어머니가 태어난 장크트 길겐(St.Gilgen)에 도착했다. 모차르트의 어머니와 누이가 살았다는 집은 옛 모습 그대로 보존된 것이라 했고 그 당시 사용하던 생활용구와 피아노 등이 전시되어 있다 했으나 시간의 제약으로 입장치 못하고 외양만 돌아보고 바다처럼 넓어 보이는 잘츠카머구트의 볼프강(Wolfgang See)으로 갔다.

볼프강에 도착한 우리는 전세선(傳貰船)으로 장크트 길겐에서 선유관광에 들어갔다. 강의 너비13.2ha, 길이171km, 하폭13.2m라는 선내방송을 들으면서 맑은 아침공기를 선상에서 마셨다. 배는 잔잔한 볼프강의 물결을 가르며 북쪽에서 남향해 달리고 있었다. 그림처럼 아름다운 산야와 촌락들이 눈앞을 스치고 있었다. 정말 조용하고 풍요로운 풍경이었다.

호수 위를 나는 갈매기들의 일과가 시작되었는지 여기저기서 분주히 비상하고 있었고, 깎아 세운 듯한 절벽을 아슬아슬하게 기어오르는 모험가가 있는가하면 하얀 날개를 펄럭이며 다니는 요트(Yacht)군상과 큰 유람선으로 관광을 즐기는 한유한 관객들, 초가을 날씨임에도 수영을 즐기는 사람들을 번갈아 보면서 선상의 시간을 보냈다. 더욱이 독일의 전 총리였던 콜 헬무트(Kohl Helmut)의 우아한 별장과 오스트리아의 귀족학교에서 세웠다는 별장학교. 기담전설이 담긴 신랑신부의 비석들이 번갈아 눈앞을 스쳐갔다. 빈부의 무상함과 옛 부호가의 생활상을 음미해가며 잉크빛처럼 푸르고 맑은 청정의 볼프강 선유를 마치고 마지막 여행지인 뮌헨(München)으로 떠났다.

잘츠카머구트를 출발하여 뮌헨으로 가는 고속도로에 진입하자 난데없는 장대비가 쏟아졌다. 앞을 볼 수 없을 만큼 큰비가 내리니 머지않아 헤어질 아쉬움을 그리는 눈물처럼 느껴졌다. 세차게 내리는 비 사이를 헤치고 달려서 우리는 육복반점이라는 중국식당 앞에서 내렸다. 식당 문을 들어서니 '고붕만당(高朋滿堂) 화기치상(和氣致祥)'이라는 글귀가 적힌 액자가 눈앞에 다가선다. 중국집에는 의례히 이런 장식이 상례로 되어 있는 것 같았다. 둘러보니 밝은 달을 쳐다보는 송학의 그림에 '송학연년(松鶴延年)'이란 글귀가 있는 액자와, 아름다운 선녀가 대해를 바라보는 그림에 '팔선과해(八仙過海)'라는 글이 있는 액자 모두 조화로워 보였다.

중식을 볶음밥으로 때운 후 차에 오를 때까지도 비는 그치질 않았다. 중식 때 곁들인 빼갈의 취기가 차내의 흥취를 돋우었다. 10박11일간의 여행을 무사히 마치는 순간, 석별을 예상하니 감회가 깊어갔다. 그동안 정답게 나누지 못했던 인사와 교감에 아쉬움을 표하는 개인소개와 여행소감을 발표하기로 했다. 모두 자가의 화합한 분위기를 자랑했고 은연중 자신의 자력을 과시하는 언행도 서슴치 않았다. 마이크가 내 앞으로 옮겨오기에 나는 별달리 할 말이 없어 사양을 했다. 이미 한시 두 편을 읊어 전한 바 있어 다음 사람에게로 마이크를 옮기려 했으나 결코 안된다고 하기에 해외여행에서 느낀 바 있는 다음 몇 마디로 소개인사에 갈음

했다.

地球唯一塊　지구는 오직 한덩어리이나
自然佳景豊　자연의 아름다움은 풍요롭네.
風俗每尋更　풍속은 찾는 곳마다 바뀌고
言語各邦殊　언어는 나라마다 다르더라.

여행기간 모두가 친절했고 그동안 따뜻한 협조와 화합에 감사한다는 말을 끝으로 나의 시간을 마쳤다.

비가 계속 내리고 있는 가운데 우리는 뮌헨의 프라우엔(Pragain)교회에 도착했다. 프라우엔교회는 마리엔광장(Marien Platz)에 있었고 마리엔광장엔 우람한 신시청사도 있었는데 그 청사 탑의 특수장치인 시계는 뮌헨의 명물로 성가가 높았다. 귀여운 인형들이 통 만드는 사람의 춤이나 마상시합의 춤을 10분 동안 보여주는데 이 몇 가지의 형태를 구경하기 위해 많은 사람들은 우산을 받쳐 들고 와 구경을 하고 있었다. '관광자원이란 이렇게도 개발되는 것이구나' 혼자 생각하면서 네오 로코코 양식으로 장엄하게 지어진 신 시청사를 돌아보고 공항으로 출발했다.

한국인에게 친숙한 도시로 알려져 있을 뿐 아니라 맥주를 마시면서 담소를 나누느라 밤을 지새우는 사람들이 많기로 유명한 도시로도 알려져 있는 뮌헨을 뒤로하고 83,000여km의 귀국 장정에 올랐다.

3부

서유럽지역

1) 2003.7.31 스위스 융프라요흐 빙산의 정산에서 2) 2003.7.27 이탈리아의 콜로세움에서 3) 2003.8. 3 영국 템즈강 둑에서

4) 2003. 8. 2 파리의 에펠탑 앞

5) 2003.7.31 스위스의 융프라요흐 방산 언덕에서 6) 2003.8.4 런던 타워 브리지에서 7) 2003.8.3 파리의 세느강 전경

8) 2003.7.28 나포리의 해변가에서 9) 2003.8.2 파리 시테섬 곁의 노트르담 성당 앞

10) 2003.8.3 와리 베르사유궁 앞 11) 2003.8.2 파리 루브르 박물관 삼각 유리탑 앞

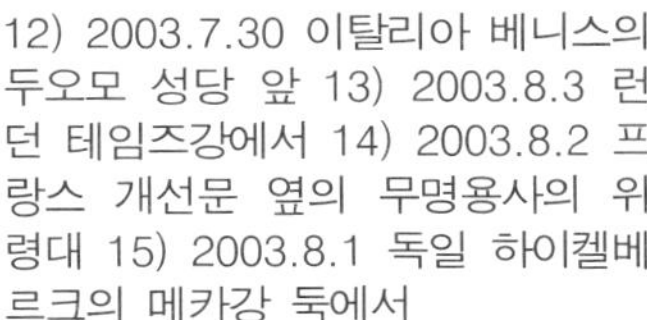
12) 2003.7.30 이탈리아 베니스의 두오모 성당 앞 13) 2003.8.3 런던 테임즈강에서 14) 2003.8.2 프랑스 개선문 옆의 무명용사의 위령대 15) 2003.8.1 독일 하이켈베르크의 메카강 둑에서

비잔틴 文化와 로마의 餘光

로마는 인구 264만 명에 15,000여㎢의 면적을 가진 이탈리아의 수도다. 원래 로마는 티베르(Tiber)강반(江畔)의 언덕위에 세워진 조그마한 도시국가였으나 호메로스(Homeros)라 불리는 베르길리우스(Vergrlius)의 「아에네스(Aeneis)」에 의하면 쌍생아(雙生兒)인 로물러스(Romulus)와 레무스(Remus)가 B.C 753년에 건국했다고 하며 로마라는 이름도 로물러에서 유래한 것이라 전한다. 흔히들 "로마는 하루아침에 이루어진 것이 아니며, 모든 길은 로마로 통 한다."는 말이 격언처럼 들려왔다. 왜 그런 말이 나왔을까? 말할 것도 없이 '오랜 전통과 역사를 쌓아온 유구찬란한 문화 때문'이 아닌가 싶다. 처음 로마제국을 세우기 위해 쏟아온 로마인들의 강인불변(强靭不變)한 의지와 세계지배의 대망을 안고 힘써온 그들의 흔적이 결코 하루아침에 이루어진 것이 아니란 것을 아직도 찬연히 빛나고 있는 로마의 문화유적에서 확인할 수가 있었다.

로마는 이탈리아반도를 시칠리아(Sicilia)섬과 아프리카 북안(北岸)의 튀니스(Tunis)를 연결한다고 보면, 지중해를 동서로 나누는 중요한 위치가 된다. 따라서 이곳을 지반(地盤)으로 일어나게 된 로마는 자연히 주변 민족의 자극과 영향을 받아가며 발달하게 되었고 드디어 동서양 지중해에 걸친 세계제국을 건설하게 되었다. 이때를 계기로 발전해가는 헬레니즘(Hellenism)문화의 영향을 받아가며 원형경기장(Colosseum)과 개선문(Arcodi Constantino), 카라칼라(Terme di Caracalla) 공공욕장(公共浴場), 극장, 교량, 군용포장도로 등의 웅대한 건축과 토목공사로 그들의 뛰어난 실용적 기능을 과시했다.

로마 전성기에는 라틴(Latins)문화가 널리 보급되었으나 그리스에 중심을 두고 있던 동로마제국 내에는 헬레네즘문화의 전통이 강하여 동방적 요소와 융합(融合)한 비잔틴(Byzantine)문화가 발전하여 타민족에게까지 큰 영향을 주었다고 한다. 이 비잔틴문화는 동유럽 일대에 널리 파급되어 스라브(Slab)인에게까지 큰 영향을 주었고 제국멸망 후에도 그 전통은 러시아를 중심으로 한 스라브제족(諸族)에까지 계승되어 러시아인과 발칸(Balkan)제민족이 비잔틴식 건축, 회화(繪畵) 등 서유럽문화와 구별되는 민족문화로까지 승화되어갔다 한다.

이러한 비잔틴문화의 특징은 로마전역에 산재해 있는 건축물에서도 쉽게 엿볼 수가 있었다. 비잔틴식 건축은 큰 원개(圓蓋:Dome)를 가진 건물에 작은 원개를 가진 집을 배치하고 거기에 첨탑(尖塔)을 보탠 것으로 보통 건물 내부에 모자이크 벽화를 장식한다. 그 대표작이 유스티아누스(Justinianus)가 건설한 수도의 성 소피아(Saint Sophia)사원이라 했다. 그 영향은 사라센스(Saracens)건축에서도 찾아볼 수 있고, 중세유럽의 그리스도교 사원건축물들도 대개 이를 응용모방했다고 전한다. 특히 미켈란젤로(Michelanglo)의 3대 조각 중 하나인 모세(Moses)상이 소장되어 있는 피에트로인 피콜리(S.Pietro in Vincoli)교회 안 조각상의 뛰어난 예술성에 모두 감탄치 않을 수 없으며 보는 이로 하여금 자숙감을 일으키니 그 신묘성(神妙性)은 어디에서 나오는 것일까?

또한 한 곳에서 로마사(史)를 살펴볼 수 있는 산클레멘테(San Clemente)교회는 내부가 3층 구조로 되어있었는데, 가장 위층은 15세기의 교회사를, 그 아래는 11세기의 교회사, 맨 아래 지하는 고대 로마인의 주거지로 꾸며놓았다. 또한 미켈란젤로도 칭송을 아끼지 않았다는 2세기에 재건한 판테온(Panthaeon)은 지금까지도 완전한 형태로 보존되어 있었는데, 안은 원형으로 이루어져 있었으며 돔(Dome)중앙의 직경이 9m인 천장으로부터 빛이 들어와 별도의 조명시설 없이도 내부를 살펴볼 수 있었다. 이 현묘(玄妙)한 착안에 감탄을 금할 수가 없었다.

이렇듯 우아장려(優雅壯麗)한 이태리 문화를 꽃피운 것은, 15세기까지 융성(隆盛)해온 신중심(Theocentric)문화가 인간중심(Humanism)문화라 할 수 있는 르네상스에 기초한 이상적 인간표현을 실현화한 화가요 조각가요 건축가인 동시에 음악가이고 시인이고 수학자며 천문학자, 물리학자, 해부학자였던 레오나르도 다빈치(Leonardo De Vinci)와 미켈란젤로가 그 대표적인 인물로 손꼽히고 있다. 특히 브라만테(Bramante)가 설계하고 미켈란젤로가 공사를 지도수축(指導修築)한 로마의 산 페트로(San Pietro)사원은 그들의 최고 걸작으로 오늘까지도 만인의 사랑을 받고 있다. 더욱이 프로렌스(Florence) 태생으로 메디치(Medici)家의 애호를 받은 레오나르도 다빈치의 '최후의 만찬(The Iast Dinner)' '모나리자(Mona Liza)' 등 걸작은 불후의 명성을 남겼고, 다방면의 지식과 기능을 가졌던 미켈란젤로 역시 메디치가와 교황을 위해 봉사한 덕성 높고 향토애 깊은 고명한 예술가로 그가 남긴 바디칸(Vadican) 시스티나(Sistina)성당의 '천지창조(Heven and Earth Create)'와 '최후의 심판(The Last Judgement)' 등은 만고불후의 명작으로 세계인의 흠탄(欽歎)을 받고 있다. 520m의 광대한 천장화(天井畵)가 45구획으로 나뉜 가운데 천지창조로 신이 빛과 어둠을 만들고 다음으로 태양과 달, 식물을 만들고 하늘과 물을 나누고 아담을 만들고 아담의 갈비뼈에서 이브를 만들었다는 심오무한(深奧無限)한 뜻과 이시동도법(異時同圖法)을 빈번히 사용했음에도 지루함을 느낄 수 없는 환상적인 그 사실미(寫實美)는 신묘하고도 천재적인 구도술(構圖術)이 아닐 수 없다. 또 이세(世)의 종말을 맞이하면 그리스도가 다시 나타나 최후의 심판을 내린다는 내용의 미켈란젤로 작품도 시스티나성당 정면 안쪽 벽 가득 그려져 있었는데, 이 역시 시대를 초월한 세계미술사상 최대걸작이라는 전문가들의 정평과 갈채를 받고 있다했다. 이렇듯 로마는 포로 로마(Foro Romeno)의 베네치아(Venezia)광장을 중심으로 교통망이 확장되면서 '모든 길은 로마로 통한다'는 예언처럼 위대한 문화와 전통을 자랑하는 성지로 각광받고 있는 로마에 부러움이 앞선다.

世界 3大 美港의 하나이자 티레니아海岸의 商業都市 나폴리

나폴리(Napoli)는 이탈리아 남서쪽 티레니아(Tyrrhenia)해(海)에 접해 있는 상업도시로서 세계 3대 미항(美港) 중 하나로 이름이 높으며 한때는 나폴리왕국의 수도이기도 했다. 동쪽에는 베수비오(Vesuvio)화산이 있고 웅대한 경관의 올리브(Olive)숲과 흐드러지게 핀 꽃에 벅찬 감동을 금할 수 없는 세계적인 관광도시다. 나폴리는 1282년 앙주(Anjou)家의 샤를(Charles)이 시칠리아(Sicilia)를 잃고 남 이탈리아 부분만을 영유(領有)함으로써 이룩된 왕국이었다. 그 후 1435년 앙주가가 단절된 후 시칠리아 왕국과 합병, 프랑스혁명기로부터 나폴레옹(Napoleon)체제기까지 한때 분리되었다가 1815년 다시 시칠리아왕국과 합병되어 1861년 이후 신생 이탈리아왕국에 통합된 곳이다.

지금은 나폴리가 이탈리아의 제일가는 관광지로 번창했지만 그리스에서 시작해 비잔틴, 노르만(Norman), 프랑스 등에 의해 거듭되어온 지배의 굴욕사(屈辱史)를 거치는 동안 일관되게 가난을 경험했으나 이에 굴함 없이 항상 명랑하고 자유분방한 그들의 개성을 잃지 않고 이날까지 지속해온 지성(知性)이 그들의 긍지인지도 모른다. 언제나 사교적이면서도 소란스러워보이는 이들은 과거 그리스의 식민지였음에도 그리스의 풍속, 습관을 한결 같이 유지해왔는데, 그 잔영(殘影)을 지금도 곳곳에서 느낄 수 있는 점이 다른 곳과의 차이점이라 하겠다.

나폴리의 거리는 무니치피오광장(Piazza Municipio)과 가리발디광장(Piazza Garibaldi) 주변을 중심으로 이루어져있는데 이곳에 르네상스양식의 걸작 중 하나인 누오보성(Castel Nuovo)이 자리하고 있다. 또 18~19세기의 가구와 도자기 등 고색창연한 미술품이 전시되어 있는 레

알레왕궁(Palazzo Reale)을 지나 호화로운 오페라극장 정면을 왼쪽으로 돌아가면 플레비시토광장(Piazza del Plebiscito)이 나오고 이 광장으로 이어지는 가로수의 언덕길을 따라가면 눈앞에 산타루치아(Santa Lucia)항이 화려하게 펼쳐진다. 여기에서 2㎞ 떨어진 메르젤리나(Mergellina)항까지는 베수비오화산과 달걀성(Castel dell Ovo)을 바라볼 수 있는 승경(勝景)이 극치를 이룬다. 또 이 언덕의 산마르티노 수도원(Certosa di San Martino)이 지금은 국립박물관으로 사용되고 있는데 이 발코니에서 바라보는 전망 또한 나폴리 관광의 절승(絶勝)이 아닐 수 없다.

나폴리의 국립고고학박물관(Museo Archeologico Nazionale)은 세계에서도 빼놓을 수 없는 손꼽히는 곳이다. 로마시대의 대리석 조각상과 회화, 여러 가지 장식품 등 미술품의 전시는 과거 폼페이(Pompei) 유적지에서 발굴된 벽화로 풍요했던 당시의 시민생활을 그대로 전해주었다. 이 박물관에서 북쪽 1.5㎞ 지점에는 왕궁미술관인 카포디몬테 국립미술관(Palazzo e Gallerie Nazionale di Capodimonte)이 있러 여기엔 도자기 미술관과 19세기 나폴리파 미술관, 무구(武具)박물관 등이 있었는데 그 중에서 회화관(Pinacoteca)이 가장 세계인들의 사랑을 받는 듯했다. 특히 베네치아(Venezia)의 대가(大家)로 명성을 떨친 조반니(S.Giovnni)와 티치아노(Tiziano Vecellio) 등 이탈리아 거장들의 작품이 다수 전시되어 있어 만방화가(萬邦畵家)들의 방문이 끊이지 않았다. 더욱이 이탈리아 르네상스 시대를 풍미해간 티치아노는 베네치아에서 성장해 벨리니(Berninic Giovanni Lorenzo) 형제의 뒤를 이어 화가가 된 후 풍부한 색채와 참신한 구도로 명성을 떨쳤을 뿐 아니라 화면 전체에 억센 힘과 인물의 성격표현에 탁월하였다는 찬양과 함께 많은 작품을 남겼다한다. 그 중 현재까지 로마 보르게제(Villa Borghese)화랑에 소장되어 있는 '하늘의 사랑 땅의 사랑'이 가장 유명하다는 말도 소개했다.

이렇듯 볼거리가 많은 나폴리에는 이탈리아인들이 나폴리를 치켜세워 하는 말이긴 하겠지만 볼거리가 풍만한 것을 그들만의 자랑으로 표현한

"나폴리를 보고 죽자."라는 말이 있다 하나, 단순한 형식적 과장이라기보다 이런 말이 생길 만큼 확실히 나폴리는 아름다운 곳이었다. 빛나는 태양과 짙푸른 넓은 바다 등은 충분히 세계인들의 발걸음을 멈추게 하고도 남음이 있는 절경(絶景)의 명승지였다.

榮辱의 反復속에 繁榮해온 베네치아

인구 27만여 명의 베네치아(Venezia)는 이탈리아(Italia) 북동부 베네토(Veneto)자치주의 주도(州都)로 베네치아만 안쪽 석호(潟湖) 위에 118개의 작은 섬들과 400개의 다리로 연결된 해상항구도시다. 옛날 베네치아공화국 때의 귀중한 민간건축물이 남아 있다는 점에서 유럽에서는 이에 견줄만한 도시가 없었다고는 하나 5~7세기경에는 이탈리아 북부에 침입한 서 고트(西Visigoths)족과 훈(Huns)족, 롬바르디아(Lombardia)족으로부터의 피난처로 알려져 아드리아해(Adriatic See) 북쪽의 여러 도시 주민이 이주하여 앞서 살고 있던 어민과 함께 몇 개의 취락을 형성했고 그 뒤 연합체를 형성하여 697년에는 한 명의 수장(首長)을 선출하는 과두(寡頭)공화정을 실시하였다는 기록이 있다. 소금, 고기의 판매와 무역으로 부유해진 이 연합체의 지배를 둘러싸고 비잔틴제국(Byzantine)과 프랑크(Frank)왕국의 공격으로 수도를 리알토(Rialto)로 옮기면서 마침내 베네치아라고 칭하게 되었다고 한다.

그러나 베네치아는 810년 비잔틴제국과 프랑크왕국의 조약으로 베네치아는 비잔틴제국에 귀속되지만 프랑크왕국과의 무역권을 가지게 되어 그로부터 동서무역의 중심지가 될 토대를 마련했고, 9~10세기에는 아드리아해 북쪽의 경쟁상대인 코마키오(Comacchio)를 타도(打倒)해 중요한 항로인 달마티(Dalmatia)해안의 패권을 수립하게 되었다 한다.

이어 베네치아는 11세기에 약체화된 비잔틴제국의 요청으로 남쪽의 해상방위를 맡는 대가로 제국내의 광범위한 무역권을 얻게 됨에 따라 동지중해까지 진출해 이슬람교도와 교류를 했고, 십자군이 시리아(Syria)에 진군하자 십자군에게 협력한 대가로 광범위한 무역특권을 얻게 되었다. 이에 따르는 부와 힘을 배경으로 13~16세기에는 국제정치에서도 중요역할을 수행하게 되어 르네상스시대의 중심지가 되었으나, 오스만 투르크(Osman Turks)의 서방진출로 15세기말부터 쇠퇴하기 시작해 17세기에는 영국을 비롯한 서유럽 여러 나라의 해외무역진출로 몰락하였다. 또한 1797년 이탈리아에 침입한 나폴레옹(Napoleon)1세에게 점령당하는 수모를 겪었을 뿐 아니라 그로 인해 오스트리아(Austria)에 이양(移讓)되기도 하고 1805년 나폴레옹 지배하의 이탈리아 왕국에 귀속되기도 했지만 15년 다시 오스트리아 지배하의 룸바르드 베네토(Lombard Benedetto)왕국에 귀속되었다가 프로이센(Preussen) 오스트리아 전쟁에서 오스트리아가 패전하자 66년 국민투표에 의해 통일이탈리아왕국에 편입된 파란만장한 영욕을 겪어온 상항의 도시다.

제1차 세계대전 뒤 항만시설과 산업근대화가 진행되어 상공업 중심지로서의 면모를 갖추어 유리제품, 보석, 대리석 세공, 도자기, 피혁제품 등의 수공업제조가 주요산업으로 각광받고 있다. 또한 특수한 지리조건 위에 세워진 이 도시는 지오르 지오네(Gior gione)와 티티안(Tiziane), 틴토레토(Tintoretto) 등 세계적인 예술가들의 작품과 베네치아인들의 정신적 지주라 할 수 있는 산마르코성당(Basilica San Marco)과 두칼레궁(Palazzo Ducale)이 나란히 서있어 그 아름다움으로 세계 관광객들을 불러들인다고 한다.

롬바르디아(Lombardia)평원에 터 잡은 롬바르드 베네토왕국의 여러 가지 유적들이 귀중한 사료(史料)로 평가받아 1987년 유네스코세계문화유산으로 지정된 이곳의 관광자원은 그야말로 이탈리아의 진주로 호칭될 만했다. 이탈리아반도를 세로로 뻗어 내린 아펜니노(Apennino)산맥의 동서에 터를 잡은 여러 도시의 유적들 모두가 화려했던 고대문화의 상징물로 보존되어 있음을 통해 이들의 자존과 긍지를 확인할 수 있었다.

9세기에 이집트에서 운반되어온 성 마르코의 유해(遺骸)를 모시기 위해 세워진 성 마르코성당은 그 후 수차례 복원작업을 했다 하며 입구 상부에 있는 4마리의 청동마상은 13세기 베네치아의 십자군이 콘스탄티노플(Constantinople)에서 갖고 온 것이라 했다. 내부의 둥근 천장에 그려진 모자이크도 멋지며 중앙 제단(祭壇) 뒤쪽에 있는 팔라도로(Pala doro)는 보석이 박혀있는 호화로운 제단이었다. 광장 한가운데에 있는 종루(鐘樓)는 망을 보기 위한 탑이었다고 하며 엘리베이터로 100m높이까지 올라갈 수 있었고 이곳 종루에서 조망(眺望)되는 광경이야말로 유럽에서도 가장 아름다운 곳이라 했다. 줄지어 늘어선 빨간 지붕 건너편으로 새파란 바다가 보였고, 바로 아래엔 비둘기가 한가로이 먹이를 찾아 노닐고 있었다.

다음은 화려함에 입이 다물어지지 않는 두칼레(Palazza Ducale) 궁전을 들지 않을 수 없다. 베네치아공화국 정부였던 곳인 산마르코성당 옆에 위치한 이 궁은 강력한 세력을 자랑하던 곳으로 내부에 7m×22m나 되는 틴토레토(Tintoretto)의 거대한 유화 '천국(Pradise)'이 있었다. 궁전 안을 한 바퀴 돌아나오면 갑자기 어두운 통로가 나오는데 여기서 '탄식의 다리(Ponte dei Saspiri)'를 건너게 된다. 이 다리를 건너면 감옥으로 가게 된다고 했다. 어둡고 침침하여 궁전의 화려함에 비하면 그야말로 '천국과 지옥'이라는 말이 실감되었다. 또 빠뜨릴 수 없는 명소로는 14~18세기에 걸친 베네치아파와 토스카나(Toscana)파 작가들의 작품이 소장되어 있는 아카데미아미술관(Gallerie dell Accademia)이다. 특히 틴토레토 ,벨리니(Bellini) 등의 작품에 호감이 갔고, 티치아노(Tiziano)의 미완성인 '피에타(Pieta)'와 벽 한 면에 그려진 베로네제(Veronese)의 '레비가의 향연'과 틴토레토의 '성 마르코의 기적' 등은 감탄을 금할 수 없게 했다. 그 웅장하고 화려한 그림의 화법과 착상은 어디서 어떻게 나온 것일까?

수많은 베네치아 성당 중에서도 특히 크고 유명한 고딕건축의 교회는 산타마리아 그로리오 사테이프라리(Santa Maria Groriosa dei Frari)성당이다. 장엄한 분위기로 가득 차 있는 안쪽에는 티치아노의 대표작 '성모의 승천(The Assumption)'이 장식되어 있고 베네치아 역사에 등장하는 수많은 사람들이 잠들어 있는 유명한 교회라 소개했으나 이 모든 시설물에서 베네치아의 전통과 영욕이 반복되었던 흥망사도 함께 읽을 수 있었다.

오랫동안 지리상의 어려움을 겪은 전형적인 도시로서, 베네치아인은 육지와는 전혀 다른 생활을 해야 했고, 가옥이 침수되거나 거센 조류에 손상되지 않도록 언제나 물의 흐름을 통제해야만 했다. 그 속에서도 활짝 꽃피운 베네치아의 양식(良識)은 동방과 유럽의 경계에 있는 해상도시로서 간석지(干潟地) 너머로 펼쳐진 지중해 세계를 장악했고 동방 역사도시의 모습을 오늘날에 전하는 웅장한 건물들을 남겨놓게 된 베네치아의 과거가 참으로 자랑스러워 보였다.

古代文化의 發源地인 밀라노(Milano)

르네상스(Renaissance)문화는 이탈리아에서 가장 먼저 일어났고 가장 활발했으며 지중해무역에 의해 상업과 화폐경제가 일어나 유럽 중에서도 가장 일찍 봉건제가 해체되고 도시생활이 번영하여 시민들 사이에는 자유로운 창조적 의식이 싹트고 있었다. 뿐만 아니라 해항(海港)에는 베네치아(Venezia)와 제노바(Genova), 내륙에는 피렌체(Firenze) 등이 함께 도시국가로 번영했다.

이탈리아의 도시국가는 고대에 비하여 규모가 컸을 뿐만 아니라 조직도 근대국가적인 요소가 싹트고 있었고 각 도시국가들 간에는 서로 정치 경제상 경쟁을 유발하는 동시에 전제군주(Despot)와 상업귀족이 그 권위를 보전하기 위해 그들이 가진 부를 학문과 예술에 바쳤기 때문에 화려한 과거가 있었고 활기찬 현재가 있는 도시가 바로 오늘의 밀라노다.

313년 밀라노가 메디오라눔(Mediolanum)이라는 라틴(Latin) 이름으로 서부 로마 제국의 수도로 있을 때 콘스탄티누스(Constantinus) 대제는 밀라노칙령을 공포하여 그리스도교 신앙의 자유를 인정함으로써 커다란 경제발전이 포(Po)계곡을 찾아와 밀라노의 정치구조에 많은 영향을 주어 황제의 권능에 도전할 만큼 막강하고 활동적인 지방자치제로 발전하게 되었다. 실제로 1176년 래가롬바르다(Lega Lombarda)를 이끌고 레냐노(Legnano)에 있는 황실군대를 격파하기까지 했다고 하니 이러한 번성기가 있었던 덕턱에 밀라노에는 훌륭한 예술적 가치가 있는 유물들이 가득하다고 한다. 그 가운데 밀라노의 상징물인 두오모(Duomo)성당을 들 수 있다. 이 성당은 도시중심부의 두오모광장과 접해있는 길이150 m, 폭92m, 높이108.5m의 흰 대리석 대성당으로, 바디칸(Vatican)의 피에트로(San Pietro)사원에 이어 성당으로는 세계 2번째의 규모를 자랑한다 했다. 특히 135개의 뾰족한 첨탑(尖塔)이 숲을 이루고 3,159개의 성자와 사도들의 조각군(彫刻群)은 이 성당의 멋을 더해주고 있을 뿐 아니라 이탈리아의 대표적인 고딕 건축양식인 이곳 밀라노의 두오모는 1386년 비스콘디(Viscontic) 공작의 명에 따라 공사가 시작되어 427년 후인 1813년에 완성되었다 하니 무려 5세기나 걸렸다는 얘기가 된다. 내부에는 거대한 52개의 열주(列柱)가 늘어선 광대한 공간이 있고 15세기 작품인 스테인드글라스(Stained glass)가 무척 인상적이었다. 오른쪽에 있는 엘리베이터(Elevator)나 계단으로 옥상까지 올라갈 수도 있는데 날씨가 맑으면 알프스(Alps)산맥까지 볼 수 있다고 했다. 이 성당 앞 두오모광장은 밀라노 시민들의 휴식처로 붐볐고 광장 중앙에는 비토리오 에마누엘레(Vittorio Emanuele)2세의 기념상이 서 있었으며 15~16세기 때의 스테인드글라스 창으로부터 들어오는 영롱한 빛을 받은 유물들은 더욱 아름다웠다. 이렇게 장엄한 빛을 내는 두오모의 실내장식은 '이탈리아 최고'라는 찬사를 듣기에 조금도 부족함이 없었다.

400여 년간 이어진 공사였지만 추호의 변경도 없이 시종일관 공사가 진행되어온 그들의 견인불변(堅忍不變)한 인내와 결속정신(結束精神)은 조변석개(朝變夕改)하는 우리의 정책수행과 좋은 대조가 되기도 했다. 몇 사람의 정치지도자에 의해 추진되어온 공사가 아니고 철저한 종교정신을 바탕으로 한 이 막중한 사업에 수다(數多)한 전재(戰災)가 휩쓸고 지나갔지만 두오모만은 한 치의 피해도 없었다는 설명을 듣고, 종교적 신뢰와 사랑의 협동정신에 감동치 않을 수 없었다.

또 두오모의 자랑거리인 카스텔로 스포르체스코(Castello Sforzesco)성이 두오모광장 북서쪽 단테(Dante)거리의 막다른 곳에 서 있었다. 1450년 비스콘티가문의 통치가 끝난 뒤 밀라노의 통치자였던 프란체스코 스포르체스코(Francesco Sforzesco)가 위압적인 외관과 멋진 내부를 결합시켜 건설한 르네상스양식의 궁전이라 했다. 축조 후 카스텔로 소포르체스코로 이름을 바꾸었고, 19세기동안 수차례 보수되었으나 여전히 화려함을 자랑하는 이곳에 지금은 훌륭한 박물관이 들어서 있었다. 이 박물관에는 미켈란젤로(Michelangelo)의 마지막 작품 '피에타론다니니(Pieta Rondanini)'와 같은 뛰어난 작품들이 많이 소장되어 있었다.

다음은 그 유명한 레오나르도 다빈치(Leonardo Da Vinci)의 작품 '최후의 만찬(Cenacolo Vinciano)'이 소장되어있는 산타마리아 델레그라치에교회(Chiesa di Santa Maria delle Grazie)다. 이 교회는 두오모광장에서 서쪽으로 걸어서 약 15분 거리에 있는데 교회 건물은 1495~1497년에 건축되었다. 이때 물론 천재 건축가들의 참여로 도나토 브라만테(Donato Bramante)는 롬바디아(Lombardia) 르네상스의 걸작인 설교단(說敎壇)을 세웠고, 같은 시기에 레오나르도 다빈치도 교회와 연결되어 있는 도미니코 수도원(Dominican Order)의 식당에 '최후의 만찬'을 그려 넣었으나 내부의 습기 때문에 많이 손상되어 복원작업이 한창이었다. 오스트리아 통치하에 세워진 건물로 이름 높은 스칼라극장(Scala Theatre)은 피에르마리니(Piermarini)의 훌륭한 건축물이라 하였으나 내부수리 관계로 접근할 수 없어 멀리서 바라보기만 했다.

그 다음 밀라노의 명소로는 패션거리를 들 수 있다. 밀라노의 패션거리는 섬유도시인 대구시와의 연고관계(緣故關係)가 있는 곳이어서 더욱 관심이 쏠렸다. 두오모성당을 구경한 뒤 빅토리오 엠마누엘레(Vittorio Emanuele)쇼핑(Shopping)가(街)를 천천히 산책한 후 산바빌라(Son Babila)역 쪽으로 갔다. 이른바 명품거리로 알려진 몬테나폴레오네(Montenapoleone)거리인데 이탈리아의 유수한 의류 보석 명품들의 본점은 물론 세계의 명품샵이 산재해 있는 거리였다. 이 지역은 몬테나폴레오네 거리를 중심으로 수십 개의 상점들이 늘어서 있어 여름과 겨울의 정기세일 때는 상점 밖에까지 줄 서 있는 많은 관광객들의 모습이 이채롭다고 했다.

피렌체의 餘韻

피렌체(Firenze)는 르네상스의 중심이 되었던 이탈리아 중부의 도시로 역사 깊은 건물들이 많은 예술관광도시다. 또 피렌체는 아르노(Arno)강에 임한 철도의 요지로 12세기경부터 모직물업(毛織物業)과 금융업의 대중심지로 번영하여 주변지역을 모두 지배하고 15세기에 이르러서는 토스카나(Toscana)지방 전역을 거의 지배했다고 한다. 1430년대 이후 유력한 은행가이던 메디치(Medicee)家가 시정(施政)을 장악해 학문과 예술을 보호 장려했기 때문에 피렌체의 문화는 더욱 발달했으며 일찍부터 새로운 경향을 추구한 메디치가는 고전미술품을 수집했을 뿐 아니라 조각의 과학적 연구를 원조(援助)하여 15세기에 기베르티(Ghiberti)와 도나텔로(Donatello)를 낳고 그 후에도 거장 미켈란젤로(Michelan gelo)와 레오나르도 다빈치(Leonardo Da Vinci) 등을 낳았다. 특히 레오나르도 다빈치는 피렌체 태생으로 메디치가의 애호를 받은 사람으로 구조, 음영, 색채에 놀랄만한 솜씨를 발휘했다. '최후의 만찬(Cenocolo Vinuono)' '모나리자(Mona Lisa)' 등의 걸작은 지금도 세계인들의 사랑을 받고 있다. 화려한 르네상스문화가 일제히 꽃피었던 피렌체는 그 시대의 천재들이 남긴 회화, 조각, 건축들이 거리 전체를 장식하고 있어 시가지 전역을 미술관이라 칭해도 될 정도로 어딜 가나 발걸음을 붙잡는 화려웅자(華麗雄姿)한 건축물들로 가득했다.

피렌체는 '꽃의 도시'라는 뜻인데, 르네상스의 꽃이 핀 도시답게 두오모(Duomo)라 불리는 꽃의 성모교회를 중심으로 조성된 광장은 젊은이들로 활기가 넘쳤다. 이 거리의 중심지인 두오모광장에는 114m의 돔이 웅장하게 버티고 서있는데 96m 높이까지는 올라갈 수 있다했다. 둥근 지붕 어디에 계단이 있을까 싶었지만 올라가 보면 그 지붕을 따라 걷고 있다는 것이 실감된다 했으며 거기에서 시내를 바라보는 전망 또한 비교할 수 없는 가경(佳景)임을 자랑했다.

바로 옆에는 84m의 지오토종루(Campanile de Giotto)가 있고 앞에는 아름다운 문으로 유명한 산조반니 세례당(Battistero San Giovanni)이 있었다. 다시 말해 '미술품의 보고 피렌체'에서는 두오모광장에서 어느 쪽으로 걸어가야 할지 망설이게 될 것이나 우선은 과거 행정의 중심지였던 시뇨리아광장(Piazza della Signoria)을 따라 베키오궁전(Palazza Vecchio)과 우피치 미술관(Galleria degli Uffizi)을 둘러본 다음, 피렌체에서 가장 오래된 다리인 베키오다리(Ponte Vecchio)를 건너 아르노강 맞은편에 있는 미술관과 박물관이 들어서 있는 피티궁전(Palazzo Pitti)을 돌아보고, 언덕 너머에 있는 유적들을 돌아보니 과연 이곳은 피렌체의 자랑이라 아니할 수 없었다. 특히 피티궁전과 인접한 보볼리(Boboli)정원은 화려한 이탈리아식 정원의 본보기로, 아름다운 지형에다 활력있고 기교한 조각들로 조감(照鑑)되어 생동감 넘치는 이 시설은 모든 사람의 시선을 멈추게 했다.

또 두오모 바로 앞에 있는 8각형 건물은 산조반니 세례당(Battistero San Giovanni)으로 3개의 청동문 중 동쪽문의 아름다움에는 감탄치 않을 수 없었다. 미켈란젤로가 '천국의 문(Heavenly of Portal)'이라고까지 명명한 까닭을 짐작할 수 있었다. 또한 지오토(Giotto)가 설계하여 14세기에 완성된 지오토종루에도 올라갈 수가 있고 또 그 부근에는 피자노(Pisano), 기베르티(Ghiberti), 필리삐노 리삐(Filippino Lippi)의 작품과 지오토의 '예수 수난상' 그리고 기를란디오(Ghirlandaio)가 그린 유명한 원형 프레스코 '세례자 요한의 일생'과 브루네스키(Brunelleschi)의 '예수 수난상'이 조화롭게 장식되어 있는 산타마리아 노벨라광장(Piazza S. Maria Novella) 등은 한결 더 운치가 있어 보였다. 흰색과 초록빛 대리석이 외관을 세련되게 장식하고 있는 산 미나토 알몬테(S. Miniato al

Monte)교회까지 이어진 매력적인 내부 장식은 미켈로쪼(Michel ozzo)와 가띠(Gaddi), 루카텔라로비아(Luca della Robbia), 안토니오 로쎌리노(Antonio Rossellino) 등의 훌륭한 작품들로 가득하여 감탄을 금할 수가 없었다.

미켈란젤로의 생가에 전시돼 있는 고고학적 유물과 화폐는 당시의 생활상을 짐작케 했고 단테(Dante)의 생애를 보여주는 그림과 문서들, 그리고 비자리(Vasari)가 디자인한 16세기의 궁전이 있던 이곳에 세계적으로 이름난 사진들과 눈부신 이탈리아 그림을 소장하고 있는 우피치(Uffizi)갤러리가 피렌체를 빛내고 있었다.

自力爭取한 永世中立國 스위스

스위스(Switzerland)는 12세기 이후 신성로마제국의 영토가 되었다가 13세기 중엽 오스트리아(Austria) 합스부르크家(Habsburg Haus)가 이곳을 자기네의 가령(家領)으로 만들고자 기도하자 영주적(領主的) 압력이 가해질 것을 두려워한 우리(Uri), 슈위즈(Schwyz), 운테르왈덴(Unterwalden) 등 3개 주의 자유농민이 단결하여 합스부르크가에 반항하여, 독립과 자유획득의 깃발을 높이 들었다. 이 항쟁은 그 뒤에도 맹렬히 계속되고 또 여러 주의 가맹(加盟)을 얻어 줄기차게 이어가서 1499년에 이르러 자주독립을 성취, 13개 연방제공화국이 건설되었다. 그 후 스위스가 종교개혁의 중심이 된 것은 이 나라가 당시 유럽 유일의 공화국이어서 자유독립의 기풍이 왕성했기 때문이라고 사가(史家)들은 평하고 있다.

이렇듯 스위스의 역사는 오늘의 자연풍경과 같이 평온한 것만은 아니었다. 독일에 가까운 지방은 독일계, 프랑스에 가까운 지방은 프랑스계로 그 민족에 따라 언어도 각각 다르다고 하며 산과 눈으로 뒤덮인 스위스야말로 부존자원(賦存資源)이 없는 쓸모없는 영지(領地)로 냉소(冷笑)하던 세계인의 상상을 뛰어넘어 오늘의 명소(名所)로 지구촌의 사랑을 받는 소이(所以)는 어디에 있는가가 중요하다.

자유항쟁의 불꽃이 높이 타오를 때 이를 절묘하게 묘사한 실러(Schiller Johann Chrstoph Friedrich Von)의 희곡 '월리엄 텔(Wilhelm Tell)'은 그 당시 독립운동이 낳은 환상의 영웅을 주인공으로 삼은 희대의 명작으로 많은 독자들이 애송(愛誦)하고 있다. 이러한 피비린내 나는 항쟁의 역사를 딛고 현재의 영세중립국으로 탄생된 스위스는 알프스

(Alps) 산골짜기의 평화롭고 그림 같은 자연 위에 조성된 변혁의 환경에서 18세기에는 장자크 루소(Rousseau Jeam Jacques)와 같은 철학자가 탄생했고 세기적 문호 괴테(Goethe Johann Wolfgang Von)도 동경(憧憬)의 여행지로 작심했는가 하면 프랑스의 대문호 볼테르(Voltaire)도 영주할 곳으로 스위스를 찾았다는 설이 있다. 괴테가 스위스 여행에서 골라낸 전설을 실러(Schiller Johann)가 창작한 것이 그 유명한 희곡 '윌리엄 텔(Wilhelm Tell)'이라 하지만 작은 면적의 국가이면서도 관광자원만은 풍부하다는 세평을 받게 된 동기 또한 스위스인의 기발한 착상과 견인불변(堅忍不變)한 창의력에 기인한 것이라 아니할 수 없다. 하늘을 찌를 듯한 고산준봉(高山峻峰)과 시원스럽게 시야에 펼쳐지는 호수, 쉴 줄 모르고 흐르는 맑은 물과 아름다운 형형색색의 꽃들은 세계관광객을 끌어 모으고 있었다.

뿐만 아니라 영세중립국다운 기반으로 발전해온 스위스에는 국제연합 본부와 국제적십자사 본부를 비롯한 많은 국제기관의 사무소가 자리하고 있어 세계 각지에서 모여든 엘리트(elite)들로 북적대고 있었고 외국어가 난무하는 이곳 시민들의 수준을 짐작케도 했다. 특히 주네브(Genève) 시내에는 프랑스의 자연주의 소설가 에밀(Zola Emile)과 사회계약론(Le Contrat Social)으로 유명한 철학자 장자크 루소의 동상 등이 있어 아득히 흘러간 역사적 환상(喚想)을 불러일으켰다.

특히 쥐라(Jura)산맥을 넘으면 레만호(Leman Lac)의 서쪽 론(Rhone)강 좌우로 주네브 거리가 펼쳐지는데 거기에 있는 수많은 국제기구의 건물은 국제도시로서의 스위스 명망을 드높이고 있을 뿐 아니라 주네브 시민들의 긍지 또한 대단히 높았다. 세계정치무대로 제공되는 것을 기화로 주네브 시민들의 자부심 때문에 '냉정한 스위스인'이란 오명을 받기도 했으나 그들의 뛰어난 세공솜씨는 아직도 세계의 시계시장을 석권하고 있다. 시계예술의 진수라 할 수 있는 섬세성과 세계 어느 기능인도 따를 수 없는 세련미로 만인의 사랑을 받고 있지 않는가. 피아제(piaget), 파텍 필립(Patek Philipe), 오메가(Omega), 롤렉스(Rolex) 등은 세계 어느 시장에서도 탐애(貪愛)를 받고 있으니 일조월개(日造月改)하며 하루가 다르게 변모해버리는 우리의 기능시장과 좋은 비교가 되기도 했다. 이렇듯 스위스는 춥고 긴 겨울이 계속되는 내륙의 산악국가로 자원이 빈약했어도 국민들의 노력으로 오늘날 세계에서 가장 소득이 높고 살기 좋은 나라로 발전해왔다.

농업은 좁은 농경지에서 생산성이 높은 작물재배와 낙농업을 주로 하고 있으며 산록지대(山麓地帶)에는 이목(移牧)이 성했다. 공업은 빈약한 자원과 불리한 교통여건을 극복하고자 부가가치가 높은, 고도의 기술을 필요로 하는 시계와 정밀기계 금속, 광학과 화학, 전기, 의약품 등 고급제품 생산을 주축으로 세계시장에 고가로 수출하고 있는 그들의 근면하고도 면밀(綿密)한 계획이 부럽기까지 했다.

萬年雪峯의 융프라요흐

스위스 최고의 관광지이자 알프스(Alps)의 최고3봉인 아이거(Eiger)와 뮌히(Monch) 융프라우(Jungfrau)가 나란히 서 있는 베르너(Berner Oberland)로 올라가기 위해 툰(Thun)호수와 브리엔즈(Brenz)호수가 그림처럼 보이는 인터라켄(Interlaken)을 지나 고도569m의 융프라우 등정에 올랐다. 험준해 보이면서도 깨끗하게 가꾸어진 산들이며 그림같이 늘어선 언덕바지의 집들은 모두가 예술작품 같았다. 스위스의 최고 인기휴양지로 빼어난 아름다움과 자연의 위대함을 느낄 수 있는 이곳은 세계의 시인묵객들이 자주 찾고 자연애호가들의 왕래가 빈번한 곳으로, 알프스의 다양한 모습들을 즐길 수 있다 했다.

산정(山頂)을 오르는 도중 70여 개소의 폭포가 눈앞에 전개되는데, 그 중 300m이상인 지스박흐(Giessbach)폭포의 위용(偉容)은 그야말로 장관이었다. 더욱이 유럽의 지붕인 융프라우 정상은 융프라우요흐(Jungfraujoch)라 부르는데 처녀를 뜻하는 융프라우와 봉우리를 뜻하는 요흐(Joch)의 합성어라 했다. 희귀한 명칭에서 느낄 수 있듯이 처녀봉 융프라요흐의 높이는 3,454m에 이르고 눈으로 덮인 산봉우리와 그림같은 호수가 곁들여진 이 아름다운 정경은 이곳만이 가진 절승(絶勝)의 경지(境地)가 아닐 수 없다.

가파른 융프라우요흐를 오르는 데는 특수열차인 래크레일식철도(Rack Rail Way)를 이용해야 했다. 이 래크레일식 열차는 14년에 걸쳐 아이거(Eiger)와 뮌히(Monch)를 관통하는 터널(Tunnel)작업으로 완성되었다 한다. 이 철도개발을 위해 헌신해온 스위스인들의 노력이 가상해 보였다. 이 래크레일식(톱니바퀴식)철도는 급경사인 산정을 올라도 힘겨워 보이지 않았다. 이 열차는, 1812년 영국의 블렌킨솝(J.H Blenkinsop)이 창안한 방식이 최초라고 하나 철도궤도 중앙레일을 톱니궤도로 만들고 거기에 적합한 차량의 동력에 의해 구동(驅動)되는 피니언(Pinion)을 맞물려 주행시키는 방식으로 리겐바흐(Riggenbach)식과 슈트루프(E.V Strub)식이 이용되기도 했으나 19세기 후반에 이르러 등산철도 부설(敷設)이 성행하면서 래크레일에 적합하고 다른 방식보다 구조가 간단한 현재의 슈트루프방식이 급속히 보급되어 운용되고 있는 것이라 했다. 아이거웬타(Eigerwanta)역에서 환승 후 다시 정상 융프라우요흐로 올라갔는데 이 경사를 주행하는 톱니바퀴열차의 운행도 열차에서 일어나는 배기오염을 줄이기 위해 1896년 전기전동열차를 설계하고 1897년 시공하여 운행회수 증가와 여러 곳의 터널을 지나는데 발생되는 공기오염을 줄이는 데도 기여했다는 말에 감동했다. 이렇듯 하나의 시설과 제품을 개발할 때도 다각도의 효율성을 고려하는 그들의 창발력이 부러웠다.

이윽고 2,865m에 자리한 아이거웬드(Eigerwand) 종착역에 다다랐다. 영하의 얼음동굴을 1km이상 걸어가야 하는데 그 속에서는 사진 찍기조차 힘들었다. 발밑이 너무 미끄러워 옆에 시설된 난간에 의지하지 않으면 보행조차 어려웠다. 시려오는 손과 온몸에 스며드는 냉기가 한기를 불러와 급히 밖으로 이동해버렸다. 침침했던 얼음동굴을 벗어나니 융프라우요흐가 눈부시게 빛났다. 마지막 아이스미어(Eismeer)역에서 환승해 정상에 도착하니 예정시간보다 30분이 지났다. 서둘러 전망대로 가서 스핑그스 테라스(Sphinx terrasse)로 나와 앞을 내려다보니 눈 덮인 여러 산봉들이 눈부시게 빛나고 있었고 반사되는 눈빛 속에서 웅장한 자태를 들어내는 융프라요흐의 영봉(靈峰)과 크고 작은 빙하가 신비에 가까운 모습으로 우리를 맞이했다. 인터라겐 좌우에 위치한 툰호수와 브리엔츠 호수가 때마침 석양의 빛을 받아 화려한 일모경(日暮景)을 장식하니 이 주변을 신비의 공원이라 할만 했다.

60%가 산악인 700년 역사의 알프스는 1814년 스위스독립을 선포한

이래 영세중립국으로 건재해오면서 세계 190번째로 유엔에 가입했다는 말도 여기서 들었다. 부존자원이 없는 나라이면서도 스스로 외적을 막으려는 성벽의 흔적이 곳곳에 있었다. 그래서인지 성 안 사람은 부르주아(Bourgois)라하고, 성 밖 사람은 프롤레타리아(Proletariat)라 불렀다는 말이 생소하게 들렸고, 평원지대를 달리면서 본 양쪽 산기슭의 평화로운 마을들은 일모의 어둠을 조용히 기다리고 있었다.

宗教改革의 始發地 취리히(Zürich)

취리히는 스위스 리마트(Limmat)강과 그 지류(支流)인 질(Sihl)강 연안에 위치한 인구 34만여 명의 도시다. 또한 도로와 철도의 결절점(結節点)에 해당하며 각 방면으로 직통열차가 발착한다. 또 도심에서 11㎞ 북쪽에 있는 클로텐(Chlorden)비행장은 스위스 최대 공항으로 세계 각지와 이어져있다. 중세 취리히는 북이탈리아와 프랑스, 독일을 연결하는 교통로의 요지에 있었기 때문에 상업중심지요 견직물의 대표적 생산지로 번영했고 16세기 길드(Guild)세력이 도시의 실권을 장악하고 있었다고 했다. 17세기에는 면공업과 염색업도 성해 공업의 중심지가 되었고 취리히호를 이용해 호반(湖畔)의 여러 도시에 직물공업을 전파 보급했다 한다. 이러한 전통은 섬유공업의 계승 뿐 아니라 19세기 후반부터는 라인(Rhein)강의 수력발전을 이용한 중화학공업이 크게 발전해 세계적인 기계공업공장이 입지(立地)해 왔다. 그밖에도 전자기계와 양조공업도 활발해 정치경제적으로 안정되어 있었고 그로인한 신용이 높아 세계 금융 주식의 중심지로 유럽 최대 외환시장이 형성되고 있었다. 이렇듯 경제적 기반이 조성된 취리히는 1351년 스위스연방에 가입했고 1519년 이곳에 츠빙글리(Zwingli Vlich)가 최초의 교사로 부임해서 종교개혁을 시작한 뜻 깊은 곳이기도 하다.

리마트강 연안에 있는 구 시가지에는 스위스 최대의 로마네스크건축인 그로스뮌스터(Grossmünster) 대사원과 스위스 최고(最古)의 성 피터 교회(St. Peter Kirche)의 시계탑 등이 그 중심을 이루고 있었다. 그로스뮌스터 대사원은 서기1100~1200년에 걸쳐 건설된 것으로 칼(Karl)대제(大帝)가 세운 교회 뒤편에 세워진 것이며 지하에는 그의 원작

(Original) 석상이 고고한 빛을 발하고 있었다. 또한 샤갈(Chagall Marc)의 독창적인 색채와 환상미가 스며있는 프라우뮌스터(Fraumunster)성당은 12~14세기에 걸쳐 세워진 고딕양식의 대표적인 건물로 사원 앞에 서있는 기사상(騎士像)은 오랫동안 시장을 지낸 한스 발트만(Hans Waldmann)이라 했다. 그밖에 옛 취리히의 모습을 전하는 것으로는 17세기의 시청사와 리마트강변의 길드관 등이 있는데 현재 취리히 중심지는 역 앞에서 호안(湖岸)에 이르는 반호프슈트레세(Bahnhofstrasse)지역으로 상점과 은행들이 즐비하고, 선사시대부터 현대까지의 문화재 수집처로 유명한 국립박물관(Schweizerisches Landesmuseum)과 스위스의 대표적인 화가인 호들러(Hodler)의 작품 외에도 세잔(Cezanne), 르누아르(Renoir), 마티스(Matisse), 위트릴로(Vtrillo), 피카소(Picasso) 등의 걸작들이 보존되고 있는 미술관 등이 한층 빛나고 있었다.

또한 학문의 전당으로 상징되는 대학은 1855년 연방 격으로 설립한 취리히대학(University of Zürich)과 1914년 창설된 종합대학(Overiew College) 등이 있다. 특히 취리히대학은 산하에 유전공학연구소(Heredity engineering Laboratary), 반도체연구소(Semucorductor Laboratory) 등 84개의 연구소가 있으며 1995년 현재 19명의 노벨상 수상자를 배출하는 등 기초과학분야에 있어 세계적인 수준을 과시하고 있었다. 뿐만 아니라 "가난한 사람에게 교육을(Give to the poor the right education)." 소리높이 외친 취리히 태생 페스탈로치(Pestalozzi)의 호소가 스위스사회의 중심사상으로 승화한 취리히는 많은 작가 학자를 배출한 곳으로도 이름이 높다. 스위스 최대의 상공업도시인 동시에 독일어권의 대표지이기도 한 취리히는 스위스의 전형적인 경관을 이루고 있고 백조가 떠다니는 취리히호는 관광객의 발길을 멈추게 했다.

험준해 보이면서도 깨끗이 가꾸어진 산들이며 언덕바지에 그림처럼 늘어선 집들 모두가 예술작품처럼 느껴졌다. 시원스럽게 펼쳐진 취리히호 기슭에는 시계와 보석을 비롯한 여러 가지 선물가게들이 불을 밝히고 세계관광객들을 손짓하고 있었으며, 지하1,000m에서 용출(湧出)되는 39.9℃의 쥬르작(Zurzach) 온천수는 신비로운 자연의 힘과 미네랄수(Mineral water)의 효능을 직접 체험할 수 있도록 편안하고 위생적인 최적의 환경에서 온천욕을 즐기도록 개발한 제반 시설들이 탐스러웠다.

民權暢達의 始源地 프랑스

프랑스는 유럽 중서부에 위치한 나라로 국토가 6각형을 이루고 있으며 한반도의 약 2.5배에 달하는 면적 55만㎢의 유럽 최대 나라다. 대서양과 지중해에 걸쳐 있는 관계로 지중해 코르시카(Corsica)섬이 가장 큰 섬으로 알려져 있고 동남부의 이탈리아(Italia)와 스위스(Swiss) 국경지대는 몽블랑(Mont Blamce)을 비롯한 알프스(Alps)산맥과 쥐라(Jura)산맥이 이어진 반면 중부에는 랑그르(Langres)고원과 중앙고지가, 남서부의 스페인(spain) 국경지대에는 피레네(Pyrẻnẻs)산맥이 이어지고 북서부는 파리분지를 비롯한 프랑스평원이 광활하게 펼쳐져있다. 또 이곳에는 센(Seine)강이 파리를 거쳐 도버해협(Dover Strait)으로 흐르고 루와르(Laire)강과 가론(Caronne)강이 대서양으로, 론(Rhone)강이 지중해로 흘러 국토를 비옥하게 하고 있다. 국토의 대부분은 서안해양성기후에 속하지만 남부 지중해안은 겨울에도 따뜻하고 비가 많은 지중해성기후에 속한다고 했다. 또 동부 산지는 대륙성기후로 겨울이 춥고 눈이 많다.

이 나라는 기원전부터 켈트(Calte)족이 거주했으며 로마(Rome)의 지배하에 있다가 5세기에 왕조가 시작되었고 영국과의 100년전쟁 후 국토가 통일돼 17세기, 루이(Louis)14세가 절대군주제를 확립했다 한다. 특히 1789년 프랑스혁명 후 공화제가 성립, 나폴레옹 제정을 거쳐 공화제가 부활되어 근자의 5공화국으로 이어지고 있는 나라다. 이처럼 프랑스의 최고(最古) 주민은 리구리아(Liguria)인이고 기원전 6~7세기에 켈트(Kelt)인이 서남독일에서 이동해와 그들을 정복·동화해 갈리아(Gallia)인이 되었다 한다. 로마에 정복된 뒤, 식민지가 되어 로마문화가 보급되었고 민족대이동 때에는 게르만(German)민족의 이동통로가 되기도 하여 프랑크(Frank)왕국에게 통일되었고, 왕국이 분열한 뒤에는 서프랑크의 땅이 되었다고 한다. 그러므로 지배자는 게르만인이고 인구의 대다수는 켈트인으로 언어와 문화는 라틴계가 우위를 차지했으나 이 가운데서도 프랑스인과 프랑스문화가 생겼다하니 프랑스의 국수주의는 때때로 갈리아적 요소를 강조하며 프랑스인의 민족성은 갈리아인에서 나온 것이라고 주장한다 했다. 베르당(Verdun)조약에서 시작된 서프랑크의 카롤링(Carolingian dynasty)왕조는 사라센(Saracens)과 노르만(Norman)의 침입에 대하여 무력하였으므로 9세기중엽 이후 센강 하류역을 점령한 노르만인의 지휘자 로로(Rollo)를 노르만디(Normandy)공에 봉하지 않으면 안되었다.

그 후 노르만디는 11세기 초 완전히 프랑스화 되었으며 987년에 이르러 카롤링(Karoling)왕조는 끊어지고 파리백(伯) 유그 카페(Hughes Capet)가 왕위에 올라 카페왕조가 열리게 되었다. 그러나 이 왕조도 왕권이 약하여 대 제후의 세력에 밀려 왕권이 미친 곳은 겨우 파리 부근이었다고 전해진다. 그때까지 왕권이 약했던 프랑스는 필립(Philippe)2세가 영국의 존(John)왕과 싸워 대륙의 영국영토를 빼앗아 대부분을 왕령(王領)으로 만든 때부터 형세가 역전되어 왕권이 강대해졌다. 그 뒤 11세기 이후 남불에 성하였던 알비죠아(Albigeois)파의 이단(異端)운동마저 루이8세와 9세의 알비죠아 십자군에 의해 박멸되어 왕령이 더욱 확대되었지만 필립4세와 보니페스(Boniface)8세와의 싸움에서 귀족 승려 시민을 포함한 3부회의 지지를 얻어 교황을 축출하고 법황청을 남불 아비뇽(Avinion)으로 옮긴 후 이 부회를 프랑스의회로 발전시켰다 하니 이것이 프랑스 의회정치의 효시가 아닌가 생각해 본다.

더욱이 1328년 프랑스의 카페왕조가 단절되고 방계의 바로아(Valis)가의 필립6세가 즉위하여 바로아왕조를 열었을 때 영국의 에드워드(Edward)3세가 왕위계승권을 주장하면서 프랑스를 침입하여 일어난 전쟁이 이른바 백년전쟁이었다. 이 전쟁은 노르만디공의 영국정복이래 프랑스에 광대한 영지(領地)를 가지고 있던 영국왕실과 프랑스왕실의 왕위 계승권을 둘러싼 충돌이었으나 그 배후에는 영불의 경제적 대립이 숨어 있었다. 그것은 당시 플랑들(Flandre)지방은 프랑스의 가신인 프랑들백(伯)을 영주(領主)로 삼고 있었으나 경제적으로는 오히려 영국과 밀접한 관계를 갖고 있었으니 그것은 이 지방의 기간산업인 모직물공업이 영국의 양모를 원료로 했기 때문이라 했다.

프랑스왕의 지지를 받고 있던 플랑들백은 프랑들 도시를 압박하여 그 특권을 빼앗고 그곳에 살고 있는 영국 상인을 감금하니 프랑들시민과 영국 상인들의 분노가 폭발해 영국국왕에게 프랑스에 대한 개전(開戰)을 요청하고 군비를 헌납(獻納)하여 발발(勃發)한 전쟁이 곧 백년전쟁이다. 이 전쟁은 전후 3회에 걸쳐 행해졌는데, 1,2회 초기 전에는 에드워드3세가 황태자 에드워드와 함께 프랑스에 상륙하여 크레시(Crécy) 포아티에(Poitiers)에서 대승리를 해 영국군은 압도적인 승리를 얻었다. 그러나 프랑스의 국력이 극도로 기울어져 불왕 찰스(Charles)6세는 1429년 오르레앙(Oleans)에서 포위당해 풍전등화(風前燈火)의 국운에 직면했으나 당시 16세의 애국소녀 잔다르크(Janne à Arc)의 용전(勇戰)으로 오르레앙 포위망을 돌파한 것이 불군의 연전연승을 얻게 된 계기가 되어 칼레(Calais)를 제외한 전 국토에서 영국군을 몰아내는 데 성공했다 한다.

그러나 잔다르크 자신은 브르고뉴(Bourgogne)군에게 붙잡혀 죽었다. 그녀가 뿌린 희생의 선혈(鮮血)과 그녀가 선양한 애국정신은 기울어져가는 프랑스의 국운을 회복케 했고 프랑스인의 사기를 북돋아 위기에 봉착한 프랑스를 구출한 영웅적인 장거(壯擧)였음을 높게 평가하고 있었다. 이렇듯 치란흥망(治亂興亡)의 소용돌이 속에서도 영국과의 경쟁에서 해외식민지 개척에 뛰어들어 아시아, 아프리카 등지에 많은 식민지를 보유하였으나 제2차 세계대전 후 대부분의 지역이 독립했다.

오늘날 프랑스는 북대서양조약기구의 창설국가로 유럽의 정치, 경제, 통화 등의 통합에 앞장서고 있는 나라이기도 하다.

豪華極侈의 베르사유宮殿

1634년 루이(louis)13세에 의해 수렵궁(狩獵宮)으로 세워진 베르사유(Versailles)궁전은 아들인 루이14세에 의해 확장공사가 이루어져 1682년부터 프랑스대혁명이 있던 1789년까지 107년간 왕실가족과 정부가 머물렀던 곳으로 세계5대 황실 중 하나로 꼽힐 만큼 그 화려함이 17세기를 대표하고 있다한다. 그러나 1870년에는 프러시아(Prussia)군사령부가 주둔하고 1871년에는 프러시아 왕 빌헬름(Wihelm)1세라는 이름 아래 대관식(戴冠式)을 갖기도 한 이 굴욕의 역사를 설욕하기 위해 1919년 6월28일 31개 연합국과 독일 사이에 맺어진 세계1차대전의 강화조약도 이곳에서 체결하였다 한다.

궁을 비롯하여 정원 등 모든 구조가 당시 태양왕이라 불리던 루이14세의 침실을 중심으로 설계되었다는데 궁전의 설계는 건축가로 유명했던 쥘아루두엥 망사르(Jules Hardouin Mansart)가 했고, 궁전에 딸린 정원 설계는 아드레르 노트르(Andre Le Notre)가 했다고 하는데 이 정원은 루이14세가 직접 자랑하던 작품으로 본인이 '베르사유 정원 안내서'라고 기록에 남겼을 정도로 심혈을 쏟아 조성한 것으로 그 정교함이 기하학적인 정원양식의 대표적인 예라고 자랑했다.

본래 늪지대였던 토지에 전국에서 막대한 양의 흙과 삼림(森林)을 운반해 토대를 만들고 분수조성을 위해 강의 흐름도 바꾸고 거대한 펌프를 만들어 센강의 물을 150m나 끌어올리는 등 건설이라기보다는 자연의 대 개조작업에 가까웠다한다. 이렇듯 거대역사로 이루어진 베르사유궁전의 아름다움은 호화로운 궁전을 비롯해서 광대한 정원에 있다고 하는데, 궁전 내부도 마룻바닥에서부터 천장의 못 하나에 이르기까지 유래를 찾아보기 힘들 정도로 사치스럽다고 한다. 내부에는 호화장려한 미술품들이 소장되어 있는가 하면 호화찬란했던 왕실의 생활모습을 느끼게 하는 여러 개의 방들은 보는 이의 눈을 휘둥글게 했다. 특히 마리 앙뜨와네뜨(Marie Antoinette)의 침실은 당시의 모습 그대로 잘 보존되어 있었고 역대 왕들의 대관식 모습이 담긴 여러 그림들도 전시되어 있었다. 또한 매주 수목요일의 연회장소로 쓰였던 헤라클레스(Salad Héraklés)의 방에는 315㎡에 달하는 대형벽화가 천장에 그려져 있었다. 신의 대열에 들어가고 있는 헬라클레스의 모습과 시몬(Simon)의 집에서 식사하는 예수의 모습이 매우 감동적이었다.

또 루이14세의 아들과 손자의 초상화가 그려진 풍요의 방과 우미(優美)의 삼여신에 둘러싸여 있는 비너스(Venus)의 모습과 로마식 복장을 한 루이14세의 조각들은 보는 이의 눈길을 끌었다. 그리고 군신 마르스(Mars)에게 바쳐진 방은 저녁에 음악회를 열었던 곳이라고 하며 정면에 하프(Harp)를 켜는 다윗(David)왕의 그림이 있고 양쪽에는 루이15세와 왕비들을 볼 수 있는 그림으로 화려했다. 뿐만 아니라 루이14세가 외국사절을 알현하던 곳으로 벽 위 3개의 닫집 고리는 왕좌가 있었음을 알 수 있게 해주었고 천장에는 태양 수레를 끌고 가는 아폴로(Apolon)를 볼 수 있는 것이 특이했다.

그리고 승리에 휩싸인 프랑스를 상징하는 '전쟁의 방'과, 유럽 평화를 되찾는 모습을 묘사하고 있는 벽난로 위의 그림은 루이15세가 유럽평화를 나누어주고 있는 모습의 '평화의 방(Peace Drawing Room) 등이 이채로웠다. 길이73m 너비10.5m 높이12.3m의 거대한 방에 17개의 창문과 17개의 대형거울이 천장의 샹들리에와 함께 빛나는 빛의 아름다움은 왕정(王政)시에 있었던 가면무도회와 중요회의의 양상(樣相)들을 회상할 수 있는 호화로운 방이었다. 또 마리 앙뜨와네뜨의 방을 재현해 놓은 곳에는 천장에 왕비의 덕목인 자비(Mercy), 풍요(Richness), 정숙(Silence), 신중(Prudence)함을 상징하는 그림으로 장식되어 있었고, 거울 위로는 루이16세 왕비의 어머니인 마리떼레즈(Maria Theresid)와 그의 오빠인 오스트리아황제 요셉(Joseph)2세의 양탄자 초상화와 수(繡)로 장식된 프랑스 상징인 침대 위 닫집 가운데의 수탉과 침대 옆 보석상자는 당시의 방만했던 생활상을 극명하게 보여주는 듯했다. 이외에도 루이필립(Louis Philippe)왕 때 왕자들이 사용했던 방을 개조하여 문을 연 방으로 자기 왕권의 합법성을 보이기 위해 496년 톨비악(Tolbiac)전투에서부터 1810년 나폴레옹의 승전까지 과거의 역사적 사건을 비유적으로 기록해 놓은 전쟁갤러리(Galenedes Batailles)가 많은 사람들의 눈길을 끌고 있었다.

그러나 태양왕이라 불리던 루이14세가 열과 성의를 기울여 지은 이 궁전은 낭비가 지나쳐 국가재정이 파탄에 이르렀고 서민들의 생활이 도탄에 빠져 그 결과 프랑스혁명을 불렀다는 말이 오늘을 살아가는 우리에게도 좋은 교훈으로 다가왔다.

낙양삼월시(洛陽三月時)에 곳곳마다 화류(花柳)로다.
만성춘광(滿城春光)이 태평(太平)을 그렸으니
어즈버 당우세계(唐虞世界)를 다시 본 듯하여라.

조선조 때의 고명한 가객(歌客)시인 이정보(李鼎輔)가 읊은 시조 한 수가 회로의 머릿속에서 떠올랐다.

高空巨樓의 에펠塔

“높이300m의 꼭대기에 국기를 달고 있는 나라는 프랑스뿐이다.”라는 말이 바로 에펠탑(Tower Eifféł)이 낳은 말이라 했다. 에펠탑은 건축 당시 비판의 대상으로 시민을 비롯한 건축가, 문화인들로 하여금 일대 미관론쟁(美觀論爭)을 불러일으키게 했었다. 그러나 그 후 시인들에 의해 찬미되고 화가들에 의해 미화되면서 이 탑은 시민들 사이에 안착되기 시작해 높이320m로 늘어났으며 1989년 건립100주년을 맞이하는 동안 명망 높은 탑으로 자리를 굳혔다. 1889년 구스타브(Gustave Eiffel)의 설계로 건축된 이 거대한 누각은 3개의 전망대로(展望大路)에 1,652개의 계단과 엘리베이터(Elevator)로 올라갈 수 있는데 1층에는 탑의 역사를 자랑하는 비디오(video)상영관과 우체국이 있다고 했다. 320m의 이 탑은 1931년 뉴욕의 엠파이어 스테이트빌딩(Empire State Building)이 세워지기 전까지는 세계에서 가장 높은 건축물이었다고 한다.

에펠탑은 1889년 만국박람회와 함께 1789년 프랑스혁명의 100주년을 기념하여 건립되었다. 하지만 박람회가 끝나자 19세기 심미주의자(審美主義者)들의 거센 비판으로 철거위기에 직면하기도 했으나 보기 싫은 괴물이 명물로 바뀌면서 연200만 명의 관객이 찾는 관광명물로 변했다 한다. 특히 더운 날에는 철근의 팽창으로 탑의 높이가 15m나 더 높아진다는 놀라운 사실도 알게 되었고 산업혁명 후 미국의 에디슨(Edison Thomas Alva)이 발명한 전기의 혜택을 모든 사람들이 입고 있지만 그 중에서도 특별히 입고 있는 것이 세계인의 이목을 모으고 있는 이 거대 에펠탑의 승강기라고 한다. 철거론자들의 주장에도 불구하고 슬기로운 이해와 관대한 시민들의 통찰력으로 오늘의 에펠탑을 소생시킨 시민의 역량이 경이로워 보였다. 그야말로 문화와 문명이 공존하는 나라요 종교와 생활관이 확실한 국민임을 알 수 있었고, 종교적인 혼과 의지가 응집된 장중한 이 예술품 역시 얼마나 많은 명예와 영광을 안고 오늘의 후세 국민을 살찌우고 있는가를 성찰케 했다.

장원(長遠)한 안목과 창의가 높은 국민들의 헌신이 이렇듯 국가를 빛내고 국력을 배양하고 있음을 보니 오늘의 우리를 돌아보게 한다. 그 위대한 이상과 안목으로 높은 창의를 키워 가는 활발한 이들에 비해 우리는 무엇을 얼마나 후세에게 넘겨줄 수 있을까? 역사적으로 중국의 문물을 전수해온 우리는 깊은 창의가 없는 모방문화요 예속문화에 지나지 않는다고 전해오는 말이 머리를 어지럽게 했다. 고대 예술작품이라 해야 불교문화가 태반인데 이 문화 역시 당송(唐宋)시대의 문화를 전승해온 결과에 벗어남이 없으니 장려(壯麗)한 이 문화에 비해 자괴감과 부러움이 앞설 뿐이었다.

눈길을 돌려 에펠탑 오른편에 조성된 샹드마르스(Champ de Maars)공원을 돌아보았다. 샹드 마르스란, 1791년 7월17일 샹드 마르스의 연병장 학살사건을 연상시키는 연병장이란 말이라고 소개했다. 1791년 6월20일 국민의회의 지도자 미라보(Mirabeou)의 죽음으로 정신적 지주를 잃은 루이16세 일가가 국외로 도피하려다 이튿날 동부국경 근처의 바렌(Varennes)에서 붙잡혀 파리로 이송된 뒤 헌법재정의회(憲法裁定議會)를 지배하던 푀양(Feuillants)파가 입헌군주제를 지키기 위해 헌법규정을 약간 완화시켜 국왕에게 승인토록 해 국왕을 무죄 방면시키려 했다. 그러나 공화주의자들은 국왕의 폐위를 요구하는 대중청원운동으로 맞서 7월17일 파리서부의 샹드 마르스(Chmp de Mars)육군사관학교 연병장에서 대중의 서명을 받기로 한데서 발생한 무단발포 사건은 기리 프랑스혁명사에 기록되어 있다. 라파에트(Marquis de Lafayett) 사령관의 지휘하에 있던 국민위병대가 경고도 없이 발포를 하여 50명의 사망자가 발생하는 사건을 기리기 위해 이 일대를 공원으로 조성했다는 말에 아득한 과거가 연상되기도 했다.

웅대한 탑 주변의 광활한 벌판을 공원으로 가꾸어 탑을 아끼고 사랑하는 국민이 늘어나는 반면 탑으로 인해 생기는 새로운 불상사도 있다고 하니 개인의 생활형편이 여의치 않아 비관 자살하는 자가 이 에펠탑을 이용하는 사례가 늘어나, 연간 46명의 자살자가 생겼고 앞으로도 늘어날 것이라는 어두운 애화도 들었다. 자살자에 대한 이야기를 들으니 문득 우리나라의 한강이 생각났다. 한강에는 생활고를 비관하여 무작정 투신하는 사고를 막기 위해 '잠깐만 참으시오'라는 팻말까지 붙인바 있는 과거가 생각났고, 사람이 자살하는 동기와 방법은 어디나 유사함을 에펠탑에서 새삼 느낄 수가 있었다.

탑 전망대에서 관망하는 파리의 시가는 정말 아름다웠다. 쾌적하게 정돈된 거리와 건물 모두가 눈길을 끌었고 탑 주변에 모여드는 관광인파가 장관을 이루고 있었다. 우리에게는 이러한 건축물이 없나 하는 아쉬움을 밀고 63빌딩이 눈앞에 떠올랐다. 63빌딩은 해발264m로서 해발265m의 남산 정상 보다 1m가 낮다는 이야기를 들은바 있고 쾌청한 날이면 시계반경(視界半徑) 50㎞인 전망대에서 서울의 도심을 한 눈에 볼 수 있는가 하면 인천 앞바다까지 바라볼 수도 있는 장대한 건물 63빌딩이 자랑스럽게 느껴지기도 했으나 이 에펠탑 이상의 명성을 떨칠 수 있는 시설물의 관리가 소망스럽게 느껴지기도 했다.

傳統美와 藝術性이 넘치는 파리

세기의 명작 '노트르담의 곱추(Notre Dame de Paris)'를 창작한 위고(Huge Victor)는 "파리(Paris)가 세계에서 가장 아름다운 도시라는 것에 이론의 여지는 없다."고 했고, '악의 꽃(Les Fleurs du Mal)'의 시인 보들레르(Baudelaire. Charles)는 "파리는 모든 것 즉 추한 것까지도 매력적으로 바꾸어 놓은 아름다운 고도(古都)"라고 노래한바 있듯이 파리는 정말 웅대장중(雄大莊重)한 도시임에 틀림없다. 마로니에(Marronier) 낙엽이 떨어지면 아름다운 시가 탄생하고 삼류화가의 그림일지라도 그것이 파리에서라면 훌륭하게 보인다는 말은 모든 것이 예술로 승화되어 가기 때문이라고 했다.

이렇듯 명망 높은 도시의 건설은 어떻게 어디에서 이루어진 것인가. 그것은 말할 것도 없이 독일계 프랑스인으로서 건축전문가이며 유명한 정치가로 명성을 떨친바 있는 오스만(Haussmann. Georges Eugéne Baron) 공작에 의해 파리시가의 설계와 개발이 진행되어 모든 건물은 예술미를 가미한 아름다운 작품으로 조성되어 파리 전역이 마치 조각을 곁들인 박물관 같았고 또한 유네스코(UNESCO)에서 지정한 문화재가 세계에서 가장 많은 도시로 소개되고 있다. 건물마다 고전미가 넘치는 파리의 거리! 어디를 가 봐도 고전적인 건축물로 인해 옛날로 돌아간 느낌이 들 정도로 마음을 사로잡고 있었다.

자주 눈에 띄는 전자게시판은 무질서하고 무절제하게 흩어지는 우리의 선전물과는 대조를 이루었고 또 시내의 건축물은 모두 석회석 자재이기 때문에 영구히 변석되지 않는다 했으니 이 소중한 자원들이 어디에서 생산 보급되었을까 하는 감탄과 함께 부러움마저 앞서왔다. 뿐만 아니라 건물의 높이는 모두 6층 이하로 제한되어 있어 건물마다 승강기(Elevator)시설이 없어도 하등의 불평 없이 그대로 이용하고 있는 파리 시민들이 한층 더 존경스러웠다. 무질서하게 성냥갑처럼 난립한 한국 도시의 거리와 조금만 시일이 지나면 무차별 증개축을 감행하는 우리의 시민정신과는 너무도 대조적이었다.

전통과 고전미를 긍지로 삼아 수백 년 전의 건물을 그대로 보존하는 프랑스야말로 세계 제일의 전통을 자랑하는 나라로 자부할만했고, 세계인의 눈길을 끌만도 했다. 그러나 프랑스의 자랑이요 파리의 낭만이라 할 수 있는 기대에 찼던 센(Seine)강은 오히려 장원유려(長遠流麗)한 우리의 한강에 비해 너무도 초라했다. 파리도시계획에 따라 원래의 하폭(河幅)이 160m로 줄어들었고 2,000㎞에 달하는 유장(流長)에는 260여 종의 수족들을 서식케 하는 장강으로서 파리 시내를 관류하고 있었다. 양 강안에는 폐선물을 주택으로 개량하여 그곳에서 생활하는 주민을 볼 때는 우리나라의 달동네가 상기되기도 했다.

파리에는 32개의 다리가 있는데 그 중에서 가장 오래된 것이 퐁뇌프(Pont Neuf)인데 16세기 후반 6년간에 걸쳐 시테(Ile de Cite)섬 하류에 가설케 되었다 한다. 그때까지 파리의 다리는 다리 위에 집들이 늘어서 있었는데 이 퐁뇌프다리를 가설할 때엔 그 집들을 철거하고 파리에서 처음으로 보도(步道)를 갖추었다 하니 빈민구휼의 심각성은 동서고금이 다를 바 없다고 생각되었다. 지금에 이르기까지 몇 번의 보수공사는 했으나 아직까지도 건재한 퐁뇌프다리를 두고 건강에 비유되는 말로 '퐁뇌프와 같이'라는 말이 표현되고 있다 했다. 파리시내의 어디를 돌아봐도 고명한 전통미와 장구한 역사성이 함축된 웅장미를 느낄 수 있어 다시 찾고 싶은 감동도 많이 일으켰다.

정교하게 만들어진 물건만이 아니라 그 물건들을 소중히 보존하는 국민성을 우리도 배워야 되겠다는 충동을 받았다. 보기 좋고 마음에 차면 오래도록 간직하려 하나 마음에 들지 않으면 무자비하게 파괴해버리는 마음가짐으로는 프랑스와 같은 위대한 문물을 보존할 수는 없을 것 같아 1995년에 철거된 우리나라의 중앙박물관 건물이 아쉽게 눈앞을 가로막아 왔다. 일제강점기의 잔유물로 1918년에 기공하여 1926년에 준공을 보게 된 구 총독부 건물은 그야말로 장중한 웅모로서 이 나라를 대표하는 석조건물이었다. 그 섬세함과 정교한 건축미와 특수화강암의 자재는 이 나라에서만 생산되었던 소중한 산물임을 상기할 때 충분한 문화재적 보존가치가 있었음에도 일시에 철거해 버린 경솔함이 한편은 야속스럽기까지 했다. 일제 학정의 잔존물이라 철거를 주장한 사람도 많았으나 건물의 소중함을 전제로 보존을 주장한 사람도 적지 않았다는 소문을 아직도 나는 듣고 있다. 1912년에서 1914년에 걸쳐 독일인인 게오르그 데랄란데(George de Lalande)에 의해 설계되어 8년간 연인원 200만 명이 동원되어 연면적31,311㎡에 달하는 건물로 동양최대의 석조건물이라 자랑했던 웅장한 모습을 이젠 다시 찾아볼 수 없게 되었다.

비록 일본인의 계획에 의해 건립된 건축물이라 할지라도 엄격히 그 내용을 알아보면 건굴의 설계는 독일인이 했고 축조인력은 현지 한국인에 의해 추진되었는가 하면 만고불변의 화강암 석재도 동대문 밖 창신동 일대에서 채굴한 것이며 내부 장식용으로 쓰인 석재 일부는 황해도 금천지방 등 국내14개소에서 채취해 사용했다고 하니 어찌 일본인이 건립했다고 할 수 있겠는가. 그야말로 우리의 힘과 이 나라의 자재로 완성한 그 장중한 건물을 신중한 논의와 대책도 없이 철거해버렸다는 것은 정말 아껴왔던 자원과 숭고한 땀을 바쳤던 선조들의 역사적 사실을 철거한 것으로 아쉬움과 함께 비정한 여운으로 남아있을 뿐이다.

르네상스의 餘塵인 루브르博物館

세계 최고를 자랑하는 루브르 박물관(Musee de Louvre)은 13세기 초 바이킹(Viking)의 침략으로부터 파리(Paris)를 방어하기 위해 성채(城砦)로 건립한 것이었으나 한때 주인 없는 성으로 방치되어 있다가 16세기 때 프랑수아1세(Francois.1)가 르네상스(Renaissance)양식으로 재건하여 레오나르도 다빈치(Leonardo Da Vinci)의 모나리자(Monna lisa), 티치노(Vecellio Fiziano), 라파엘로(Raffaello Sanzio) 등 이탈리아(Italy) 거장들의 작품12점을 모은 것이 시초가 되었다 한다. 그 후 17세기 루이(Louis)14세 때 약2,500여 점이 이곳 루브르궁전에 장식되었다 하나 실질적인 박물관의 시작은 1793년 국민의회의 결정으로 일반인에게 공개된 때로부터라 했고, 현재 이곳을 찾는 관광객은 연간 60~70만 명에 이른다고 했다.

작품의 전시는 고대에서 19세기 전반까지의 것을 고대 아시아(Asia)관, 고대 이집트(Egypt)관, 그리스(Greece)와 로마(Rome)관, 고대 오리엔트(Orient)관, 조각(Carvihy)관, 회화(Picture)관, 미술 공예품 등 7개의 전시실로 나뉘어져 있었다. 이 작품들 중 '승리의 여신상(Victory of Samothrace)'과 밀로의 '비너스(Venus de Milo)' 레오나르도 다빈치의 '모나리자' 들라클로와(Delacroix)의 '민중을 이끄는 자유(Liberty Leading the People)' 다비드(David)의 '나폴레옹(Napoleon)1세 황제 대관식' 등은 빠짐없이 둘러봐야 할 소장품으로 평가되고 있어 항시 초만원을 이루고 있었다.

프랑스에서 빼놓을 수 없는 또 하나의 명물로 각광을 받고 있는 것은 거대한 유리 피라미드(Pyramid)였다. 지난 1981년 미테랑(Mitterrand

Frncois) 대통령의 대 루브르(Grand Louvre) 계획의 일환으로 만들어진 것인데 프랑스인이 아닌 중국계 미국인 이오밍 페이(Ieoh Ming Pei)가 설계했다고 하니 세계 최고의 문화국민이라고 스스로의 자부심이 강한 프랑스에서는 극히 이례적인 일이 아닐 수 없다고 소개했다. 한편 이 피라미드(Pyramid)는 루브르로 들어가는 흥미로운 출입구로 되어있어 내부로 들어가면 매표소와 3개의 또 다른 출입구로 슐리(Sully)관, 드농(Denon)관과 리슐리(Richlieu)외관 등이 있어 어느 출입구로 들어갈 것인가는 어느 시대의 소장품을 먼저 볼 것인가에 따라 달라질 수가 있다. 유리로 된 피라미드라 햇빛이 지하를 비추어 지하라는 느낌을 전혀 주지 않는 것이 이 박물관의 특색이라 할 수 있었다. 1993년에 개관 200주년을 기념해서 북쪽에 있는 리슐리관을 개관함으로써 전시공간도 넓어지고 지금까지 볼 수 없었던 작품도 전시되어 미술에 흥미가 없는 사람이라도 잘 알고 있는 모나리자와 미로(Miro)의 비너스(Venus) 등 고대부터 현대에 이르기까지의 각종 예술작품 30만 점 이상이 계통별로 각 실에 전시되어 있어 이 박물관의 기초를 이룩한 태양왕 루이14세를 비롯한 부르봉(Bourbon)왕조의 권력과 정열을 직접 느껴볼 수 있는 계기가 되기도 했다.

왕권신장에 공헌했던 마자랭(Mazarin)의 사후 친정체제를 구축한 루이14세는 "내가 곧 국가다(I Etat, cést Grand Siécle)."라는 말로 부르봉가의 절대주의를 확립하고 유럽에 있어서 국제적 지위를 상승케 했는가 하면 코르네유(Corneille Pierre)와 라신(Racine Jean Baptiste), 몰리에르(Moliere) 등 3대작가가 그의 치세 하에서 배출되는 등 미술과 고전주의 문학을 발전케 했던 과거가 희미하게나마 회상되어 왔다.

왕권신수설과 갈리카니즘(Galicanisme)의 주창을 믿고 국내의 절대권력을 확립하기 위해 위그노(Huguenots)파를 박해하고 낭트(Nants)칙령의 폐기에 따라 프랑스산업의 중산층을 이루고 있는 위그노파 20만 명을 망명케 한 외에 얀센(Jansen Comelius)파의 탄압과 지방자치의 특권

박탈 등 농민에 대한 봉건적 지배강화 등으로 농촌의 동요와 불안을 초래했는가 하면 전비와 토목건축비의 농민부담은 생산력을 감퇴시켰음에도 왕은 베르사유(Versailles)궁전을 완성하는 등 국력의 낭비가 한계를 넘어섰고, 호화로운 궁정생활로 프랑스의 절대주의가 사양기에 접어들었으나 예술을 사랑하고 예술에 심취해온 프랑스 국민의 전통은 오늘의 웅대한 미술관으로 발전시켜 세계인의 찬탄을 받고 있는 것이 아닌가 싶었다. 또 프랑스의 미술운동은 프랑스를 중심으로 전개되었을 뿐 아니라 이미 프랑스혁명 이전에 시작된 신고전주의는 대혁명의 발생과 더불어 완전히 로코코(Rococo)양식을 몰아내고 대혁명시대와 나폴레옹시대를 지배해 나갔다고 한다.

뿐만 아니라 나폴레옹의 총애를 받은 다빗드(David)는 완전히 미술계의 독재자가 되어 새로운 아카데미(Academy)를 창설하여 고대의 전설과 나폴레옹의 영광을 그려나갔고 왕정복고기의 제리코(Gericault)는 시대적 대사건을 화제로 엮어 극적표현을 꾀함으로써 낭만주의 회화의 길을 열어 나갔다. 또한 드라크로아(Delacroix)는 과거의 역사와 신화뿐 아니라 동시대의 사건 특히 프랑스의 대외정책에 관계가 깊은 근동과 아프리카사건을 화제로 하여 정열적인 색채를 쏟아 부어 낭만주의 회화를 완성시킨 업적에 무한한 경의가 갔고 그들의 광분적 헌신의 열매가 오늘의 프랑스와 루브르를 빛내고 있었다.

그러나 우리의 문화재로 불리던 규장각외문서는 어디에서도 찾아볼 수 없어 허탈한 마음을 금할 수가 없었고 아직도 이를 돌려받지 못한 정부의 활동이 불만스럽기도 했다.

고딕樣式의 代表作 노트르담寺院

중세의 건축물은 주로 사원건축이 주가 되었으며 회화나 조각은 장식물이나 부속물에 지나지 않았다고 한다. 10세기 초에 이르러 로마(Rome)풍의 로마네스크(Romenesque)양식이 이탈리아(Italia)에서 일어나 독일, 노르만디(Normandy), 영국 등에 퍼져 나갔으나 그 특징이 평면도가 장십자형(Romen Cross)이고 지붕은 반원형 돌로 만들었기 때문에 이를 받치는 기둥과 벽에 심한 중력이 가해져 벽을 두껍게 하여 창문을 많이 내거나 크게 낼 수가 없어서 내부가 어둡고 외관이 둔중해 보였다. 이는 봉건사회의 시대색을 잘 나타낸 것으로 이탈리아의 제사원(諸寺院)과 사탑이 대표작이었으나 그 후 12세기 중엽에서 15세기에 걸쳐 고딕(Gothic)양식이 발달하여 프랑스에서 절정을 이루어 전 유럽으로 파급되어 갔다고 한다.

이 양식은 지붕의 중력이 일점(一點)에 집중되도록 설계한 것인데 오로지 기둥과 지주로써 그 중력을 받게 했기 때문에 벽이 얇아지고 창문을 크고 많이 내어 색유리를 끼워 로마네스크양식과는 정반대로 밝은 인상을 주어 도시생활의 명랑한 분위기를 반영하고 또 천장이 높아져 하늘을 찌를 듯이 솟아있어 지상에서 천국을 바라보는 중세인의 종교적 동경을 잘 나타내고 있는데 그 대표적인 건축물이 파리의 노트르담사원(Cathédrale Notre Dame)이라 했다.

특히 20세기의 프랑스 4대 작가 중 한 사람으로 널리 알려진 클로델(Cloudel, Paul Louis Charles)이 이러한 작품을 아름다운 여인상에 비유했듯이 이 성당은 훌륭한 균형의 조화를 이루고 있어, 800년간 파리의 역사를 초연히 지켜온 중량감이 압도해 오는 인상을 주고 있었다. 또 고딕양식의 완성품으로 일컬어지는 이 성당은 서기 1163년 알렉산더(Aleksandr)3세 시 모리스 쉴리(Maurice de Sully) 주교에 의해 착공되어 1345년도에 완공된 건물로 2세기에 걸쳐 탄생된 웅대한 건물이다. 정면에 성모 마리아(Maria)의 문과 천국의 문(Heavenly Gate), 안나(Anna)의 문 등 3개의 문이 있는데 모두 성서의 이야기들이 조각 부조(浮彫)되어 있었다. '노트르담'이란 '우리들의 부인이'란 뜻으로 성모마리아를 뜻한다 했다.

두 개의 종탑은 오늘날에도 노트르담의 곱추(Notre Dame de Paris)를 연상케 하고 성당 내부는 7,000명을 수용할 수 있는 대규모이며 정면 왼쪽 계단을 올라가 69m의 탑 위에서 바라보는 전망은 정말 아름다웠다. 특히 오후4~5시경 스테인드글라스(Staind Glass)를 통해 스며드는 햇빛은 현란무비(絢爛無比)의 산물로 경탄과 감탄의 경지로 심신을 몰입케 했을 뿐 아니라 이 성당의 꽃이라 할 수 있는 '장미의 창(Roseate)'에는 북쪽의 것이 구약성서의 내용을 포함한 것으로 가장 유명하다 했다. 꽃잎마다 정교하고 화려하게 그려진 화술과 그 기법은 아직도 세계인의 칭송과 감동을 모으고 있었다.

시테(Cite)섬 위에 우뚝 서있는, 높이130m에 이르는 웅장한 이 성당 건물 주변에는 소로본(La Sorbonne)대학을 위시한 많은 교육시설이 있어 교육도시로 발전하게 되어 프랑스혁명 시까지 이곳의 일상용어가 라틴(Ratin)어였기 때문에 일부 라틴지역으로도 불리게 된 이곳은 수많은 왕과 황제들의 대관식이 거행된바 있으며 한 시대를 풍미해간 나폴레옹(Napoleon)의 대관식도 이곳에서 거행되었다 한다. 성당 정문 앞에는 파리의 중심지를 기준하는 기준점 쇠말뚝이 박혀있었고 고대 프랑스식 건축물은 거의 돌로 쌓아 올리는 기공법(技工法)이 성행되어 적공(積工)의 버팀 역을 하는 기둥이 건물 중간부문을 차지하였으나 이 성당건물만은 그 기둥이 밖으로 나와 웅대한 모습으로 축조된 것이 또한 특색이라 했다. 이 광대한 건물에서 역대 국왕의 대관식은 물론 장례식도 이루어졌다는 말에 성당 안을 무거운 침묵으로 다시 둘러보았다.

성당 앞 아래쪽으로 전망되는 세느(Seine)강은 이렇듯 장원한 역사를 안고 유유히 흐르고 있었고 강안 좌안(左岸)에는 주로 상가가 조성되어 있었으며 우안(右岸) 일대는 관가건물들로 즐비했다. 그 중 프랑스의 국회상원의사당인 뤽상부르(Luxembourg) 건물도 멀리 보였는데, 이 건물은 루이14세의 딸이 거처하던 저택이었다는 말도 들었다. 마로니에(Maronnier) 가로수가 멋진 분위기를 풍기는 이 뤽상부르공원은 학생들의 휴식처로도 이용되고 있었고 공원 반대편으로 둥근 돔(Dome)의 상징인 팡테온(Pantheon)도 조망할 수 있었다. 본래는 성당건물이었으나 지금은 국가에 유공한 위인들의 묘지로 쓰이고 있어 우리들도 잘 아는 루소(Rousseau, Jean Jacques)와 위고(Hugo st. Victore) 등이 잠들어 있다고 소개했다.

다음은 샹리제(Avenue des Champs Elysess)거리 바로 앞 튈르리(Jardin des Tuileries)공원 사이의 콩코르드(Place de la Concorde)광장으로 갔는데, 그 주변 건물은 거의 귀족들 건물이라 했고 신과 국왕의 덕을 기리는 것으로 신전 앞 정원에 세우는 4m의 오벨리스크(Obelisk)는 이집트(Egypt)에서 기증 받은 것으로 기원전 13세기의 것이라는 데 눈길이 끌렸다. 이 화강암으로 제작된 기둥에는 그림과 문자로 된 비문이 있었고 가늘고 긴 꼭대기는 피라미드(Pyramid)형태로 돌출된 사각기둥이었다. 이 광장에서 혁명 후 마리 앙투아네트(Marie-Antoinette)를 비롯한 1,343명이 단두대에서 처형되었다는 비화와 함께 이 단두대를 길로틴(Guillotin Joseph Lgnace)이 발명했다는 설명도 들었다. 의사인 길로틴이 극형으로 착수되는 중죄인의 고통을 줄이기 위해 단두대를 발명한 후 한꺼번에 최고 8,000명까지 사형을 집행한 적이 있다고 소개하면서, 길로틴 또한 자신이 발명한 이 단두대에서 이슬로 사라졌다는 비운의 역사를 들려 주었다. '콩코르드'는 '화합'이란 뜻으로 '화합의 광장'을 뜻한다 했다.

시간에 쫓겨 멀리서 바라보는 엘리제(Palais de I'Elysee)궁이 아쉽게 눈앞에 다가왔다. 이 궁에는 대통령이 거처한다 했으며 그 부근에 개선문(I'Arc de Fiophe)이 우뚝 서 있었다. 1805년 아우스터리츠(Austerlitz) 전투에서 승리한 나폴레옹이 그의 부하들에게 개선문을 통해 돌아갈 것이라 했던 이 문을 그는 죽어서 돌아왔다는 애절한 이야기와 함께 전쟁은 평화를 지키기 위한 행위로 감행될 수 있다는 논리로 프랑스의 가극 작곡가 루제드릴(Rouget de Lisle)이 지은 국토수호의 군가가 지금은 프랑스의 애국가로 불리고 있다는데 또 한 번 감명을 받았다. 1792년 4월 프랑스가 오스트리아(Austria)를 상대로 선전포고를 했다는 소식을 듣고 스트라스부르(Stras Bourg)의 숙소에서 하룻밤 사이에 가사와 멜로디를 썼다고 하는 루제드릴이 공병장교였다는 데에 더욱 놀랐다.

世紀의 文豪 괴테의 故庄인 프랑크푸르트

독일 최대의 공항이 있고 현대적 건물이 즐비한 금융과 상업도시 프랑크푸르트(Frankfurt)는 8세기 샤를르마뉴(Charlemane)황제에 의해 많은 건물이 세워지기 시작했고 12세기에 들어서는 유럽 각국의 상인들이 모여들어 견본시장을 세우기에 이르렀다고 한다. 라인(Rhine)강 지류인 마인(Main)강 연변에서 발달한 이 도시의 정식 명칭은 프랑크푸르트 암 마인(Frankfurt am Mai)이다. 12세기부터 역대 황제를 선출했는가 하면 황제의 대관식도 이 도시에서 거행되었다고 한다. 뿐만 아니라 세기의 대문호 괴테(Goethe)가 태어난 곳으로도 유명한데 이 도시 사람들은 괴테를 '프랑크푸르트 시민의 위대한 아들'이라고 부르며 매우 자랑스럽게 여기고 있었다.

독일의 맨하탄(Manhattan)이라 불리울 정도로 시가중심지에 우뚝 서 있는 고층건물이 거의 은행건물인 프랑크푸르트는 고딕(Gothic)식 성당과 첨두형 바로크(Baroque)식 건축물들이 옛 영화를 고스란히 지키고 있는 도시였다. 중세유럽도시의 특징이라 할 수 있는 광장에는 가로와 분수가 있고 축제와 매물장이 열리고 있었는데 특히 카이저(Kaiser)광장과 뢰머광장(Romer Platz)을 중심으로 하는 구 시가지에는 대성당(Dom)과 구 시청건물 그리고 괴테의 생가 등이 복원되어 독일인이 갖고 있는 긍지와 복구기술의 완벽함을 과시하고 있었다. 또한 867㎞의 마인강을 끼고 있는 뢰마광장에는 정의의 여신상(Righteous Goddess)이 세워져 있었는데 한 손에는 칼을 들고 한 손에는 저울을 들고 있었다. 그것은 공평한 정치(Equally Politics)를 하겠다는 굳은 표현의 상징이라 하는데 그날은 이 여신상 앞에 많은 잡상인들이 붐볐다.

1848년 독일의 제1회 국회가 개회되었던 곳으로 이름난 장크트파울교회(St. Paulkirche)는 프랑크푸르트에서 가장 장중한 느낌을 주는 교회라고 한다. 이곳에서 첫 독일국민회의가 헌법을 기초했고 그 후 100년 뒤에는 독일 연방기본법의 근간이 되었다는 이야기와 독일국기의 검정, 빨강, 노란색도 이때 프랑크푸르트 국민회의의 결의안에서 찾아볼 수 있다는 말에 잠시 우리의 국기를 되돌아보았다. 한 나라의 국기를 제작함에도 국민 대표기관의 의결을 거치는 과정을 숙고해 볼 때 우리의 국기 제작과정은 너무 단순치 않았던가 싶었다. 박영효란 한 사람의 창안에 의해 국가를 상징 대표하는 국기가 제작되었다는 것에 개운치 않는 여운이 남는다.

현재의 이 건물은 제2차대전 후에 재건되었고 지금도 이곳에서는 세계적으로 유명한 도서견본시(Buchmesse)의 평화상과 괴테상의 시상식을 거행한다 했다. 또한 현재도 자유와 통일민주주의의 회의장으로 많이 쓰여 교회로서의 기능은 빈약하고 경축과 제전의 장소로 이용된다 했다.

다음 돌아본 곳이 구 시가중심인 대성당과 구 시청사(Römon)인데, 마인강 근처의 뢰머광장에는 도시의 상징인 옛 시청사가 있었는데 대전 시 완전 파손되었지만 전면 일부와 내부 황제의 방(Kaisersaal)은 복원되어 15세기 건축의 모습이 남아있는 52명 황제들의 초상화가 매우 인상적이었다. 이 청사 현관에는 환영 아취가 설치되어 있었는데, 유명한 환영객 방문 시 이곳 아취의 단 위에 올라 관중을 맞이한다 했다. 유명인사로 이 환영대에 올랐던 한국인으로는 차범근 선수가 유일하다 했다. 특히 이 지방은 기호운동으로서 축구를 높이 평가하나 그 기능이 떨어져 한 번도 우승한 적이 없었는데, 차범근 선수로 인해 획기적으로 우승을 하게 되어 유명인사로 각광을 받게 되었고 경기가 끝나자 시의 유관기관장들과 함께 이 환영단에 올라 시민의 열렬한 환호를 받았다는 이야기에 가슴이 뿌듯했다. 그 후 이곳에서는 한국인의 위상이 높아졌고 한국인을 대하는 예우도 달라졌다는 말에 한 사람의 특기가 나라를 빛내고 있다는 자긍심에 어깨가 으쓱 올라갔다.

또 이곳 구 시청사에서 동쪽으로 걸어가면 대성당이 솟아 있었는데 95m의 높은 탑이 하늘을 찌를 듯 위풍당당하게 서있는 이 대성당은 1562~1792년에 걸쳐 황제들의 대관식이 거행되었던 곳으로 카이저돔(Kaiseraal Dom)이라 불린다 했다. 852년 카롤린(Carolingan)왕조시대에 처음 만들어진 후 몇 차례의 증축을 거쳐 오늘의 모습이 되었다는데, 975년 건축을 시작해 1239년에 완성했으나 계속되는 화재와 전쟁으로 재건과 복구를 거듭한 후 현재의 모습이 되었다 했다. 또 이곳은 14세기에 돔의 상단부와 성당의 중랑을, 15세기 초에 천장부 및 지붕부를 완성했는데 검고 중후한 지붕이 매우 인상적이었다. 이 탑은 19세기 때 네오로마네스크(Neo Romenesque)양식으로 지어졌고, 장식이 많은 서탑(庶塔)은 1767년 낙뢰로 불타버린 후 바로크양식으로 재건되었다고 했다. 서탑 안 보물창고(Domschatz)에는 추기경과 사제들이 입었던 호화로운 가운(Gown) 등이 있으며 332계단을 통해 이 탑에 오를 수 있다고 했다. 이 탑도 1415년에 건축되어 1877년에 완성되었다 하며 332계단을 통해 이 탑 위에 오르면 프랑크푸르트의 전경을 한눈에 바라볼 수 있다 했으나 시간에 쫓겨 멀리서 바라보는 것에 그치고 말았다.

다음은 '젊은 베르테르의 슬픔(Die Leidendes Jungen Werthers)'과 '철수의 괴츠(Gátz von Berlichingen Miteisemer Hand)' '질풍노도시대(Sturm Und Rang)'로 세계에 명성을 떨친 괴테의 생가를 돌아보았다. 1749년 8월28일 대문호 괴테가 태어나 청년기까지 지낸 곳으로, 적갈색 벽돌의 5층짜리 고딕양식 건물이었는데, 2차대전 때 완전히 파손되었지만 지금은 서제와 거실 식당 등 괴테가 살던 당시의 모습 그대로 완벽하게 복원했다고 한다. 1층은 식당과 부엌, 2층에는 외조부모의 초상화와 피아노가 있었고, 3층에는 큰 시계가 눈앞을 가리어 왔으며, 4층 시인의 방에는 당시의 유물들이 주인을 잃은 채 쓸쓸히 널려있었다. 이곳 서재에서 괴테는 '젊은 베르테르의 슬픔'을 썼고 '파우스트(Faust)'의 집필을 시작했다고 한다. 5층에는 벽을 뚫어 창을 내 그곳을 통해 괴테의 아버지가 아들의 통학을 지켜봤다는 창이 있었다. 독일의 최대 시인이며 작가요 과학자, 정치가로 고전파를 대표했던 그의 만능적인 재질의 원천이 이러한 아버지의 교육열에 있었음을 실감케 했다.

마지막으로 프랑크푸르트를 떠나면서 “나는 유익한 오류보다 유해한 진리를 더 좋아한다.”는 괴테의 명언이 지난 학창시절을 되돌아보게 했다.

古都의 學風과 浪漫이 넘치는 하이델베르크

하이델베르크(Haidelberg)는 넥칼(Neckar)강과 라인(Rhein)강이 합류하는 독일의 남서쪽에 위치한 인구13만의 고풍스러운 도시다. 1142년 쇠나우(Shönau)수도원을 세우면서 보름스(Vorms) 성곽을 발판으로 조그마한 촌락이 하이델베르크로 발전하게 되었으나 하이델베르크란 말이 본격화되기는 1196년 쇠나우수도원 문서에 하이델베르크로 서명하게 되면서부터였다고 한다. 그 후 1386년 제국의 7대 선제후 중 하나였던 궁중백 루프레히트(Ruprecht)1세가 하이델베르크대학을 설립하면서부터 젊음의 대학가 도시로 모습을 바꾸어갔다 한다.

또 하이델베르크는 2차 세계대전 중에도 극심했던 폭격을 면할 수 있어 아름다운 고성과 사적들이 고스란히 보존되어 이곳을 찾는 관광객에게 낭만적인 독일의 숨결과 청춘의 아름다움을 느낄 수 있게한다 했다. 특히 13만 인구 중 2만7천 명 이상이 대학생이라는 말에서도 이곳 하이델베르크의 뜨거운 청춘의 정열을 감지할 수 있었다. 밤이면 학사주점의 강한 열기가 어둠에 가려진 하이델베르크의 하늘과 매력적인 숲과 조화를 이룬다고 했다. 더욱이 하이델베르크대 출신인 낭만파 시인 아이헨도르프(Eichendorff)의 300m나 되는 동상은 주변경관을 한층 더 돋보이게 했고, 유유히 흐르는 넥칼강에 걸쳐진 카를테오도어 다리(Karl Theodor Bücke)의 아름다움과 황혼에 비치는 고성의 녹색언덕, 그리고 적광일모의 낙일절경은 한 폭의 그림을 연상케 했다.

이렇듯 전통과 중후함이 곳곳에 배어 있는 하이델베르크는 르네상스(Renaissance)의 바로크(Baroque)양식이 차례로 뒤섞여 아름다운 모습을 조화롭게 만들어내는, 독일 최고의 명소로 각광을 받고 있는 관광지임에 틀림이 없었다.

성안에는 1751년에 만들어진 높이7.5m 폭8m 규모의 22만 리터들이의 세계최대의 술통(Grossen Fass)이 있어 보는 이의 탄성을 자아내게 했고, 130개의 참나무 등걸이가 사용된 것으로 하루에 15리터의 술을 마셨다는 카알테어프르(Collter Pel)는 이 술통에 펌프를 설치해 놓고 술 생각이 날 때마다 술을 퍼올렸다는 엽기적인 일화까지 들려주었다. 또 이 술을 퍼올리는 전담자로 페르케오(Percao)라는 난쟁이가 있었는데 이 역시 술을 즐겨 남몰래 훔쳐 마시다가 중독이 되어 38세에 사망했다는 웃지못할 이야기까지 들려주었다.

호주기화(好酒其禍)란 이런 것을 두고 한 말인가 싶은 여운을 안은 채 철학자의 길(Philosophenweg)을 제창한 칼 아구스트(Karl August)의 균형 잡힌 동상을 둘러보며 횔더린(Hölderlin)과 괴테(Goethe), 헤겔(Hegel), 헤세(Hesse), 베버(Weber)와 야스퍼스(Jaspers) 등 기라성 같은 희세의 문호들이 즐겨 찾던 거리를 돌아보았다. 1368년 교황 우르바누스(Urbanus)6세의 인가를 받아 독일 최고의 대학으로 군림해온 이 하이델베르크대학은 설립 후 지금까지 세계적인 명성을 얻고 있으나 아이러니(Irony)하게도 설립자 팔츠선제후(Pfalz Kurfrst)는 문맹자였다는 말에 모두 의아해했다. 17세기 초반에는 문화와 종교혁명의 중심지 역할을 했으며 세계 각지에서 모여든 학생들로 인해 높은 학문적 수준을 자랑하지만 와인(Wine)과 사랑과 노래를 즐기는 자유로운 분위기가 넘쳐흐르는 곳으로 이름나 있다고 한다.

무기고를 개조한 하이델베르크대학의 학생식당(Mensa)은 음식 값이 싸고 맛있기로 유명하다는데 가보지는 못한 채, 제우스(Zeus)신의 의상을 현창(顯彰)한 신의 건물과 오토(Otto)왕의 궁이라 불리는 오벨리스크(Obelisk)건물들을 돌아보고 독일제국의 건설자이며 철혈재상으로 이름높은 비스마르크(Bismarck)동상을 돌아보았다. 굳게 다문 입과 굳세어 보이는 그의 모습을 보니, 1862년 소용돌이치는 독일의 정국을 확립하기 위해 "지금의 큰 문제는 연설과 다수결이 아니라 철(무기)과 피(병사)로 해결된다."는 과감한 연설 내용이 귓전에 생생하다. 과단성 있는 정책으로 혼란한 정국을 수습하고 프로이센과 오스트리아전쟁을 승리로 이끌며 프로이센과 프랑스전쟁에서 대승함으로써 독일의 대통일을 완성한 위업이 부럽기까지 했다. 더구나 2차대전 후 동서로 분단되었던 비운을 딛고 1999년 7월3일 베를린(Berlin) 장벽을 허물고 재통일을 완성한 독일민족의 위훈이 지나치게 들리지 않았다.

뿐만 아니라 60년대를 풍미해간 영화 '황태자의 첫 사랑(The student Prince in Heideloeg)'의 주요무대이기도 했던, 낭만과 사랑이 넘치는 이 도시의 영유는 어떻게 이루어졌던가!

아직도 남북이 갈라진 채 세계 유일의 분단국인 우리 조국의 통일은 언제 어디서 어떻게 이루어지려는지 아득해 보이기만 했다. 뼈아픈 동족상잔인 6·25전쟁의 폐허 위에서 자립의 기틀을 마련했으나, 라인강의 기적을 이룩한 독일의 안정된 번영이 부러움을 앞세워왔다.

愛國英靈들이 잠들어 있는 웨스트민스터寺院

영국의 국회의사당 서쪽 팔리아멘트(Parliament)광장 남쪽에 위치해 있는 중세기교회 웨스트민스터(Westminser Abby)는 영국에서 가장 높고 유명한 고딕건축사원으로 역사에서 빼놓을 수 없는 중요한 부분을 차지하고 있다. 13세기에 착공하여 약 250여 년에 걸쳐 16세기(150년)에 완공된 이 건물은 건축학적으로도 최고 걸작으로 평가받는다 한다. 웨스트민스터의 사진에서 가장 많이 볼 수 있는 곳이 바로 북쪽 입구의 모습인데 실제 이곳을 통해 사원 안으로 들어가는 사람들은 저절로 신에 대한 경외심에 고개가 숙여진다. 일 년 내내 예배가 이어지고 있는 이 사원은 1066년 정복왕 윌리암(William)공이 최초로 대관식을 가진 이후 총 42명의 왕과 여왕이 대관식을 거행한 장소로도 유명하다. 그 외 왕족의 결혼식과 장례식도 이곳에서 봉행된다 했다.

이곳에는 역대 왕과 여왕, 정치가, 작가, 음악가, 기사, 배우, 왕족 등 모두 3천여 명의 영령이 잠들어 있는데, 대표적인 인물은, 처칠(Churchill Winston Leonard Spencer), 에드워드(Edward)1세, 헨리(Henry)3세, 엘리노어(Erinor)왕비, 헨리5세 등이다. 특히 이곳에는 코로네이션 체어(Coronation Chair)라는 역대 왕들의 대관식 의자가 있었으며 이 의자 밑에는 스톤오브스콘(Stone of Scone)이라는 커다란 돌이 있었는데 1297년 에드워드(Edward)1세가 스코틀랜드(Scondttland)에서 약탈해온 것으로 얼마 전 스코틀랜드로 되돌려주었다는 말도 들었다. 또 남쪽 회랑의 시인 코너(Poet's Corner)에는 바이런(Byron Geoge Gordon), 초서(Choucer), 테니슨(Tennycon) 등의 묘와, 헨델(Handel), 뉴턴(Newton)의 기념비가 있었으며 북쪽 회랑에는 필(Peel), 글래드스톤

(Gladstone) 등 19세기의 수상을 포함한 역대 정치가들의 묘가 있었다. 서쪽에 있는 대사원(Minster)이란 의미의 웨스트민스터사원은 8세기경에 처음 세워져 11세기 때 참회왕(Confessor) 에드워드와 13세기 때 헨리(Henry)3세에 의해 개축되었다 한다. 원래 노르만(Norman)양식의 건물이었으나 헨리3세가 고딕양식으로 개축했고, 18세기 중반에 지금의 모습을 갖추게 되었다는 설명도 있었다.

유나이트 킹덤(Unite Kingdom)이라 불리기도 하는 이곳에 봉안된 3천여 유공자의 유족에게는 매년 1인당 1만2천 불의 연금이 지급되며, 국가의 주요행사는 거의 이곳에서 개최한다고 했다.

시선을 돌리니 타워브릿지(Tower Bridge)가 바로 맞은편에서 우뚝한 모습을 드러냈다. 일명 워터루브릿지(Waterloo Bridge)라고도 하는 이 다리는 1894년 완공되어 큰 배가 지나거나 특히 집시모스(Gipsy Monh)라는 배가 지나갈 때는 다리가 갈라지는 장치가 되어 있어, 그 광경을 보기 위해 많은 관광객들이 모여든다 했으나 시간에 쫓겨 보지 못하고 발길을 옮겨야 했다.

말없이 흐르는 템즈(Thames)강은 수도 파리(Paris)를 관류하는 센(Sein)강에 비해 물빛이 탁해 보였다. 17세기, 산업혁명을 거치며 공해로 더럽혀진 템즈강을 정화 복원하는 데 20년이 소요되었다던 말이 떠올랐다.

건너편을 보니 템즈강을 사이에 두고 영국정치의 본산 국회의사당(Houses of Parliament)이 눈에 들어왔다. 많은 사람들이 국회의사당을 배경으로 사진을 찍고 있었는데, 의사당 옥상 높이 솟아있는 탑에 설치된 시계가 이채로웠다. 빅벤(Big Ben)이란 이름의 이 시계는 106m의 높이에 시침 길이만도 2.9m이고 분침의 길이는 자그마치 4.2m나 된다 했다. 그래서 이 분침과 시침을 일정하게 돌리기 위해 태엽을 감는데도 13명의 인력이 필요하며 지금도 이의 작업을 위해 70여 명의 종업원이 종사하고 있다했다. 전자정보시대를 비웃는 듯한 그들의 전통보존의식은,

하루가 다르게 혁파해버리는 우리들을 숙연케 했다. 아무런 불평없이 태엽 감는 일을 천직으로 알고 살아가는 그들의 직업관은 오늘을 살아가는 우리의 젊은이들에게 경종이 될 것 같았다.

시간마다 울리는 이 종의 무게가 13톤이나 된다하니 과연 '이 종의 울림소리는 얼마나 클까'하는 생각을 하며 아쉬운 발걸음을 돌렸다.

掠奪珍品의 保庫 大英博物館

대영박물관(British Museum)의 시작은 왕립학사원장이자 저명한 왕족 담당 의사였던 한스 슬로안(Sir Hans Sloane)이 1753년, 자신의 소장품 8만여 점과 옥스퍼드(Oxford)의 백작 로버트 할리(Robert Harley)의 수집품과 로버트 코튼경(Sir Robert Cotton)의 장서 등을 합쳐 1759년에 설립, 일반에게 공개하면서부터라고 한다. 풍부한 인맥을 통해 수집한 물건 중에는 중국자기에서부터 뒤러(Düer Albrecht)의 소묘집(素描集), 선사시대 석기에 이르기까지 방대했다. 사후 일반 공개를 조건으로 국가에 기증한 이것들은 슬로안의 지적욕구의 결과물이겠으나 이 박물관은 당시 융성했던 영국 계몽주의의 산물로도 지칭되고 있다.

주요 소장품들은 18세기 후반에서 19세기 사이에 들어왔는데, 1768년부터 캡틴 쿡(Captain Cook)의 탐험항해 시까지 유럽인들이 몰랐던 태평양제도(諸島)의 민족자료를 얻게 했고, 1802년에는 유명한 로제타 스톤(Rosetta Ston)을 수장(收藏)한 외에 그리스의 파르테논(Parthenon) 신전(神殿)의 조각들과 앗시리아(Assyria)의 설형(楔形)문자 문서판(文書版) 등 오래된 유물들이 추가되어, 질 높은 대리석 조각 등을 상당수 기증을 받았다. 현재의 그리스 로마부문의 기초를 구축한 박물관 이사 찰스타운리(Charles Towneley)와 1851년부터 40년 동안의 관원생활 중에서 사재를 털어 아시아 및 유럽의 민족학 관련부문을 비약적으로 충실하게 했던 사아와라 스톤(Sawara Stone), 프랭크스(Franks) 등 박물관 관계자의 수집품도 박물관의 발전에 크게 공헌했다는 말을 빼놓지 않았다.

그 후 계속 증가하는 수장품으로 몬타규(Montagu)의 저택이 협소하게 되어, 1823년부터 30년 이상에 걸쳐 건축가 로버트 스모크(Robert Smirke)와 시드니 스모크(Sidney Smirke) 형제에 의해 대규모 증축이 이루어져 신고전주의 양식의 정면 현관, 동관, 북관, 서관 등 각 전시실로 이루어진 현재의 사각형 건물원형이 이 시기에 이루어졌다고 한다. 특히 1857년에 완성된 돔형식의 대 원형 열람실은 세계 각국의 출판물과 희귀본 사진 등 방대한 도서자료를 수집, 망명 중인 칼마르크스(Marx Karl Heinrich)와 소설가 코난도일(Doyle Sir Conan), 일본의 박물관학자 미나미 가다구마 낭(南方熊楠) 등 다수의 저명인에게 연구의 장을 제공한바 있다고 했다.

한편 자연자료로는, 1880년 대영박물관에서 독립한 자연사박물관(Natural History Museum)이 전 세계에서 수집한 4억여 점의 동식물 표본 등을 전시하고 있어 유럽에서 가장 흥미 있는 박물관일 것이라고 소개했다.

또한 대영박물관의 운영과 미술품의 수집 및 복원을 위해 영국의회가 자금을 배분하고 있다 했고, 총괄적 박물관인 동시에 도서관으로 창립되었다는 점에서 세계의 다른 박물관과는 다르다는 말과, 영국에서 간행되는 모든 서적이나 일반간행물까지 모두 의무적으로 대영박물관 도서관에 기증해야하는 만큼 일반인에게 공개되지 않은 보관 자료까지 합하면 세계 최대의 소장고(所藏庫)라 할 만하다고 강조했다. 이렇듯 세계 최대의 인류문화사 자료를 수집해놓은 대영박물관은 인류문화의 보고이자 문명의 유산을 간직하고 있는 세계최초의 공공박물관이라고 자랑하기도 했다. 재미있는 것은 소장전시물은 대부분 외국으로부터 기증받았거나 식민지시대에 약탈한 것이라 입장료를 받지 않는다고 했다.

한스 슬로안경이 사망한 1759년, 그의 수집품은 식물표본이나 서적을 빼고서도 79,575점에 이르렀다하니 개인의 소장물로는 경이적이라 할 수 있다. 이렇듯 대영박물관은 시설규모 역시 상상을 초월했고, 지하1층과 지상1, 2층 등 모두 3층으로 94개의 전시실을 갖췄으며 총연장이 4

㎞에 이른다고 하니 이 안의 전시물을 돌아보기에는 너무도 많은 시간이 걸린다하여 이 박물관에서도 품격 있는 그리스의 예술품들을 위해 별도의 방을 준비했고, 그 예술품들의 특성에 맞도록 내부 장식에도 상당히 신경을 썼다는 8전시실의 유물들을 돌아보기로 했다.

그리스의 예술은 20세기 이전까지 미의 기준으로, 서구예술의 모태인 조각품은 이상적인 인간의 아름다움을 찾아냈고 철저하게 균형과 비례에 충실했던 것이라는 안내자의 설명을 들으며 그리스 '파르테논(Parthenon) 신전'을 바라보았다. 한 줌밖에 되지 않는 부귀영화 때문에 약탈당한 억울함과 원통함이 내 나라의 과거사와 무엇이 달랐을까 하는 비감을 떨칠 수가 없었다. 영국은 침략전쟁 후기에 쇠약해진 합브스부르그(Habsburge)家에 대신하여 반 프랑스동맹의 중심세력이 되어 루이(Louis)14세의 대륙제패를 방해하고 식민지 해상전에서 프랑스를 압박해 식민지 제국 건설에 총력을 다함으로써 '해가 지지 않는 나라'라는 별칭을 얻을 정도로 국력이 번창해갔던 과거가 눈앞을 어지럽게 했다.

영국 역사상 가장 빛나는 치정의 하나로 손꼽히는 역대 중상주의 정책이 결실을 보아 모직물 생산을 중심으로 한 산업의 발달은 번영된 국민문예의 황금시대를 열게되어 셰익스피어(Shakespeare William), 스펜서(Spencer Herbert), 베이컨(Bacon Francis Baron Verulam Viscount) 등의 위인이 나와 근대영국문화 창달에 기여했다는 영국 최전성기를 돌아보게 했으나 대부분의 전시물이 순수한 영국국민들의 창안이나 능력보다는 약탈과 착취의 어두운 그림자가 박물관의 위상을 침울케 했다.

홍보효과를 노려 우리나라의 자료를 옮겨다가 새롭게 단장한 사랑채 내부와 문방사우, 고가구 등을 비치해 옛 선비들의 생활상을 이곳에서 음미할 수 있는 한국전시실이 마련되어 있는 것은 그래도 다행스러웠다.

英國王政의 本山인 버킹엄宮殿

트라팔가광장(Trafalga Square) 서남쪽의 버킹엄 궁전(Buckingham Palace)은 영국 입헌군주정치의 중심이며 화려한 왕정비사가 담겨있는 곳으로 영국여왕의 런던(London) 공식 거주지이다. 1702년 버킹엄 공작의 런던사택으로 지었으나 1762년 조지(George)3세가 매입하여 왕족들이 거주하는 저택 중 하나로 지정했다 한다. 그 후 조지4세가 존내쉬(John Nash)를 고용해 구 저택 주위로 새로운 건물을 짓도록 명령하여, 대리석으로 장식한 아취(Arch)를 부설하여 오늘의 인상적인 모습으로 완성되었다 한다. 그 후 이 대리석 아취는 하이드파크(Hyde Park)로 옮겨졌고 이곳은 1837년 빅토리아(Victoria Alexandrina)여왕에 의해 처음으로 왕족의 런던거주지로 지명되었다고 한다.

버킹엄을 소개하는 이야기 가운데 빅토리아여왕의 애화가 많은 사람들의 감화를 불러일으켰다. 1837년 큰아버지 윌리엄(William)4세의 뒤를 이어 왕위에 오른 여왕은 당시 27세로 오만한 자존심이 강했던 여왕으로 이름이 높았다. 그러나 그의 결혼 상대자인 독일태생의 앨버트(Albert Prince)에게 압도되어 급기야는 한사람의 여인으로 의중을 굽혔다는 말이 무척 흥미로웠다. 용모가 출중하고 학식과 덕망을 겸비한 결혼상대자인 앨버트가 장차 배우자가 될 여왕을 찾아가 호텔방에서 여왕을 기다리고 있었다. 여왕은 결혼상대자가 궁금하여 호텔을 찾아갔다. 자존심이 하늘을 찌를 듯이 강하고 타인의 인격엔 아랑곳 하지 않는 여왕의 오만은 반드시 앨버트가 호텔입구까지 나와 정중히 맞이할 것으로 예상했으나 결과는 뜻밖이었다. 여왕은 방문을 굳게 닫고 꼼짝도 하지 않는 앨버트가 괘씸했다. 호위한 시종무관이 방문을 노크(Knock)한 후

"여기 대영제국의 여왕폐하께서 왕림하셨습니다."라고 큰소리로 말했다. 그러나 아무 반응이 없었고 무거운 침묵만 흘러갔다. 여왕의 불쾌감이 점고되어갔고 주변 정황은 기장으로 고조되어 갔다. 기다리다 못한 시종무관이 또 한 번 여왕의 방문을 고창했으나 역시 방문은 열리지 않았다. 여왕의 내임을 무시한 처사로 여기며 발길을 돌리려는 여왕을 잡고 시종무관은 다시 소리쳤다.

"여기 대영제국의 여왕폐하께서 왕림하셨습니다. 나오셔서 정중히 맞이하십시오." 그래도 방문은 열리지 않고 부질없는 메아리만 주변을 스쳐간다. 다시 노크하려는 찰나 조용히 방문이 열리며 출중한 외모에 화려한 정장을 한 사나이가 얼굴을 내민 채 "나는 한사람의 아내 될 사람을 만나러 왔으나 여왕폐하를 찾아오지는 않았습니다." 하고는 문을 닫아버렸다. 극도로 흥분한 여왕은 찬바람을 일으키며 돌아섰다. "내 결코 그냥 있지 않으리라! 왕을 능멸한 죄로 당사자는 물론 그의 나라에까지 타격을 주고 말 것이다."

그러나 왕궁으로 돌아온 여왕은 분한 마음에 앞서 문틈으로 비쳐진 앨버트의 모습이 자꾸 떠올랐다. 이를 악물고 '결코 찾아가지 않으리라. 그 무례한 자를 다시는 보지 않으리라' 다짐해도 앨버트의 모습은 점점 가까이에서 어른거렸다. 격분과 그리움의 반복 속에 하룻밤이 지났다. 여왕은 시종무관을 불러 다시 언명했다.

"내 오늘 그 오만무례한 자를 그냥 두지 않으리라. 앞장서라!"

이렇게 하여 앨버트를 다시 찾아 갔으나 역시 앨버트는 방문을 열지 않았다. 두 번 세 번의 노크와 시종무관의 고언(告言)속에 방문이 열렸다. 역시 앨버트의 출중한 매력은 여왕의 마음을 사로잡았을 뿐 지난날의 흥분과 불쾌감은 간 곳이 없어졌다.

"나는 한사람의 아내 될 사람을 만나러 왔지 여왕을 찾아오지 않았습니다. 그럼 이만!" 청아한 목소리와 중후한 태도에 여왕은 완전히 매료되었다. 그러나 한편으로 불타오르는 오기는 버릴 수 없어 "돌아가자!"

짤막한 한마디를 남기고 궁중으로 돌아온 여왕은 분풀이를 어떻게 할 것인가 부심하면서도 앨버트의 얼굴을 지울 수가 없었다. 이미 왕실의 승인 하에 혼사가 결정된 일이라면 머뭇거릴 필요는 없었다. 그리운 사람을 만나는 일이 결코 허물이 될 수 없는데 단순한 자존심과 오기가 여왕을 괴롭혔고 시간만 낭비하게 만들었다.

또 지루한 하루를 보내고 여왕은 혼자 호텔을 찾아갔다. 아무 말 없이 노크를 하자 방문이 조용히 열리면서 앨버트의 황홀한 모습이 여왕의 눈에 들어왔다. 순간 여왕도 알 수 없이 앨버트의 품안으로 달려들었다. 누가 먼저랄 것 없이 두 사람의 포옹은 오래도록 계속되었다. "나는 당신을 사랑하오!" "나도 당신을 남편으로 맞이할 것이오!"

이렇게 맺어진 두 사람의 결합은 대영제국의 앞날을 밝게 했다. 1840년 결혼한 빅토리아여왕은 평소의 강렬하고도 소박한 마음과 정직한 성격으로, 풍부한 경험과 유능한 자질을 겸비한 앨버트공의 자문을 받아가며 내각에서 올라온 보고서를 한 자 한 구절까지도 주도면밀하게 정독하면서 정사를 검토해 나갔을 뿐 아니라 현안사였던 선거법 개정과 아프카니스탄(Afghanistan)과 중국과의 전쟁, 아일랜드(Ireland)문제와 초등교육법의 제정, 크림전쟁(Crimean War), 남아프리카전쟁(South Africa War) 등의 다사다난했던 국내외의 중대 문제를 슬기롭고 과단성 있게 해결해나갔다. 마침내 여왕은 대영제국의 번영을 실현시켰고 국민들의 추앙을 받았다는 안내자의 이야기에 깊은 경의가 모아졌다.

이러한 버킹엄궁전은 엘리자베스(Elizabeth)여왕의 여름휴가기간인 8월초부터 2개월 동안에는 특별히 일반에게 개방된다 했다. 오전11시경부터 시작되는 왕실 근위병 교대식이 유명하다 했으나 일정에 쫓겨 관람치 못하고 서둘러 다음 지역으로 발길을 옮겨야 했다.

돌아보니 궁전옥상에서 황실기가 불어오는 서풍에 펄럭이며 지난해 우리의 안동 하회마을을 방문했던 엘리자베스 여왕의 재궁을 알리고 있었다.

넬슨(Nelson) 忠魂의 象徵庭 트라팔가廣場

영국의 수도 런던(London)의 중심부에 자리 잡고 있는 트라팔가광장(Trafalgar Square)은 영국과 프랑스의 트라팔가해전에서 승리한 영국의 영웅 넬슨(Haratio Nelson)제독의 죽음을 기리기 위해 건설된 곳으로 이름이 높다. 런던에서도 가장 아름다운 풍경을 자랑하는 이곳 주변에는 영국을 대표하는 많은 관광명소가 있다. 1820년 트라팔가광장을 처음 기획한 사람은 존네쉬(John Nash)인데, 1829년에 시공해 1841년에 완성되었으나 유감스럽게도 이 광장모습을 보지 못하고 눈을 감았다고 전한다. 광장 북쪽에는 국립미술관(National Gallery)이, 동쪽에는 남아프리카관(South Africa House)이 있었다. 이 광장에서 가장 먼저 눈에 들어오는 것은 1842년에 세워진 51여m의 높은 기둥 꼭대기에 세워진 넬슨 제독의 동상이었다. 실물 3배 크기인 5.6m의 넬슨 제독의 동상과 이 주변을 둘러싸고 있는 영국의 국가동물인 사자상과 분수 등이 아름다운 조화를 이루어 영국다운 분위기를 한껏 느낄 수가 있었다. 여기 시설된 사자상은 트라팔가해전에서의 큰 승리를 기념하는 뜻으로 그때 노획한 프랑스의 대포를 녹여서 만든 것으로 4면의 철판부조(鐵板浮彫)에는 트라팔가해전과 나일(Nile)강해전, 덴마크(Denmark)와 러시아(Russia), 스페인 연합함대(Spain Combined Fleet)와의 전투기록이 담겨져 있어 보는 이의 감회를 깊게 했다. 특히 트라팔가 해전에서의 활약 가운데 넬슨 제독의 유명했던 독전령은 아직까지도 유명한 교훈으로 전해오고 있다.

"영국은 부여된 각자의 충실한 임무를 기대한다(England Expect everyone to do his duty)."라고 포효하는 이 한 마디에 영국군의 사기가 충천하기 시작했고 위기에 직면했던 전운을 만회하게 되어 영국 해전사상 빛나는 승리를 거두게 되었다는 말은 아직도 그 빛을 잃지 않고 있었다. 뿐만 아니라 넬슨이 참전한 전투는 언제나 애국념에 일관되어 있었고 자신의 몸은 항상 초개와 같이 생각했다. 1780년의 미국독립전쟁 때 그러했고, 1793년 프랑스혁명전쟁 시 지중해전과 1794년 코르시카(Corsica)점령 시에는 오른쪽 눈마저 잃었다는 희생적인 전공담(戰功談)도 들려주었다. 그 외에도 1797년의 세인트빈센트(Saint Vincent)해전에서 에스파냐(España) 함대의 격파에 혁혁한 공을 세웠으나 카나리아제도(Canarias Islands)의 테네리페(Tenerife) 공격 시에는 오른팔도 잃었다는 장렬한 전력과 1798년 프랑스군의 이집트(Egypt)상륙을 저지하기 위한 나일강 입구의 아부키르(Abukir)만 격멸전 등으로 넬슨 남작(男爵)이라는 칭호까지 받게 되고 동년 코펜하겐(Copenhagen)공격에 성공한 넬슨은 1801년 자작(子爵)의 작위에까지 이르게 되었다.

1803년 프랑스와의 전쟁이 일어나자 지중해함대 사령관이 되어 2년간 프랑스함대를 툴롱(Toulon)에 봉쇄하여 나폴레옹(Napoleon)의 영국본토 상륙작전을 저지하고 탈출한 빌뇌브(Villeneuve)의 프랑스함대를 1805년 서인도제도에서 카디스(Cadiz)로 쫓고 트라팔가에서 프랑스와 에스파냐 연합함대를 격멸함으로써 영국의 해상권을 부동의 것으로 확보하는 데 크게 기여했다. 그러나 자신은 빅토리아호에서 전사하여 런던의 세인트(Saint)교회에 안장된 만고불멸의 전공자로 기리 빛나고 있었다.

이렇듯 애국념에 불탔던 한 사람의 찬연한 업적은 세계인의 숭상과 경모(敬慕)를 받고 있는데, 그보다 200년이나 앞선 우리 이순신 장군의 업적은 너무도 아쉽게 느껴졌다. 조국의 파국을 전신으로 막아낸 그 전공이, 확립되지 않았던 국운에 밀려 빛을 잃었던 한때가 뼈아프게 회상되었다.

한가하게 광장을 산책하는 영국민은 물론 세계 각국의 관광객이라면 빠짐없이 둘러본다는 이 트라팔가광장에서 여전히 힘찬 햇살을 받으며 의젓하게 서있는 넬슨 동상이 자랑스러워 보였다.

議會政治의 先發地 英國

영국은 유럽대륙의 서북부에 위치한 섬나라로 그레이트 브리튼(Great Britain)섬의 동남부와 잉글랜드(England) 북부의 스코틀랜드(Scotland), 서부의 웨일스(Wales), 북아일랜드(Ireland)로 이루어진 입헌군주제의 연합국이다. 그레이트 브리튼섬의 서북부는 완만한 산지와 고지로 이루어졌고 동남부는 저지대이며, 북아일랜드는 대지로 이루어져 호수가 많다. 또 북위50~60도에 위치하지만 북대서양 해류와 편서풍의 영향으로 겨울에도 따뜻하고 비가 연중 고르게 내리는 서안 해양성기후지대를 이루고 있다. 원주민은 켈트(Calts)족으로 고대에는 로마가 지배했으나 5세기경부터 대륙의 앵글로색슨(Anglosaxons)족들이 침입하여 7개 왕국을 건설하고 켈트족들을 웨일스와 스코틀랜드로 밀어내었고 8세기에는 잉글랜드왕국을 건설했다.

1154년 노르만(Normane)왕조의 왕통이 끊어지자 프랑스의 노르만공 앙주(Anjou)백이 왕위를 계승, 헨리(Henry)2세가 되어 프란타지네트(Plantagenet)왕조를 열고, 순회재판소를 강화해 왕의 사법권을 전국에 보급시키고 교회에 부과했던 군역면제세(軍役免除稅)를 기사봉(騎士封)까지 넓히는 동시에 금납화(金納化)로 전환한 자금으로 용병을 채용해 국왕의 무력을 강화해나갔다. 또 뒤를 이은 리차아드(Richard)는 프랑스에 있는 영토 지배권을 왕 필립(Philippe)2세에게 빼앗기고 법왕 인노센트(Innocentius)3세와 싸워 파문을 당하는 등 실정이 많아지자 제후들이 단결하여 61개조의 특허장(特許狀)을 국왕에게 제출해 조인케 했다. 이렇게하여 생긴것이 유명한 대헌장(Magna Charta)이다. 이는 과세재판(課稅裁判) 등 세속적 봉건귀족의 권리를 옹호하고 왕정을 제한한 것인데 그 대상은 제후, 기사, 교회, 시민이고 농민을 포함한 전 국민은 아니었다.

그러나 이 대헌장은 인민의 권리와 자유를 보장하는 것으로 해석되어, 이상화된 영국헌법의 성서가 되었고, 존(John)왕과 그 다음 왕인 헨리(Henry)3세는 이 대헌장을 무시하다가 귀족들의 강력한 반항에 부딪쳤다. 시몬 드 몽풀(Simon de Montfort)은 헨리3세의 매부였지만 봉건귀족들의 반항을 지도해 왕으로 하여금 대헌장을 지킬 것을 서약케 했다. 이때 몽풀은 각 주와 자유도시로부터 각2명씩의 대표를 소집, 협의해 영국의회가 창설되었다 한다. 그 뒤 에드워드(Edward)1세가 1295년 대외문제의 위기에 부딪쳐 소집한 의회는 더욱 범위를 넓혀 제후, 승려, 주(州) 및 도시의 대표자를 늘리고, 그 후 주 및 도시의 대표자선출이 상례가 되어 모범의회(Model Parliament)라 불렸고, 1376년에 다시 의회는 이해를 달리하는 두 개의 의회체제로 갈라져 귀족, 고급승려의 상원과 지주, 신흥시민의 하원으로 나뉘어졌다고 한다.

한편 1284년에는 웨일스, 1707년에는 스코틀랜드, 1801년에는 아일랜드를 합병하여 연합왕국을 이루었고 16세기에는 스페인(Spain)의 무적함대 격파로 세계의 해상권을 잡으면서 17세기부터는 아시아(Asia), 아프리카(Africa) 등 신대륙에 걸친 식민지 개발로 해가 지지 않는 대영제국을 건설하였다.

또한 산업혁명의 발상지로 세계에서 가장 먼저 근대공업이 발달한 나라이다. 전 세계에 분포한 식민지로부터 도입된 원료를 바탕으로 기계, 자동차, 항공기, 조선, 화학 등의 공업이 크게 발달했으나 2차세계대전 후 식민지의 독립과 미국, 유럽, 일본 등지의 공업발달로 상대적인 사양화가 나타났다. 그러나 1980년에 시작된 북해의 유전개발로 새로운 활력을 얻었으며 최근에는 첨단산업분야와 금융서비스업이 크게 발달하고 있기도 하다. 또한 국토의 70%이상을 농목업이 차지한 과학화된 혼합농업과 낙농업이 발달하였고, 대도시 주변은 원예농업이 크게 발달하고 있는 나라이기도 하다.

또한 영국은 우리나라처럼 4계절이나, 장마철 등 뚜렷한 기후의 구별이 없고 그날그날의 일기(Weath)가 있을 뿐이다. 지내봐야 알 수 있을 정도로 하루 동안에도 기온변화가 우심(尤甚)하다. 그래서 날씨를 물어보면 “예측하기 어렵다(Unpredictable).”는 대답이 상례화(常例化)되어 있다고 한다.

4부
북유럽지역

1) 2004.8.29 모스코바 쿠투조프장군 동상 앞 2) 2004.8.23 노르웨이 피오르드 구드반겐 키요스 폭포에서

3) 2004.8.27 러시아 상트페테르부르크 민속박물관 앞 4) 2004.8.30 모스코바 국립역사박물관 앞

5) 2004.8.23 노르웨이 국내에서 제일 오래된 우르네스 목조건물교회 앞

6) 2004.8.29 상트페테르부르크의 페트로드브레츠 궁 분수대 앞 7) 2004.8.21 덴마크 코펜하겐 시청 앞 8) 2004.8.22 노르웨이 비겔란 조각공원 분수대 앞

9) 2004.8.29 러시아 상트페테르부르크 페트로드브레츠 궁전 10) 2004.8.29 러시아 상트페테르부르크 네버강의 삼위일체교 11) 2004.8.29 러시아 상트페테르부르크의 순양함 오로라호 옆

12) 2004.8.29 모스크바 강둑에서 13) 2004.8.29 상트페테르부르크의 네버강 뚝에서 14) 2004.8.29 러시아 상트페테르부르크 표트로대제의 여름궁전의 분수대

15) 2004.8.29 모스코바 바실리사원 앞 16) 2004.8.23 노르웨이 부릭스달블스테 빙하에서

17) 2004.8.26 핀란드 헬싱키 원로원 광장 18) 2004.8.24 노르웨이 트련데라크 호수에서 19) 2004.8.22 노르웨이 오슬로 비겔란 조각공원에서

産業디자인의 農業先進國 덴마크

덴마크(Kingdom of Denmark)는 독일 북부와 스칸디나비아(Scandinavia)반도 남부사이에 위치해 있으며, 유틀란트(Jutland)반도와 발트(Baltic)해의 퓐(Fyn)과 셸(Sjæland), 롤란(Lolland) 등 500여 개의 섬으로 이루어져있다. 또한 북극권의 군사 및 항공 기상관측의 요지인 그린란드(Greenland)를 영유하고 있고, 전 국토가 빙하시대의 퇴적물로 덮여 평탄한 지형을 이루고 있으며 해안선이 복잡하여 사구(砂丘)와 석호(潟湖)가 발달, 전국이 따뜻한 서양 해양성기후를 이루고 있어 특히 겨울에는 구름 낀 날이 많다고 한다.

1377년 칼마르(Kalmar)의 연합조약에 의하여 3왕국을 병합 지배한바 있으나 1523년 스웨덴(Sweden)은 분리되고 노르웨이(Norway)와 함께 바이킹(Viking)의 나라로 북유럽과 더불어 발트해안 전체를 지배했던 큰 나라였으나 16세기부터 국력이 약화되면서 스웨덴이 분리되고 노르웨이마저 양도하기에 이르렀을 뿐 아니라 1884년 프로이센(Preussen)과의 전쟁에 패하면서 북으로는 스칸디나비아와 남으로는 북부슐레비히(Schleswig Holstein)와 홀슈타인(Holstein)까지 독일에게 탈취 당하고 실의낙담한 그들은 국내로 눈을 돌려 사회복지국가로 출발, 1973년에 북대서양조약기구(NATO)에 가입하여 현재는 유럽연합회 회원국이다.

세계적인 낙농왕국인 덴마크는 경지면적이 국토의 60%를 상회하며, 발달된 협동조합조직과 농민들의 높은 교육수준을 바탕으로 하고 있어 낙농제품이 세계적인 수출상품으로 각광받고 있다. 최근에는 중화학공업의 발전에 따라 기계, 조선, 가구 등의 수출도 많아져 발트해와 북해의 요지에 자리 잡은 코펜하겐(Copenhagen)을 중심으로 중개무역과 항공교통의 요지로 경제에 큰 활력소가 되고 있다 했다.

인구533만에 43,000㎢의 좁은 영토이나 1인당 국민소득은 3만9천 불을 상회하고 60%이상의 가경지(可耕地)는 휴경(休耕) 없이 깨끗하게 정지된 나라였다. 제일 높은 곳이 해발 715m밖에 되지 않는 이 옥토가 160년 전 만해도 황무지였다는 말은 귀담아 들을 필요가 있었다. 옥불탁(玉不琢)이면 불성기(不成器)라 했으니 아무리 좋은 옥토라 해도 국민의 노력이 없었다면 오늘의 덴마크는 이룩할 수 없었을 것이다. 덴마크의 구국부흥에 앞장섰던 개척자 그룬트비히(Grundt Vig)의 애국정신과 그의 제자 달가스(Dalgas)의 선구적인 활동이 주효하여 "밖에서 잃은 것을 안에서 찾자."라는 절규에 덴마크국민들이 한 데 뭉쳤고, 이때 태동한 4H운동은 세계로 퍼져나갔다.

인구 80만 명의 소도시 코펜하겐을 수도로 한 덴마크는 굴뚝 없는 산업을 장려하여 쾌적한 환경조성에 힘쓰는데 이의 실천을 위해 전 시민의 자전거 타기를 권장, 국회의원, 고위공직자에 이르기까지 모두 자전거로 출퇴근을 한다고 했다. 또한 차량증가를 막기 위한 시책으로 무거운 세금을 물리고 있어 차 구입이 매우 어렵다. 한국산 차 한 대 값이 무려 3,800만 원을 호가한다니 어찌 차 구입이 쉽겠는가!

더 놀라운 것은 1910년 풍력발전을 개발하여 수요전력을 충당했고 쓰레기 소각장을 세계에서 최초로 개발한 사례도 자랑스럽게 소개했다. 그 전의 매립장은 시민의 운동장으로 조성하여 공공시설로 활용하고 있다고 했다.

1470년 조성된 티볼리(Tivoli)공원이 최초의 유료공원으로 지정된 내력을 들으면서, 포플러(Poplar)가 잘 어우러진 로렌보그(Rosenbog)공원을 둘러보았다. 자연스러운 환경에서 편리하게 이용할 수 있도록 시설해 놓아 이용자들에게도 부담이 가지 않을 것 같았다.

덴마크는 현재 여왕 마가렛2세(MargréteⅡ)를 중심으로 한 입헌군주국으로, 종교는 말틴 루터(Martin Luther)의 신교를 신봉하는 국민이

90%를 넘는다고 한다.

여왕 마가렛2세는 프랑스인과 결혼했고, 황태자는 50세가 넘어서 호주여인과 결혼하자 덴마크 국민들이 여왕을 가리켜 '사람 수입 왕'이라 칭한다 하여 모두 한바탕 웃기도 했다.

덴마크는 170여 년의 민주주의 역사를 가진 나라이지만 스칸디나비아 반도에서 가장 의회민주주의가 앞선 나라로 지목되고 있다했다. 그 예로서 여성국회의원만 하더라도 60%를 넘고, 사회보장제가 잘 확립되어 있으며, 국민의 담세율 또한 45%를 넘는다. 65세 이상의 국민이면 누구나 격차 없이 연금을 받을 수 있는 복지의 나라이고 산업디자인(Industry Design)국가로서 세계에서도 각광을 받고 있는 공해 없는 나라로 발전하고 있음은 우리가 본받아야할 현안이기도 했다.

1640년에 최초 백화점(Shopping Center)으로 건립한 르네상스(Renaissance)식 건물이 지금은 증권회사 건물로 사용되고 있었다.

코펜하겐에는 5층 이하의 건물이 즐비했는데, 원인은 1600년 이전 전력이 없어 아예 엘리베이터(Elevator)가 시설되지 않아서였다고 한다. 그렇지만 지금도 불평 없이 소중히 이용 관리하고 있는 덴마크 국민이 존경스러웠다.

티볼리공원과 인어의 상(Den Lille Havfrue)으로 널리 알려진 코펜하겐은 위대한 두 인물을 자랑하고 있었는데 바로 근대 동화의 아버지로 불리는 안데르센(Andersen Hans Christian)과 실존철학의 시조라 할 수 있는 키에르케고르(Kierkegoard Sören Aabye)다. 두 인물은 같은 시대에 같은 코펜하겐에서 살았으나 동화와 철학이라는 이질적인 분야에서 활동해서 그런지 이 두 사람의 사실에 대하여 뜻밖에도 아는 사람이 거의 없다는 것이 이상했다.

1805년 가난한 구둣방 집 아들로 태어난 안데르센은 소설 '즉흥시인(An improvised Poen)'과 동화 '성냥 파는 소녀(Agirl of Sell Match box)', '미운 오리새끼(The ugly duckling)' 등으로 명성을 떨쳤는가 하면 키에르케고르 역시 공포와 전율(Frygtog Baeben), 불안의 개념(Begrebet Angest) 등 역작을 남겼다. 그러나 코펜하겐은 그들을 우대하지 않았다. 일생동안 무위의 방랑으로 지새웠던 그들의 애화가 잠들어 있는 도시였으나 오늘날 훌륭한 사회복지의 혜택으로 윤택해진 코펜하겐에는 성냥 파는 소녀는 찾아 볼 수가 없고 일생동안 조국을 사랑했던 안데르센의 동상만이 시청광장에 외로이 서 있었다.

멀리 아말리엔보어(Amarienbog)의 창안에 의해 건립된 아말리엔보어 궁전(Amariaenbog Slot)을 바라보며 에드바르드 에릭센(Edvard Eriksen)에 의해 만들어졌고 안데르센의 작품으로도 유명했던 인어동상(Den Lille Havfrue)을 돌아본 후 1580년 해군막사로 사용했던 건물을 돌아보았다. 코펜하겐에는 티볼리공원처럼 조성된 공원이 38개소나 된다고 했다.

그런데 덴마크에 입양된 한국인이 9,000명이나 된다는 말에 가슴이 아려왔다. 현재 덴마크는 '이민은 받아들이지 않으나 난민은 받아들인다'는 말에 그들의 깊은 인도주의적 시책에 감명을 받았다.

이윽고 안데르센의 동상이 있는 시청광장과 시청사(Rådhus)에 다다랐다. 높이106m의 시계탑이 있는 시청사는 이탈리아 르네상스양식을 혼합한 건물이었는데 내부공간이 매우 넓은 편이었다. 입구현관에는 간소한 전시장이 마련되어 있어 그곳을 돌아보니 한시(漢詩) 한 수가 발걸음을 멈추게 했다.

主人不相識 주인은 나를 알아보지 못하여
偶坐爲林泉 숲과 샘이 좋아서 마주 앉았네
莫漫然沽酒 부질없이 술살 돈 없다고 걱정을 말라
囊巾自盡餘 주머니에 남은 돈이 술살 돈은 된다네

당(唐)초기의 풍류시인 하지장(賀志章)의 제 원씨별업(題 袁氏別業)의 시를 대하니 그 옛날 당송팔대가의 한 사람인 두보(杜甫)가 음중팔선가(飮中八僊歌)에서 '이백일두(李白一斗) 시백편(詩百篇)'이란 표현으로 이백의 낭만을 기리던 것이 생각났다. 우인회숙(友人會宿)에서 밝힌데로 '醉來臥空山(술에 취해 빈 산에 와서 누우니) 天地卽衾枕(하늘과 땅이 곧 이불이요 베게로다)'라는 광대한 이백의 이 낭만을 누가 따라가랴. 동서의 문화가 같지 않을 터인데 이곳에서 만난 소중한 이 한시가 내 머리를 식혀주는 활력소가 되어 주었다.

峽灣과 海洋開拓으로 繁榮해 온 노르웨이

노르웨이(Kingdom of Norway)는 스칸디나비아(Scandinavia)반도 서부에 위치하며 국토의 대부분이 남북으로 이어지는 산지로 되어있다. 해안은 대표적인 협만(Fjord)을 이루고 있어 국토의 3분의 1 이상이 북극권에 속하지만 북대서양 해류와 편서풍의 영향으로 겨울에도 따뜻한 서안(西岸)의 해양성기후로 내륙부는 겨울이 추운 냉대기후의 나라다. 또한 덴마크(Denmark)와 함께 바이킹(Vikihg)활동을 해오다가 15세기에 덴마크의 지배를 받게 되고 1905년에 비로소 왕국으로 독립하여 북대서양조약기구(North Atlantic Traty Organization)의 창설회원국으로 유럽자유무역연합(Europern Free Trade Association)에 가입한 나라이기도 하다.

또한 노르웨이는 유럽최대의 수산업국가이나 농목업은 취약한 편이다. 풍부한 수력전기를 바탕으로 화학, 알루미늄(Aluminium), 펄프(Pulp) 등의 공업이 발달했고 세계적인 상선 보유국으로 해운업이 매우 발달해있는 나라로 이름이 높다. 지금은 1인당 국민소득이 4만8천 불을 상회하고 있으나 예로부터 불경(不耕)의 대지(大地)와 바다밖에 가진 것이라고는 없는 그들이었기에 일찍이 바이킹이 되어 생활과 정신의 지표를 거친 파도와의 결투에서 찾아 낼 수밖에 없었다. 노르웨이인들은 대대로 그들의 나라와 풍부한 천연자원을 최대한으로 잘 관리해 왔고, 자연과의 조화를 이루며 살아야하는 중요성을 일찍부터 터득해 침해받는 자연을 스스로 보호해왔기 때문에 세계 어느 곳도 오늘의 아름다운 노르웨이의 천연자원을 능가할 수 없는, 천혜의 자원을 즐길 수 있는 나라로 부상했다.

뛰어난 자연경관과 협만(峽灣) 그리고 해안과 산지지역의 겨울 스포츠 등이 관광자원으로 꾸준한 경제성장을 해오고 있는데다 1971년 북해의 유전이 개발되고부터 더욱 부강해지기 시작했다. 이와 함께 개발된 유전으로부터 6%의 천연가스와 전체 국민소득 중 수산물 수출액이 연 6%를 점하고 있다하니 바다를 발판으로 한 노르웨이의 경제시책은 그들이 마련한 사회복지제도에서 잘 관찰할 수가 있겠다.

자유경제체재 하의 시장활동과 정부개입이 잘 융합된 형태로, 석유부문과 광범위한 조성산업으로 농업과 어업 그리고 자원이 열악한 분야 등은 정부가 통제한다고 했다. 이중 석유부문은 대규모의 국영기업을 통해 경영된다 했고 노르웨이에는 복지체계가 광범위하게 구축되어 있어서 공적부분의 지출비용이 GDP의 50%이상에 이른다 하니 이 얼마나 부러운 제도인가. 국제무역 의존도가 높은 이 나라는 기본적으로 원료와 준 가공품수출국이고 중소기업체가 많은 주요 해운국 대열에 들어있어 석유와 수력, 어류, 삼림, 광물 등 천연자원이 풍부하여 석유분야의 의존도가 높은 편이나 노르웨이보다 석유를 더 많이 수출하는 나라는 사우디아라비아(Saudi Arabia)밖에 없다는 말을 자랑스럽게 했다. 이러한 발전의 기틀은 말할 것도 없이 노르웨이 신생독립국의 첫 왕인 호콘(Haokon)의 훌륭한 통치력이 마련한 것으로 군소국의 통일을 실현시킨 역사적 확신을 사례로 소개하기도 했다.

현재 노르웨이 영토 안에는 15만 개 이상의 도서(島嶼)가 있다했고 1886년에 건립한 국회의사당(Stortinget)을 돌아본 후 현 하롤(Har old)왕이 있는 왕궁을 먼발치에서 바라보면서 1814년 카를(Carl)왕이 덴마크에서 노르웨이로 이거(移居)한 사실도 비로소 알게 되었다. 이렇듯 노르웨이가 독특한 나라로 떠오를 수 있었던 것은 어느 지방 어느 곳을 가든지 자연 그대로의 모습을 소중히 보존하는 정성스러움에 있고, 그들이 살고 있는 곳이 세상 어느 곳보다 훌륭하다는 애국애향심이 높기 때문이라 생각되었다. 서부노르웨이인들은 '협만의 기묘한 경관이 노르웨이의 가장 아름다운 지형'이라고 주장한다면 '하르당에르(Hardanger)의 꽃피는 과실나무의 아름다움을 그곳에 어찌 비유할 수 있겠는가'라고 주장하는 것은 중부 노르웨이인의 모습이고 북부 노르웨이인들은 '루후튼(Lofoten)의 아름다움과 심야 태양의 경이로움'에 떠들썩한 찬사를 보내고 트런데라(Tronderlag)인들은 '성 올라브(Alav)와 그의 스티클레스타(Stiklestad)전쟁이 없었다면 오늘의 노르웨이가 존재할 수 있었겠는가' 하며 긍지에 찬 주장을 한다니, 이것이 바로 약진하는 노르웨이의 진정한 모습이고 힘이라는 것을 알 수가 있었다.

유럽대륙으로부터 오는 관광객을 가득 실은 흰빛의 돛단배가 바다로 둘러싸인 협만으로 입항하고 천연의 아름다움에 경탄하는 모습과 함께 배를 타고 낚시질하는 것이 이곳 노르웨이인들의 연거생활(燕居生活)이다. 요트(Yacht)와 모터보트(Motor boat)는 싱싱한 물고기처럼 물위를 미끄러지듯 달리고 있고, 그 선상에서 굽는 스테이크의 향기로움을 맛보는 것이 이곳 노르웨이인들의 낭만이 아닐까?

오늘도 최저생활수준을 벗어나지 못하는 국민이 많은 분단된 조국의 모습이 애석해 보였다.

超能力의 象徵인 비그란드 彫刻公園

노르웨이(Norway)의 상징처럼 알려진 조각물이 늘어서 있고 푸르른 잔디밭과 꽃이 어우러진 비그란드공원(Vigeland Park)은 계절에 관계없이 사람들로 북적댄다. 공원 입구에서부터 줄지어 늘어선 보리수(菩提樹)길을 지나 명미(玥媚)한 인공호수 위에 절묘하게 가설된 다리와 수많은 동상, 그리고 인간의 고된 일생을 형상화한 분수와 높이17m에 무게 260톤의 거대한 화강암 탑에다 121종의 각양각색이고 형형색색의 남녀노소가 다른 모습으로 새겨져있는 석주(Monolith)가 여행객들을 맞이한다. 햇빛에 따라 시간을 정확하게 가리키는 해시계와 더불어 인생의 윤회전생(輪廻轉生)을 함축 표현한 650명의 인상모형의 조각들이 다양하게 늘어선 850m의 거리가 또한 눈길을 잡는다. 무상한 인간사를 돌아보듯 심오한 경지로 몰아가는 이 초능적인 기교품을 어디에서 또 만날 수 있을까!

사람에 따라 감동이 다르겠으나 이것을 조각한 구스타프 비그란드(Gustav Vigeland) 자신은 작품에 대한 설명을 일체 거부했다고 한다. 아마도 고차적인 예술의 삼매경 상태에서 실물로 형상화시킨 작품들이라 설명하려해도 너무나 다양한 실물양상에 스스로 할 말을 잃었을 것이다. 좋든 나쁘든 보는 이 스스로 느끼라는 것이 구스타프 비그란드의 설명이요 해설이라는 것이 그곳 안내자의 설명이었다. 거대한 단일 석재에다 인간의 생활상을 예능적으로 심도 있게 다룬 이 석주는 무려 14년간에 걸쳐 환조(丸彫)와 부조(浮彫)로 조각된 걸작품이라는 데에 또 한 번의 경탄과 존경이 앞서왔다. 도대체 이 거대하고 희귀한 석재를 어떻게 구했는지 불가사의한 일이 아닐 수 없다. 14년이란 긴 세월을 한결 같이 이 석재에 매달려 고투해온 그의 업적이 오늘날 찬연한 역사적 예술로 꽃핀 것이라 하겠다.

그중에서도 6명의 사람이 둥글고 육중한 짐을 떠받쳐 이고 있는 분수대가 퍽 인상적이었다. '이 고통스러운 여섯 인형에서 현생인류의 생활고를 발견할 수 있고 그 생활고는 곧 인간의 무한한 욕망에서 연유한다'는 뜻을 전해 들으니 문득 불가에서 말하는 7난8고와 4고8고가 떠올랐다. 그래서 짧은 식견으로나마 이 여섯 인형을 우리가 살고 있는 지구의 6대주로 생각해 보았다. 여섯 인형은 6대주의 인류를 상징 대표하는 것이 되겠고, 석반(石盤)에서 피어오르는 물보라는 여몽포영(如夢泡影)이라는 금강경의 경구(經句)에 적합하지 않을까 싶어서였다. 즉 범부중생이 만난 고통도 분수대에서 용출무산되는 한 줄기 포말처럼, 흩어져 사라지는 영경(靈境)처럼, 모두가 공중에 헛보이는 꽃이요 잠 속의 꿈이 아닐까. 여몽환상(如夢幻想)이라 했으니 우리 인류가 짊어진 극한의 고통도 이 분수대의 물거품처럼 사라져 감을 보여주기 위해 여섯 조각인상을 만든 게 아닐까. 분구에서 뿜어내는 물줄기가 거품으로 사라지는 것을 보며 내내 그런 생각했다. 여하간 구스타프 비그란드야말로 한 사람의 조각가에 머물러있지 않고 심오한 종교의 경지에까지 상상의 예지를 펼칠 수 있도록 무한한 기예를 발휘했다는 점에서 후세의 칭송을 받을 만했다.

여러 조형물 중에는 바이킹들의 형상이 많았는데 그 조각물의 시대상과 생활상의 표현에도 적지 않은 창안과 각고의 흔적이 배어 있었다. 특히 일반적으로 표현되는 그 시대의 신분적 구별을 남자와 여자로 구별하고 남자의 모습은 카이잘(Kaiser:콧수염)이고 여자의 모습은 물동이(Water Jar)로 구분하여 그 시대의 생활상을 잘 묘사한 점도 탁월한 착상과 심오한 예술성이 바탕에 있기 때문이리라.

노르웨이의 장엄한 자연은 노르웨이인들뿐만 아니라 수많은 외국관광객들까지도 감동시켜왔다. 그래서 유럽을 위시한 세계각지의 다양한 관광객들이 맑은 공기와 오염되지 않은 깨끗한 물과 자연을 체험하고 싶어 비그란드공원으로 몰려오는 것이라 생각되었다. 그래서 오늘도 긍지와 자부에 넘치는 선진유럽인은 물론 광활한 태평양을 무대로 미래의 꿈을 개척해 가는 아시아인들로 오슬로(Oslo)의 명소 비그란드공원은 초만원을 이루고 있었다.

世界最長의 레르달 터널과 石屛連湖가 이어지는 스테인달스瀑布

산고심곡(山高深谷)한 자연을 헤치며 노르웨이(Norway)를 순람(巡覽)했다. 차안은 조용했고 사람들은 저마다 창밖의 가경(佳景)에 압도되고 있었다. 하늘을 찌를 듯한 기암산봉과 초가을의 맑은 하늘은 여행객들의 발걸음을 멈추게 했고, 기암절벽이 이어지는가 싶더니 희뿌연 안개를 일으키며 쏟아지는 산정의 폭포가 나타났다. 이곳 아니면 또 어디에서 볼 수 있을까! 환호와 탄성이 연발되는 가운데 차는 세계 최장 레르달터널(Lærdal Tunnel)에 도착했다. 길이24.5㎞의 이 터널은 입출구에 전기센서(Sensor)장치가 있어 터널 내의 배기오염을 자동으로 측정하여 오염도가 심해지면 환풍기가 작동, 오염원을 자동으로 배출한다 했다. 노르웨이에서는 지난 72년부터 터널공사가 본격화되어 세계 각국의 장비 지원을 받았는데 우리나라의 대우건설도 참여했다는 말에 긍지를 느끼기도 했다. 또 굴착작업 인력지원에는 북한의 노동자가 일부 참여했다는데 누군가, 여기에서 얻은 경험과 굴착술(掘鑿術)을 이용해 한국전선의 전방지역에 땅굴을 팠다는 말에 모두 실소하고 말았다.

두 번째로 길다는 11.4㎞의 구두방그(Guduvangen)터널을 지나면서 과연 터널이 많은 나라임을 실감하기도 했다. 무작정 산을 깎아내려 도로를 개설하는 우리나라와는 달리 터널도 자연과의 조화를 최우선으로 한 이들의 자연사랑이 천연자원을 오늘날과 같이 공유할 수 있게 하지 않았나 생각된다.

또한 노르웨이 사람들은 평생 교회를 3번 이용한다는데 첫 번째가 교회에서 출생 환영을 받고 장래의 건강을 기원하는 의식을 행하기 위해서이고, 두 번째는 교회에서 만인의 축복 속에서 결혼의 신성함을 다짐하는 결혼식을 할 때이며, 세 번째가 사망 시 교회에서 명복을 비는 의식을 행하기 위해서라고 한다. 이 장례행사를 끝으로 교회와의 인연과 함께 생을 마감하는 절차가 이루어진다는 말에 차안이 엄숙해졌다. 안내원의 자세한 설명이 이어지는 동안 차는 기염을 토해가며 깊은 산협(山峽)을 지나고 있었다. 하늘을 찌를 듯한 기암산봉과 병풍처럼 둘러쳐진 절벽을 안고 흐르는 벽계수는 꿈에 그리는 무릉도원경(武陵桃源境)을 연상케 했다. 거대한 물결이 굽이쳐 흐르는 산협은 망망한 호수와 같았고 양안을 둘러선 석병(石屛)은 한 폭의 그림 같았다.

石屛峰岳　돌병풍 두른 큰 봉우리와
深谷連湖　깊은 골 연이은 호수와 같아
絶妙奇怪　절묘하고 그 기괴함이
比無佳景　비할 데 없는 아름다운 경치네

폭포수와 기암괴석들이 즐비한 이곳에 스타인달스(Steindals)라는 소년이 있었는데 시작(詩作)에 매우 능해 뵈링폭포(Vøorings Fossen)를 배경으로 많은 시를 썼고 그로 인해 이곳의 관광객이 증가해 소년의 이름을 붙여 스타인달스 폭포라 부르게 되었다고 했다.

瀑飛落下　폭포수 날아 떨어지는
水泡千仞　물방울은 천 길이나 되고
仙浴湯井　신선들의 욕탕 샘처럼
歎聲連呼　탄성은 연이어 쏟아지네.

고산낙하(高山落下)하는 폭포수는 신기한 그림처럼 아름다웠고 폭포수말(瀑布水沫)로 칠색 무지개 선명히 드러나는가 했더니 돌연 바윗덩이로 이루어진 거대한 산봉(山峰)이 눈앞을 가로막는다.

石峰雄貌何又景　돌봉우리 웅장한 모습 어떤 경치이고
飛鳥難留妙嶽嶺　나는 새조차 머물 수 없는 절묘한 산악과 고개로구나.

아득히 쳐다보이는, 새들도 날아오르기 어려울 듯한 웅대한 산봉이 갑자기 나타나니 이 또한 탄성을 자아내게 했다.

兩岸妙奇絶壁像　양쪽 언덕 절벽은 기묘한 모습이고
清流谷水限無長　맑은 물 흐르는 계곡은 한없이 길고 기네
船望眺上白鷗游　배 위에서 바라보는 백구들의 노닐음은
山色化同裝飾觀　산색 함께 꾸며 놓은 어울린 볼거릴세

양안(兩岸)의 절벽 사이를 누비고 흐르는 맑은 계곡수의 길이가 어디까지 이어지는지 가늠하기가 어려웠다. 헴세달(Hamsedal)로 운행하는 선상에서 관망되는 갈매기 떼는 한가로이 노니는데 희고 검은 구름떼가 몰려와 하늘을 덮고 비바람을 불러일으키니 이 또한 무슨 조화인가.

그런데 산 밑 채석장에서 희뿌연 돌가루를 뿜어내며 쇄석기가 돌아가고 있어 행여 아름다운 풍경을 훼손치나 않을까 걱정스럽기도 했다.

山上白雲急蓋來　산 위의 흰 구름 갑자기 덮어오니
勝探我欲毁妨兆　탐승하려는 나를 훼방할 징조인가

이렇듯 절경을 번갈아 돌아보는 동안 차는 점차 고원지대를 오르고 있었다. 헴세달에서 제일 높은 고지대인 헴세달고원에 차를 세우고 그 일대를 둘러보았다. 해발1,137m의 고지대임에도 넓은 댐을 조성하여 이룬 큰 호수는 백두산 천지를 연상케 했다. 인적이 드문 지대이고 나무가 생식치 않는 황막한 벌판임에도 별장을 지어놓고 민박 손님을 치르고 있다는 얘기에 더욱 감명을 받았다. 주로 여름휴가철에 이용되는데, 별장관리에도 세심한 신경을 써야한다면서도, 여기에서 배출되는 쓰레기처리문제는 용역업체의 성실한 대처로 환경훼손은 일어나지 않는다 했다.

철저하게 보존되는, 아름다운 환경에서 얻어지는 천혜의 자원으로 노르웨이 사람들은 오늘도 밝은 미래를 꿈꾸며 부러움 없는 하루를 살아가고 있었다.

靑山奇峰과 長瀑廣湖의 요둔헤임溪谷

오슬로(Oslo)에서 보릭스달(Briksdal)로 이동하는 주변은 깊은 계곡으로 이어져있었다. 노르웨이(Norway)에는 계곡이 특히 많으며, 지금 지나고 있는 계곡은 U자형으로 굽어진 류세휘요르드(Lyse Fjord)로 길고 깊다했다. 주변의 산들은 모두 해발600m이상 되며 한여름에도 눈이 내리는데 하룻밤 강설량이 50㎝일 때가 많고 간혹 눈사태가 발생하기도 한다했다. 이렇게 자연조건이 험준함에도 극기력으로 자연에 도전하며 살아가는 국민에게 경제적 호운(好運)이 찾아왔으니 그것이 1971년도의 원유개발이었다 한다. 1968년부터 국내 지질학자들의 꾸준한 노력으로 원유탐사가 시작되어 북해유전발견을 이루어내고부터 세계인의 주목을 받기 시작했고, 이때쿠터 노르웨이의 경제력이 급상(急上)하기 시작했다 한다.

1시간을 더 달리니 국내최고의 우르네스교회(Urnes Stave Church)가 모습을 드러냈다. 11세기 초에 건립된 것으로 근대식교회 모형과 똑 같았으나 순 목조3층건물로 깨끗이 보존되어 있었다. 어떻게 1000여 년의 세월이 흘러도 이렇거 의젓하게 그 모습을 보존할 수 있었을까? 어느 곳하나 허물어지거나 폐허한 곳 없이 관리해온 그들의 정성에 높은 경의와 존경이 앞서왔다.

주변은 공동묘역으로 조성되어 잘 관리되고 있었는데, 현재는 주일마다 약간의 신자들이 예배를 보고 평일에는 주로 결혼예식과 장례식 등이 행해지고 있다했다. 교회 인근 가옥에는 간혹 지붕을 잔디로 개설(蓋設)한 집이 산견(散見)되기도 했는데 이 잔디지붕 집은 오래 보존되며 여름에 서늘하고 겨울에는 방풍이 잘되어 따스하다 했다. 양질의 자재가 개발되지 않았던 시절에는 자작나무껍질을 밑에 깔고 그 위에 흙을 부어 잔디를 옮겼다고 했다.

고층빌딩이 임립(林立)해 있는 복잡한 우리 주변과는 달리 2층 이상의 건물은 찾아볼 수 없었고, 드문드문 안온하게 터 잡은 농촌주택들은 매우 편안하고 넉넉해보였다. 1972년부터 채소류를 외국에서 수입하여 채식을 하기 전에는 주로 해조류나 어패류에 식생활을 의지해 왔다고 했다.

약30㎞로 이어지는 요툰헤임멘(Jotunheimen) 베쎄겐(Besseggen)계곡은 정말 아름다웠다. 거울처럼 맑은 호수가 한없이 길게 이어지고 양방으로 둘러진 깊은 계곡과 다투어 늘어선 신기한 산봉(山峰)들이 행인들의 눈길을 사로잡았다. 뿐만 아니라 산 계곡마다 절묘한 폭포수가 줄기차게 쏟아지고 있었고, 낙하183m의 뷔링폭포(Voringfoseen waterfall)를 비롯해 게이랑에르(Geiranger)의 깊숙한 곳으로 쏟아지는 후리아(Friar)폭포 속에 일곱 자매의 전설을 안고 장엄하게 솟아있는 7봉의 위엄도 빼놓을 수 없는 가경(佳景)이요 환상의 낙원지였다.

그러나 이렇듯 아름다운 경관 속에서 여유롭게 살아가는 이들에게도 '비싼 물가'라는 어려움이 있다니, 인간이 갈구하는 행락(幸樂)이란 끝이 없는 모양이다. 그 중에도 술과 담배, 유류(油類)는 대단히 그 지수가 높다고 했다. 술은 건강을 고려하여 비싼 세금으로 낭음탕주(浪飮湯酒)를 방지하고 담배 역시 소비재로서 인체에 무익한 것이라 낭비를 차단하기 위해 판매가격을 극도로 높였다했고, 유류 역시 과소비의 요인을 사전에 막기 위해 60%를 세금으로 거두어들인다고 했다. 특히 술 판매관리는 공무원들이 하고 있는 것이 우리와는 매우 다른 특이한 사례였다.

얼마 후 차가 노르드휘요르드(Nordfjord)를 통과해 요스테달렌(Jostedalen)호숫가에 멈추자 모두 절묘하게 펼쳐진 관경(觀景)에 압도되어 환호와 탄성을 연발하며 사진 찍기에 분망(奔忙)했다.

다음으로 찾은 곳이 부릭스달요스터(Briksdal Jolster)빙하인데 길이가

400m에 이르고 사계절 푸른빛을 발산해가며 그 모습을 바꾸지 않는다 했다. 이러한 자연환경을 최대로 개발활용하기 위해 빙하의 희귀성을 홍보해가며 외국의 관광객을 불러 모으고 있었다. 차가 빙하지역에 근접하자 7인승 무개차(Troll Open Car)로 옮겨 타고 말로만 듣던 푸른 빙하지대 등정에 올랐다. 폭포수 쏟아지는 심산계곡의 구불길을 헤치며 빙하지역에 20분 만에 도착했으나 직접 얼음덩이를 만져볼 수 있는 지역까지는 15분간의 도보등정이 더 필요했다. 내 평생 이곳에 다시 오지는 못할 것 같아 쏟아지는 폭포수 포말(泡沫)과 함께 소낙비 속에 우산을 들고 빙하지점에 다다르고 보니 도착예정시간이 훨씬 지나있었다. 아득히 쳐다보이는 희푸른 얼음덩이골짝과 산봉들이 장관을 이룬 채 우리를 반겼다. 휘몰아치는 빗줄기를 뚫고 모두 사진 찍기에 바빴고 어떤 사람은 얼음덩이를 깨어 입에 넣기도 했다. 등반장비를 챙겨 빙산을 오르는 외국인들도 눈에 띄었다.

빙산탐승을 마치고 니다로스(Nidaros)로 이동하는 중 올덴(Allden)생수공장이 한가로이 자리하고 있는 것을 보았다. 여기에서 생산되는 신선한 생수는 유럽 각 지역으로 수출되고 있다했다. 얼마 안 되는 거리에 노르웨이 최대호수인 묘사(Mjosa)호수가 그 모습을 드러내고 있었다. 송어와 연어가 많이 잡힌다는 이 호수는 레르달(Laedal)로 이어지는 계곡을 차지한 채 끝없이 이어지고 있었다. 거기에서 얼마 되지 않는 곳에 노르웨이에서 가장 긴 6,392m의 피요란드(Fjorlands)터널이 나타났다. 터널을 통과하면서, 이곳뿐만 아니라 노르웨이의 터널이 모두 S형으로 휘어져 있다는 사실을 깨닫고 그 연유를 물었더니 교통사고 방지의 일환으로 과속을 줄이기 위함이라 했다. 그러고 보니 입구와 출구를 구비지게 해놓은 것이 효율적이고도 이색적이었다. 공공구조물 하나를 시설할 때도 이렇듯 항구성과 공공의 이익성은 물론이고 사고방지까지 생각하는, 치밀한 착안과 계획이 수반됨을 보니 그 국민성에 또 한 번 놀라지 않을 수 없었다.

世界最上의 社會保障制度와 彷徨風潮에 煩悶하는 스웨덴

스웨덴(Sweden)은 스칸디나비아(Scandinavia)반도의 동쪽에 위치하고 있으며 덴마크(Denmark), 핀란드(Finland), 아이슬란드(Iceland), 노르웨이(Norway)와 함께 북유럽국가를 형성하고 있다. 스웨덴의 국토는 한반도의 2.4배에 달하는 45만㎢로서 북유럽국가 중 가장 큰 나라다. 중부이북지방은 대부분 산과 광활한 숲으로 이루어져 삼림이 풍부하고 남부는 넓은 광야로 대규모의 농업이 이루어지고 있다 했다. 또 동부는 발트(Baltic)해와 보트니아(Bothnia)만, 서남부는 스카게라크(Skagerrak)와 카테가트(Kattegat)의 양 해협으로 국토의 대부분이 바다와 접해있고, 강과 숲이 많을 뿐 아니라 10만여 개의 호수가 있는 나라로 이름이 높다.

기후는 알레스카(Alaska)나 남부 그린란드(Greenland)와 동일한 위도에 위치하고 있으나 이들 지역보다는 훨씬 따뜻하다. 스웨덴은 남북 최장거리가 1,547㎞에 이르는 가늘고 긴 형태이기 때문에 북부와 중부 그리고 남부에 따라 기후차가 매우 심한 편이라 했다. 북부는 주로 산맥들과 산악으로 이루어져 겨울은 어둡고 추우며 눈이 많이 내리는데 그 중에서도 특히 노를란드(Norrland)지방은 6개월 동안 눈으로 덮여 있다고 했다. 남부지방은 대체로 겨울이 짧고 따뜻하지만 오후3시가 되면 해가 지기 때문에 춥고, 여름이 시작되는 6월 중순부터 7~8월까지는 오후9시까지 해가 지지 않아 활동하기에 좋다고 했다.

이렇듯 스웨덴은 풍부한 자원으로 광업과 철광업, 자재 등은 물론 수력자원을 활용한 새로운 화학공정들이 급속한 산업성장에 기여했다고 한다. 이로 인한 주요 수출품목은 자동차와 전기 및 통신장비 등으로 총수출의 50%를 차지하고 있고, 특히 사브-스카니아(Saab Scania)에서 만든 자동차는 뛰어난 제조기술과 안전성으로 널리 알려져 있으며 트럭과 버스, 항공기도 생산하고 있다 했다. 통신사업은 휴대용 전화기를 개발한 에릭손(Ericsson)사가 대표적인 기업이고 테트라파크(Tetra Pak)는 액상식품 포장제를 개발하여 생산에서 판매까지 하고 있을 뿐 아니라 성냥과 라이터, 건축자재를 제조 판매하는 스베디시맛크(Swedish Match)와 북유럽 최대의 제약업체인 아스트라(Astra), 이밖에도 석유화학과 건설 및 광산분야에 필요한 공업장비를 다양하게 제조하는 서비스업체인 아틀라스콥코(Atlas Copco) 등은 이미 우리나라에도 진출한 기업이라고 안내원은 소개했다.

그러나 1995년도부터 불어 닥친 경기불황과 정부예산의 56%를 차지하는 사회보장부문의 지출, 장기간 누적되어온 재정적자와 실업률 증가에 막심한 번민을 하고 있다는 말도 잊지 않고 들려주었다. 지상의 낙원이라고도 했던 이 유토피아(Utopia)의 그늘에는 높은 세금과 문란했던 사회기강이 활기발랄해야 할 청소년에게 불어 닥쳐 무기력과 권태성은 심각한 고민이라 했다. 한때 세계적으로 유명했던 잉그마즈 베르히만(Ingmar Bergman)과 스웨덴이 낳은 세계적인 여배우 잉그리드 버그만(Bargman Ingrid), 그레타 가로보(Garbo Greta)의 아름다움이 오늘의 스웨덴으로 이끌어간 것은 아니었을까 하는 기우도 해볼 만한 것이었다.

바이킹이 활동하던 9세기경부터 기독교가 들어와 토속신앙과의 충돌이 극심했으나 1150년경 기독교의 승리로 스웨덴은 완전한 기독교국가로 정착하게 되었고, 그 후 이탈리아(Italia)의 건축가 레네루스(Regnerus)에 의해 건축된 룬드(Lund)대성당은 스웨덴 최고의 로마네스크(Romenesque)라 자랑할 만하며 붉은 방(Röda Rummet)으로 유명한 스트린베리(Strindberg August)와 최초로 다이나마이트(Dynamite)를 발명해 노벨(Nobel)상을 제정한 알프레드 노벨(Alfred Nobel)도 스웨덴이 낳은 인물임을 생각할 때 스웨덴의 무한했던 영광도 한계에 이른 것인가 생각해볼 일이다.

섬(島)과 橋梁이 어우러진 통나무 사연의 스톡홀름

북유럽의 베니스(Venice)라 불리우는 스톡홀름(Stockholm)은 스웨덴(Sweden)의 수도이며 멜라렌(Malaren)호가 발트해로 흘러들어 가는 곳에 위치하여 14개의 섬과 60개의 교량이 있는 호반의 도시다. 특히 1930년도에 가설한, 광대한 멜라렌호를 가로 지른 1,300m의 멜라렌교의 모습은 볼수록 아름다워 하나의 그림을 연상케 했다. 이러한 곳에 역대 왕이 거처했던 600여 개의 방을 가진 유럽최대의 왕궁과 오랜 전통과 역사를 가진 교회와 미술관이 있어 작은 도시이기는 하나 근대화의 물결과 모순되지 않게 잘 어우러진 모습으로 가꾸어져 있었다.

현재 중립국이면서도 핵전쟁에 대비하여 지하에는 견고한 대피용 참호(塹壕)를 구축해놓고 있어 지나간 고난의 역사를 체험한 스웨덴다운 대응책임을 엿볼 수 있었고, 교량과 섬으로 어우러진 스톡홀름은 3분의1을 녹지대로 조성하되 호수의 면적이 3분의1이 되도록 조화를 이루면서 나머지 3분의1을 주택지로 조성했다는 설명에 감명을 받기도 했으며 무작정 하늘로 치솟는 우리나라의 아파트건축 풍조에 시달리는 도시화 문제를 되돌아보게 했다.

호수와 강을 끼고 흐르는 물이 유난히 검게 보여 연유를 물었더니 빙하기의 퇴적물이 수면 하에 퇴적되어 검게 보인다 했다. 75년 전에 스타텐 멜란브로아냐(Staden Mellan Brona)섬을 도심지로 조성하기 위해 베르셀리우스(Berzerus Jons Jacob)가 도시건설을 할 때 통나무를 경계삼아 박아둔 연유로 스톡(Stock)으로 명명되어 오늘의 스톡홀름이 되었다 했다. 스톡은 통나무라는 말이고 스톡홀름은 통나무로 이루어진 섬나라라는 뜻이라 했다.

새로 조성된 시가를 지나 구 시가를 지나고 있을 때 몇 동의 구 건물이 기울어진 것 같아 그 내력을 안내원에게 물었더니 이 지역에는 매년 100일에 4㎝식 땅이 솟아오르는 융기(隆起)현상이 일어나 건물의 변화가 생긴 것이지 건축이 잘못된 것은 아니라 했다. 이러한 건물은 모두 500년에서 200년도에 건립된 건축물로 건립 시의 부실이 아니라는 것을 거듭 강조하기도 했다.

다음은 쿵스홀멘(Kungs holmen)섬 남쪽에 있는 시청사(Stadshuset)로 갔다. 이 청사는 유럽 최고의 건축미를 자랑하는 건물로서 1923년 라그라느 오스트베리(Ragnar Ostbery)의 설계로 이루어졌으며 800만 개의 벽돌과 1,900만 개의 금도금 모자이크로 완성된 건물이었다. 시청사 내부의 푸른 방(Bla Hallen)은 해마다 12월10일경에 열리는 노벨상 시상식 후의 만찬회장으로 유명한데, 높이 106m의 탑 위로 올라가면 시가지를 한 눈에 조망할 수도 있었다. 도금으로 장식한 4개의 동상이 옥상에 시설되어 있었다. 그 동상의 첫째는 문학가이고, 둘째가 음악가, 셋째가 화가, 넷째가 건축가로서 모두 스웨덴을 대표할 수 있는 위인들이라 했다.

다음은 국회의사당(Houses of Parliament)을 돌아보고 유서 깊은 구 시가의 중심 감라스탄(Gamla Stan)으로 이동했다. 스웨덴의 국회의원 수는 349명이고, 스톡홀름 시의원은 160명이라 하며 스웨덴의 독립기념일은 공교롭게도 6월6일로 우리의 현충일과 같은 날이어서 희비의 감회가 엇갈리기도 했다.

감라스탄에는 13~19세기에 지어진 건물이 그대로 보존되어 있었는데, 구 시가의 중심을 이루고 있는 스토르토에트(Stortoet Gatan)에는 오래된 건물임에도 여전히 육중하게 자리한 채 내부가 식당과 목로주점, 카페(Cafe), 부티크(Butic) 등으로 개조되어 관광객들의 인기를 얻고 있었다. 다리를 건너면 왕궁과 대성당, 그리고 1776년에 세워진 증권거래소 등이 있고, 증권거래소의 맨 위층에는 노벨상 수상자를 뽑는 스웨덴 아카데미(Academy)본부가 있다 했으나 시간에 쫓겨 멀리서 바라보기만 하고 대성당과 왕궁으로 직행했다.

왕궁 앞에 있는 대성당(Storkyrkan)은 스톡홀름에서 가장 오래된 13세기 건물로 1279년에 건축되었으나 여러 차례의 증개축으로 지금의 모습을 갖추었다는 설명을 들었다. 성당 내부는 왕가와 귀족의 문장(Crest)으로 장식되어 있었으며 덴마크(Denmark)와의 전쟁에서 승리한 기념으로 1489년에 제작된 4m 높이의 나무 조각상과 바로크(Baroque) 양식의 옥좌(The King's Chain)와 흑단(An ebony), 그리고 은으로 제작된 제단(An altar) 등이 눈길을 끌었다. 또한 이 성당에서는 역대 국왕의 세례식, 대관식, 결혼식이 거행되었으며 현 국왕인 구스타프(Gustav)와 실비아(Sylvia)왕비도 1976년 이 성당에서 결혼식을 올렸다고 했다.

다음으로 찾은 곳이 구 시가의 북쪽에 자리한 이탈리아 바로크 양식의 건물로 역대 국왕의 거성(居城)이었던 왕궁(Kunglige Stottet)이다. 지금은 외국 귀빈을 위한 만찬장으로 쓰이고 있으며 3층 건물 안에는 608개의 방이 있는데 도자기와 유리그릇, 그리고 테피스트리(Tapestry) 등 귀중한 유품들이 전시된 베르나도트(Bernadotte)의 방과 영빈의 방(Reception of Guest's Room) 그리고 왕관과 보석 및 귀금속이 있는 보물의 방(Atreasure Room) 및 대관식과 왕실의 행사에 쓰이는 마차와 의상 등을 볼 수 있었고 무기 등을 감명 깊게 돌아보았다.

스웨덴王室의 豪華戰艦을 돌아보게 하는 바사博物館

바사(Wasa)박물관은 구스타프(Gustav)2세 시대인 1625년에 건조되어 1628년 8월10일 처녀항해 때 스톡홀름(Stock holm) 항에서 침몰한 스웨덴(Sweden) 왕실의 전함 바사(Wasa)호가 전시된 곳이다. 이 전함을 건조할 당시 구스타프황제는 전국의 유명한 조선기술자를 모아 건조했는데 배의 총길이가 69m, 높이 52.2m, 폭12.m, 배수량1.210톤이며 총 승선인원 450명으로 69문의 포가 장착된 거대한 전함이라 했다. 국력을 과시하기 위해 만들어진 이 호화 전함이 3년 만에 최대선박으로 건조되어 진수 출항하기에 이르러 전 국민의 갈채와 환호가 대단했다 한다. 그러나 전국민의 축복 속에 대해를 향해 힘찬 닻을 올렸으나 출항 1,500m 지점에 이르러 침몰하고 말았다 한다.

당황한 황제는 침몰원인을 찾고자 조선당시 건조에 참여했던 기술자 전원을 소환해 설계에서부터 조선에 이르기까지 제반원인을 캐보았으나 원인을 규명하지 못한 채 그대로 방치되어 오다가 1956년 해양고고학자인 안데스 프란첸(Anders Franzen)에 의해 발견되어 인양작업이 활발히 이루어져 침몰된 지 333년만인 1961년에 인양이 완료되고 인양된 그 장소에 지금의 박물관을 건립하게 되었다한다. 1962년 임시박물관이 문을 열어 이곳에서 1979년까지 보호액을 뿌리는 작업이 계속되었고 1988년, 바사호는 반 정도 완성된 지금의 박물관으로 옮겨져 1990년 바사박물관으로 개관되었다 한다. 개관된 박물관은 총7층 높이로 잘 보존되어 있는 바사호를 여러 각도에서 바라볼 수 있도록 설계되어 있었다. 박물관 안에는 300년 이상이나 바다 밑에 가라앉아 있었으나 믿어지지 않을 정도로 손상도지 않은 바사호와 함께 배에 실려 있는 대포와 각종

기구도 전시되어 있었고 인양작업광경을 영상으로 편집하여 당시를 감상할 수 있도록 해 관광객의 호감을 끌고 있었다. 그 외에도 레스토랑(Restaurant), 매점 등 편의시설과 대소 강당이 마련되어 있는 것이 특이했다.

이렇듯 바다에서 활로를 개척하며 발전해온 스웨덴(Sweden)은 10만개의 호수가 있는 물이 흔한 나라로 이름이 높다 했고, 특히 할란드(Halland)주 어항도시인 바르베리(Varberg)의 경제력이 스웨덴 전체 경제의 40%를 점하고 있다는 말에 놀랐다.

또 1980년 초에 핵발전소 폐기법안이 가결된 유일한 국가라는 데 다시 한 번 놀랐고 자연보존을 우선시하는 국가로서 국민의 절대적 호응 아래 다가오는 2006년까지 핵발전소를 완전히 폐기한다는 정책이 차질 없이 추진되고 있다는 말에 우리의 현실을 돌아보게 했다. 국민이 원치 않는 핵발전시설을, 꼭해야겠다는 정부정책에 맞서 우리지역만은 결코 안된다고 맞대응하는 우리의 현실과 너무도 차이가 있었기 때문이다.

그 외에도 특이한 것은 과세제도였다. 국민의 담세율이 높다는 것은 이미 아는 사실이었으나 고용주세란 제도에 눈길이 끌렸다. 국민의 담세율은 최고65%에 이르고 소득을 기준으로 누진과세 되고 있다는 점과 자본가가 고용자를 고용할 시에는 피고용자 보수 상당액의 10%를 고용주가 고용주세로 납부해야 한다는 제도다. 이 제도 역시 이익불균형의 경제정책이 반복되고 있는 우리나라에서는 상상도 할 수 없는 정책이 아닌가 싶었고, 우리에게 직면해 있는 여성들의 출산휴가는 임신기부터 적용되며 출산 후의 양육비까지 지원될 뿐 아니라 그 아이의 교육비, 고용장려비까지 국가가 지원하고 있는 사회보장제도가 우리에게는 선망의 대상으로 들렸다. 그 외에도 주택보조제와 직장의 선택과 병역의 선택적 의무 등은 우리에게는 먼 나라의 꿈같은 이야기라 잘 납득이 가지 않았다.

현재 스웨덴에 체류하고 있는 교민은 1,100명 정도이고 한국에서 온

입양아는 1만명을 넘어서고 있다했다. 저출산이 지속되고 있는 현실 속에서도 외국으로 입양되는 이 모순풍조를 어떻게 불식할 것인가가 망연히 걱정되었다. 국력의 기준을, 신장되는 경제력이 아니라 인력자원에 둔다면 오늘의 저출산 방지책도 함께 풀어가야 할 국가의 당면과제임을 다시 한 번 숙고해본다.

사우나의 名聲에 얹힌 湖水의 나라 핀란드

호수의 나라로 알려진 핀란드는, 서쪽으로는 스웨덴, 동쪽으로는 러시아(Russia), 북으로는 노르웨이(Norway)와 접해 있는 홍적세(洪積世)에 대륙빙하가 덮인 지역으로 북위60~70도 사이에 위치하고 있으나 남부는 발트(Baltic)해의 영향으로 겨울에도 온화한 편이나 북부와 러시아 국경지역은 겨울은 몹시 춥고 6개월간이나 눈이 쌓이는 곳이 많으며 두 달 동안 밤이 계속되어 여름에는 73일간이나 해가 지지 않는 백야가 계속되는 곳이기도 하다. 이곳은 중앙아시아로부터 이주해온 핀족(Finns)의 터전이었으나 13세기 이후 500년간이나 스웨덴의 지배하에 있었고 19세기 초에는 러시아에 통합되기도 했으나 1917년 러시아혁명을 계기로 독립을 선언하고 공화국을 건설했다.

그러나 2차세계대전시 독일의 명방이었던 탓으로 국토의 10%이상을 소연방에 양도하는 불운의 우호관계를 맺기도 한 고난의 길을 걸어온 나라라 했다. 그러나 경제적으로는 국토의 70%를 덮고 있는 풍부한 삼림자원을 바탕으로 목재 펄프, 제지, 가구 등의 공업이 일찍부터 발달하였고 최근에는 금속, 기계, 전자산업 등이 발달해 산업의 중심을 이루고 있다한다.

그리고 핀란드인은 스웨덴이 전해준 뛰어난 유럽문화를 슬기롭게 받아들여 문화수준이 매우 높다. 1548년에 이미 성서를 핀란드어로 번역했으며 건축수준 또한 세계적이라는 평이다. 뿐만 아니라 잘 정비된 사회보장제도 덕분에 수입의 차이가 있다하더라도 기본적인 생활은 누구에게나 보장되어 있어 계층간 차이가 거의 없고, 개개인이 가지는 관심여부에 따라 생활방식의 차이가 있을 뿐이라고 한다.

핀란드 사람들의 독특한 생활관습이라면 역시 널리 알려진 사우나(Sauna)라 했다. 주갈뿐만 아니라 평일에도 쌓인 피로와 긴장을 사우나로 씻어내고 휴식을 취하는 모습은 핀란드 사람들만이 가지는 전형적인 생활습관이라 했다. 각 가정에도 사우나시설을 갖추어 놓고 있을 뿐 아니라 휴가를 즐기기 위해 지은 통나무집 별장이 30만 개나 된다하니 핀란드인의 생활여유를 여기에서 확인할 수가 있었다. 대부분의 사람들은 여름에는 한 달, 겨울에는 한 주의 휴가를 가지며 학생들에게는 2주간의 크리스마스방학과 2개월 정도의 여름방학이 주어진다했다.

여름과 겨울의 기온 차가 심하여 여름에는 평균 영상15도이나 겨울에는 영하10도 정도이기 때문에 핀란드인들은 '사우나'라는 순수 핀란드 말이 전 세계에 알려진 것에 자부심을 가질만큼 인구 3명당 한 개꼴로 있는 사우나시설이 모두 160만 개나 돼 사우나의 나라라고 했다. 시골의 사우나는 주로 호수근처에 있어 사우나 후 여름에는 호수에서 수영을 즐기고 겨울에는 아반또(Avanto)라고 하는 얼음구덩이에 몸을 담그기도 한다했다.

국토규모로 비교한다면 핀란드는 세계에서 호수가 제일 많은 나라로 불릴 만큼 약18만 개의 호수가 있고, 호수의 평균수심은 7m, 지금까지 측정된 최고 깊이는 95m이며, 이들 호수에는 9만8천 개 이상의 섬이 있다고 자랑하기도 했다. 특히 핀란드에서는 겨울 내내 햇빛을 볼 수 없을 때가 있는데 이 현상을 '까모스(Camoes)'라 한다 했다. 까모스는 백야와 마찬가지로 북극권에서만 볼 수 있는데, 남부에서도 낮이 짧아 어떤 때에는 해가 비치는 것이 6시간 안되는 경우도 있다했다.

이러한 환경 속에서도 핀란드의 저력은 민간경제에 바탕을 둔 자유시장국가로서 주류 판매와 철도, 항공, 정유와 전력은 엄격한 국가 관리하에 운영되고 있었고, 목재산업국가로 부상하기 위해 필요했던 삼림용기계, 임산관련기기 및 장비개발에 역점을 두어 지게차(Fork Lift), 크레인(Crane) 등을 주요제품으로 만들고 있었다. 또한 무선휴대폰(Cell

Phone)등 첨단공학제품으로도 유명했으며 환경보존 및 에너지절약기술은 세계수준으로 각광을 받고 있었다.

핀란드 사람들은 선사시대의 관습과 믿음을 굳건히 전승해가면서도 스웨덴과 로마 가톨릭교와의 관계, 독일과 발트해 국가들과의 고대 무역관계 등을 활발히 해온 영향으로 1835년 엘리아스 뢴로트(Elias Lönnrot)가 펴낸 핀란드의 국민서사시 칼레발라(Kalevala)는 세계적으로 유명했던 핀란드의 작곡가 요한시벨리우스(Jean Sibelius)에게 많은 영감을 주어 7개의 교향곡 및 교향시, 오페라(Opera) 등 많은 작품들을 남기는데 도움을 주었다고 한다.

또 19세기의 대표적인 작가로는 루트비히(Johan Ludvig)와 키비(Aleksis Kivi) 등이 있고 20세기 작가로는 노벨상 수상에 빛나는 살란페(Frans Eemil Sillanpää), 발타리(Mika Waltari), 린나(Väinö Linna)가 있는가 하면 클래식(Classic)음악세계에서 가장 많이 알려진 핀란드 음악가 살로넨(Esa Oekka Salonen) 등은 모두 핀란드가 낳은 훌륭한 인재들임을 다시 깨닫게 했다.

숲과 湖水가 調和된 觀光客의 樂園 헬싱키

'발트해의 소녀(Baitic of Young girl)'라는 애칭에 걸맞는 조용한 도시 헬싱키(Helsinki)는 호수의 나라 핀란드(Finland)의 수도다. 이곳에 가기 위해서는 스톡홀름(Stock holm)에서 출항하는 바이킹라인(Viking Line)의 아모렐라(Amorella)호를 이용하는 사람들이 많다. 길이169.4m 폭 27.6m의 34,384톤급의 이 선박은 2,450명을 태우고 21.5knots로 매일 발트해만을 운항하고 있어 우리도 이 배를 타기로 했다.

1988년도에 건조된 이 선박은, 10층 구조로 450대의 차량을 선적할 수 있는 대규모 차고가 설치되어 있고 500개 이상의 침실이 마련되어 있는 호화 유람선이었다. 1~2층은 물품보관고로, 3~6층까지는 침대시설이 있는 침실로, 7~10층까지는 식당, 매점, 각종회의실과 오락실, 운동경기장 등으로 꾸며져 있어 바다 위의 육지를 방불케 했다. 매년 수백만 명의 승객과 화물을 실어 나르는 이 아모렐라호는 속칭 떠다니는 호텔로 이름나있다. 모두들 이 배와 함께 운항하는 페리선이, 작렬하는 여름의 태양 아래 해상경관과 해지는 황혼낙조(黃昏落照)의 아름다움의 추억을 잊을 수 없다고들 떠들고 있었으나 생각보다 일찍 저물고 어둠이 찾아들어 아쉬운 마음을 금할 수가 없었다. 노을이 창망한 발트만을 황홀히 물들이니 그 옛날 중국의 명문가 왕발의 등왕각 서문 한 구절이 떠올랐다.

'저녁노을은 외로운 갈매기와 나란히 떠 있고(落霞與孤鶩齊飛) 가을강물은 넓은 하늘과 한색이다(秋水共長天一色)'라는 그때의 정경은 결코 이와 다름없었으리라 하는 생각을 하면서 어둠이 내리는 발트해의 물위를 조용히 바라보았다. 갈매기들도 하나 둘 자취를 감추어가고 선상유람을 멋있게 시도했던 기대는 다가온 어둠과 함께 무산되어버리니 또 다른 허무감이 고개를 들고 일어났다. 휘황찬란한 네온 불빛이 시야를 가리고 요란한 선중음악이 귓전을 두드리니 어둠을 가르며 항진하는 선상 소감을 이렇게 읊조려 보았다.

萬邦乘客夜同宿 온 나라 승객들 함께 밤새우고
並行流水如夢途 흐르는 물결처럼 꿈같이 지나갔네
逐吹風暗黎明朝 부는 바람 어둠 쫓고 아침을 밝히니
笑顔逢面一群行 웃는 얼굴 대하는 우리 일행들
不昧三更欲眺望 깊은 밤 새워가며 밤경치 보려했는데
送去浮雲不看願 뜬구름같이 물러가 바라볼 길 없구나
近接港都鄕似景 다가오는 항구도시 고향과 비슷한데
對貌容言互別違 대하는 얼굴과 쓰는 말뜻 서로 다르네

배는 정확히 아침 8시에 핀란드의 투루쿠(Turku)항에 접안하여 닻을 내렸다. 배에서 내려 대기 중인 버스에 올라 투루크 시가지를 돌아보았는데 시내는 이미 보아온 노르웨이와 스웨덴의 고대건축물에 비해 현대형 건물이 많았다. 또 널찍하게 닦아놓은 고속도로는 우리나라의 고속도로와 유사했고 주변을 싸고 있는 산록에는 적송과 자작나무가 탐스럽게 우거져 있었다. 목재가 부족한 우리의 실정에 비추어 보니 얼마나 풍요로운 풍경인가. 부럽기까지 했다. 특히 핀란드는 세계2차대전 당시 독일의 우방으로 독일 패전과 더불어 러시아로부터 많은 압정을 당했는데, 그때 독일의 우방이 된 것은 100년간 계속되어온 러시아의 지배에서 벗어나려는 몸부림인 동시에 자주독립을 쟁취하기 위한 불가피한 선택이었다고 현지 안내원이 소개했다.

핀란드는 주산업 가운데서도 조선업이 발달했는데 그 중 쇄빙선(碎氷船)과 호화유람선 제작기술은 세계 어느 나라와도 비교가 되지 않는 높은 수준으로 평가된다 했다. 그 외에도 임업 제지업과 휴대폰 제작 등이 활발하다는 말에 우리나라의 현대조선과 삼성전자산업이 떠올랐다. 우리의 조선기술이 세계의 이목을 끌고 있고, 일본을 앞지른다고 자부하고 있는 삼성전자의 휴대폰 제작기술이 세계를 휩쓴다는 국내여론을 여기에서는 다시 평가치 않을 수 없었다. 이러한 경제적 뒷받침에 힘입은 국민의 소득은 2만5천 불을 상회하고 있다고 한다. 오늘도 지칠 줄 모르고 개인의 산업에 충실한 이들 국민이 부러웠다.

다음으로 간 곳이 까우파(Kauppatori)거리인데, 그 거리에 펼쳐진 수많은 노점상들은 우리의 남대문 재래시장과 다를 바가 없었다. 까우파광장에 면해 있는 대통령관저(The Presidential Residence)의 흰 건물은 이 나라 정치인의 서민적인 풍모로 비쳐왔고 광장 서쪽 물개분수에 둘러싸인 하비스 아만다(Havis Amanda)상이 사랑스런 표정으로 우리들을 맞이했다.

이 아만다상 남쪽바다에 면해 서 있는 건물이 옥내시장(Kauppahlli)인데 야채와 생선, 고기, 치즈(Cheese) 등을 파는 가게가 있었고 광장 곳곳에는 노점상들로 붐비고 있어 이곳 시민의 생활풍습을 잠시 엿볼 수가 있었다.

한 가지의 물품이라도 더 팔아보려는 상인들의 몸부림은 우리 영세상인들의 난전(亂廛)과 다를 바가 없는 기초생활인의 절규처럼 들려왔다.

宗敎와 藝術의 聲華地인 우스펜스키寺院과 시벨리우스公園

슬라브(Slab)양식의 우스펜스키사원(Uspenskin Tuomiokko)은 까우파(Kauppatani)광장 동쪽 끝 카다아너카(Katajanokka)섬 다리 옆에 서 있는 러시아(Russia) 정교 대성당이다. 머리에 양파형 돔과 황금의 십자가를 올려놓은 아름다운 건물로, 핀란드(Finland)가 러시아의 지배를 받고 있던 19세기(1868년)에 러시아 건축가 고르노스타예프(Gornostayev)가 비잔틴(Byzantine) 슬라브(Slab)양식으로 세운 건물이다. 붉은 벽돌로 된 반구형 천장에는 천연물감으로 그린 그리스도(Christ)와 12사도의 그림이 있는데, 보통 그리스도의 그림은 예수를 하나님으로 받들고 있는 데에 반해 이 그림에는 예수 위에 하나님이 존재한다는 뜻으로 하나님을 최상위에 그려놓고 그 아래에 예수가 그려져 있는 것과, 실내의자가 없는 것이 특색이었다. 현지안내원과 우리일행에게 그 내력을 물어 봤으나 아무도 아는 이가 없었다. 하지만 핀란드에서 가장 큰 정교회건물이며 신도들의 발걸음이 끊어지지 않는다 하였다.

다음엔 독특한 설계의 암석교회(Temppeliaukion Kirkko)를 찾았다. 1969년 건축공모전에서 당선된 티오모(Timo)와 뛰오모 수오말레(Tuomo Suomaloinen) 형제의 설계로 바위산에 세워진 것이 특이했다. 기존교회의 모습을 탈피해 최첨단으로 지어진 이 교회 내부는 천연암석의 특성을 그대로 살려 독특하게 설계되어 있었는데, 암석사이로 물이 흐르는 이 자연의 음향효과를 충분히 고려해 설치된 3,100개의 파이프오르간(Pipe Organ)이 매우 이색적이었다. 또한 창조성이 돋보이는 둥근 지붕과 천장 주변을 원형으로 잘라낸 채광창을 통해 들어오는 햇볕이 포근하게 느껴졌다. 이런 시설을 가치있게 활용하기 위해 각종음악회와 주말 결혼식을 열고 있어 낙종적(樂從的)인 핀란드인상을 엿볼 수 있었다.

다음으로 찾은 곳은 세계적인 작곡가 시벨리우스(Sibelius)를 기념하여 시설한 시벨리우스공원(Sibeliuksen Puisto)으로 24톤의 강철을 이용해 1967년 에일라 힐투넨(Eila Hiltunen)에 의해 만들어진 파이프오르간 모양의 시벨리우스 기념비와 두상(頭像)이 관광객의 눈길을 끌었다. 여류조각가 에일라 힐투넨의 작품으로 1967년도에 제작되었다고 했다. 세계적으로 고명했던 시벨리우스는 평생을 조국 핀란드를 위해 헌신했다. 끊임없는 조국애와 용감했던 핀란드인의 생애를 주제로 작곡된 교향시 피란디아(Symphonic Poen Finlandia)는 그가 심혈을 기울인 대표작으로 시가지 북서쪽의 요트항(Yacht a Port)에 면해있는 모든 관광명소에 이곳을 포함시킬 정도로 명승지화 되어 있었다.

헬싱키를 수오미(Suomi)라고도 부른다는데, 수오미란 '축축한 땅'이란 뜻이라고 했다. 18만7천8백여 개에 이르는 많은 호수와 3만여 개의 섬으로 이루어진 핀란드의 국민은 밝고 투명한 햇살 아래 낚시와 수영으로 여가를 즐기며 국민 모두가 200m이상의 수영실력이 있다고 했다.

항구의 관광선 발착장에서 서쪽으로 뻗은 약간 언덕진 공원 같은 길은 시민의 산책로로 마련된 에스플라나디거리(Esplanadikatu)라 했다. 도심지답지 않게 나무가 우거져 시민의 이용도가 높다했으며 길 가운데는 카페테리아와 무대시설이 있어서 여름에는 콘서트와 쇼 등이 열린다 했다. 거리의 동쪽 끝은 카우피(Kauppatori)광장이고 서쪽 끝에는 스웨덴극장이 자리하고 있었다. 산책로 북쪽으로는 유리와 도자기, 목각품 전문점이 줄지어 들어서 있고 레스토랑, 카페도 많이 눈에 띄었다.

야외민속촌(Ulkomuso)인 세우라사리(Seurasaren)에는, 핀란드 곳곳에서 볼 수 있는 옛 가옥과 농장 특히 17세기의 교회와 풍차 등 목조건물이 한곳에 모여 있어 헬싱키에서 가장 인기 있는 곳이라 했으나 시간에 쫓겨, 호수 안에 떠있는 푸른 숲 속의 자연공원처럼 잘 보존된 세우라사리섬과 거기에 있는 야생동물들을 보지 못해 아쉬움이 가득했다.

헬싱키의 象徵인 元老院廣場과 핀란드의 健脚 파보누리미의 銅像

헬싱키(Helsinki) 구심력의 상징인 원로원광장(Senaatintori)은 알렉산트린(Aleksanterin)거리의 동쪽 끝에 자리한 헬싱키대성당(Tuomiokir-ko) 앞에 있는 광장이다. 1900년 초반에 건립한 헬싱키 중앙역사(Routotieasemo)를 지나 이곳에 자리한 이 광장은 약40만 개에 달하는 화강암포석이 바닥에 깔려있는 정사각형 광장으로 중앙에는 러시아(Russia) 황제 알렉산드르2세(AleksanterinⅡ)의 동상이 건전히 보존되어 있었다. 광장의 정면에는 핀란드(Finland) 루터(Lüther)파의 총본산인 대성당이 자리하고 있으며 밝은 녹색을 띠고 있는 산화된 구리돔(Dome)과 흰색 주량(柱梁)이 조화를 이룬 아름다운 건물이었다. 1830년에 착공하여 22년 만인 1852년에 완공했으며 국가의 각종 종교행사와 파이프오르간(Pipe Organ) 연주회가 열린다고 했다.

광장을 둘러싼 사방에는 정치의 상징인 정부종합청사(The Integrated Gavernment Building)와 경제의 상징인 종합상가(Synthesis a Shopping Street), 교육의 상징인 헬싱키국립대학(Helsengin Yliopisto)이 있고 종교의 상징인 헬싱키대성당(Tuomiokirkko)이 우람한 모습으로 서있었는데 이 건물은 모두 1890년에서 1940년대에 건립된 핀란드건축의 전형들이라고 했다. 대성당 앞에는 가게들이 즐비했으며 여름에는 카페테리아(Cafeteria)가 옥외로 나온다고 했다.

이렇듯 핀란드 영도력의 구심점인 이곳 원로원광장을 중심으로 여러 건물이 들어서있으나 모두 질서가 정연했고 조화로워, 무절제하게 난립된 우리나라의 아파트건립상과 대조를 이루었다. 특히 종교건물인 대성당을 신성시하며 이 건물을 가리지 못하도록 건축물의 고도를 제한하고 있다는 말에 깊은 감명을 받기도 했다. 시가지 조성단계부터 철저한 규제와 통제로 오늘의 도시미관을 실현한 헬싱키의 행정기능에도 한없는 선망과 부러움이 앞섰다. 탁상과 도면에만 의지해 손쉬운 계획에만 의존해왔던 지난날 우리의 도시계획에 깊은 자성의 궁세(窮勢)가 눈앞을 막아왔다. 한 가지의 계획이라도 국가의 백년대계를 바라보는 원시안적 검토가 얼마나 중요한가를 깊이 깨닫게 하는 교훈적인 순간이기도 했다.

다음엔 1952년에 개최된 헬싱키올림픽 주경기장(Olympia Stadion)을 찾았다. 시벨리우스공원(Sibeliuksen Puisto) 동쪽에 위치한 이 경기장은 야로린데 그렌(Jarc Linde Glen)과 토이브잔티(Toive Janti)에 의해 시설되었고 이 경기장에는 높이72m의 타워(Tower)가 있는데 여기에 올라가면 경기장을 한 눈에 볼 수 있다고 했으나 시간에 쫓겨 아쉬운 발길을 돌려야 했다. 경기장 시설 안에는 스포츠(Sports)박물관도 마련되어 있었고 거기에서 핀란드의 스포츠역사와 관련된 자료들이 전시되어 있었다. 경기장 앞에는 핀란드의 유명한 마라톤(Marathon)선수인 파보누리미(Poavo Nurimi)의 달리는 모습이 동상으로 세워져 있었다.

헬싱키에서 세계 올림픽경기가 개최되었던 1952년은 아쉽게도 우리의 삼천리강토에는 동족상잔의 불꽃 튀는 전쟁이 계속되고 있었다. 수많은 중공군과 대전하면서 구국만을 생각하던 연소했던 어린 시절에 사선을 넘나들며 피 흘렸던 그때 이곳 헬싱키의 파보누리미는 마음껏 젊음의 의기를 발산하며 이 올림픽 경기에 참여하여 세계유례에 없는 발군의 실력을 발휘했다는 안내원의 말도 힘차게 들렸다. 그때 파보누리미는 9개의 금메달을 획득하여 세계를 놀라게 했고, 그의 조국 핀란드는 희대의 체육영웅을 낳은 긍지로 세계를 휩쓸어갔다 한다. 육상선수로서 한 경기에서 9개의 금메달을 석권한 선수는 역사상 아직까지 없었다는 이 말이 얼마나 자랑스러운가!

기원전2500년 지금의 땅에 정착한 핀란드인들은 12세기 무렵 가톨릭 세력의 확장을 계기로 스웨덴에 의해 650년간이나 지배를 받으면서도

17세기의 수도였던 투르크(Turku)에 설립된 헬싱키대학을 주축으로 학문을 발전시켜왔고, 민족적 자긍심을 키워가며 끊임없는 자주독립운동을 전개하면서도 국민의 체위향상에도 소홀함이 없던 국민정신이 이렇듯 훌륭한 선수를 낳을 수 있었다는 것을 현지에서 깨닫게 되었다.

온 세계에 명성을 떨치고 조국 핀란드에 영광을 안겨준 파보누르미의 공헌을 찬양하기 위해 세계인이 줄이어 찾는 이 경기장 앞에 동상을 세웠다는 국가의 배려도 훌륭했다. 자아를 버리고 국가를 위해 희생하는 감투정신과 국가에 헌신하려는 국민의 통일된 화합정신이 오늘의 핀란드를 건설한 힘이 아니었던가 하는 경의를 앞세우고 핀란드 땅을 조용히 물러나왔다.

핀란드灣의 언덕에 位置한 由緒깊은 古都 상트페테르부르크

북국의 습지요 작은 촌락에 불과했던 네바(Heba)강 하구의 초지(草地)가 역사에 이름을 남기게 된 것은 지금으로부터 약300년 전, 러시아(Russia)황제인 표트르(Pétr)대제가 북방전쟁에서 스웨덴(Sweden)의 침입을 막기 위해 요새를 구축한 것에서 시작되었다고 한다. 표트르대제는 스웨덴과의 전쟁에서 승리하고 발트(Batic)해로 나가는 출구를 확보하기 위해 이곳에 항구를 건설하고 1712년에는 러시아의 수도를 모스크바(Moscow)에서 이곳으로 옮기게 됨에 따라 세계의 시선이 이곳으로 모이게 되었다 한다.

그 후 러시아정교의 성인인 사도 베드로(Peter)의 이름을 따서 상트페트르부르크(Sankt Peterburg)로 정한 다음 서구 여러 나라의 건축가 조경가(造景家)를 초빙하여 제정러시아의 수도로 그 면모를 갖추게 되었다고 했다. 원래 상트페트르부르크는 핀란드만으로 흘러나오는 네바강의 델타(Delta)지대에 발달한 도시로 네바강의 지류와 운하를 포함하여 65개의 강과 100개 이상의 섬(島)으로 이루어진 곳으로서 365개의 교량이 가설된 북쪽의 베니스(Venice)라고 불리는 물의 도시로도 이름이 높다 했다.

공원과 광장과 궁전 터가 많다고 해서 일명 북쪽의 파르밀라(Palmyra)로도 불리고 있다는 말을 잊지 않았다. 상트페트르부르크 시내를 관류하는 네바강의 길이는 총74㎞나 되고 수심은 평균25m이나 깊은 곳은 40m까지 이른다했고, 시내 중심부에는 미관을 고려하여 건립한 18~19세기의 바로크(Baroque) 및 클레식(Classic)양식의 건물이 격동의 시대를 지나 아직까지 남아있는 것을 보면서 역사의 유구성과 함께 전통문화의 보전이 소중함을 다시 한 번 깨달았다. 아름다운 건물이라면 다소의 불편함을 극복하면서까지 현재에 이르도록 무난히 가꾸어온 상트페트르부르크 시민의 마음가짐과 고적의 보호의식에 높은 선망이 갔다. 로마노프(Rome'nov)왕조의 무대가 표트르황제에 의해 모스크바(Moskva)에서 이곳으로 옮겨지고부터는 근대러시아의 발전을 이끄는 수도가 되었다하나 또한 제정러시아의 역사를 뒤집은 혁명의 발상지로도 이름이 높다 했다. 1812년 수도가 다시 모스크바로 옮겨질 때까지 약 200년간 정치, 경제, 문화, 예술의 중심지로 발전했는데, 시내중심부에는 제정 페테르부르크시대의 모습을 곳곳에서 찾아볼 수 있었다.

유럽의 문화와 사상이 숨쉬던 도시로 극찬했던 희대의 시인 푸슈킨(Pushkin, Alekasndr Seraggvitch)도 이곳 상트페트르부르크를 '유럽을 향해 열린 창'으로 표현했듯이 상트페트르부르크야말로 유럽의 건축양식뿐만 아니라 문화와 사상을 함께 받아들인 도시로 알려져 있다. 그러나 후에 다시 러시아제정을 뒤흔드는 동란의 진원지가 되어 결국에는 혁명의 근원지가 된 것도 소용돌이치는 역사의 혁명이 아니었던가 한다. 1825년 12월14일에 발생한 청년 귀족들의 데카브리스트(Dekabrist)의 난은 새 황제 니콜라이1세(Nicolai I)에 대한 충성선서를 거부한 데서 발단되었으나 농노제폐지와 전제정치의 폐지를 위한 것으로 확대돼 나갔다. 반란은 곧 진압되었으나 그 후 니콜라이(Nicolai)1세의 전제정치는 더욱 강화되었다.

그러나 러시아사회에 불어치는 새로운 사상풍조는 그치지 않고 퍼져나가 1861년에 농노제가 폐지되고 나로드니키(Narodniki)의 혁명운동이 본격화해 가면서 1870년부터 1880년까지 빈번한 운동도 1905년 러일전쟁의 패배가 원인이 되어 피의 일요일(Krovavoe Voskresene 1905)에 음식과 자유를 갈망하던 민중은 네프스키대로(HeBCкиинIPOCIIекT)를 행진하며 궁전광장에서 제2차 러시아혁명을 일으키게 되었다. 결정적으로 제정을 붕괴시킨 것은 1917년 10월 혁명에서 레닌(Lé'nin Vladimir

Iliich)을 지도자로 한 볼세비키(Bolsheviki)는 최초의 사회주의 소비에트(Soviet)정권을 탄생시킨 혼란의 역사도 함께 가진 곳이다. 뿐만 아니라 1941년에서 1943년에 이르는 2차세계대전에서 독일군에 의해 60만 명의 희생을 무릅쓰고 900일간의 포위를 이겨낸 승리와 영예를 획득한 파란만장의 역사를 가진 곳이기도 하다.

그러나 묵묵히 그 험한 재난을 이겨내고 말끔히 복원된 오늘의 상트페테르부르크는 조용하고도 문화와 예술이 승화된 도시로서의 면모가 갖추어져 있었다. 특히 1990년 유네스코(UNESCO)에서 지정한 기념물군(Historic Center of Saint Petersburg and Related Groups of Monumets)은 영욕에 얼룩졌던 300년간의 도시역사를 한 눈에 볼 수 있어 더욱 보람스러웠다.

豪奢放漫의 殘影 표트르宮殿

상트페트르부르크(Sankt Peterburg) 근교에도 황제나 귀족들의 화려함을 과시하는 별궁과 저택들이 산재해 있었다. 세계제2차대전 당시 독일군과의 대전에서 이들 대부분이 파괴되고 소실되었으나 전쟁이 끝난 후 말끔히 복원되었을 뿐 아니라 기존의 호화건축물도 소중히 보존되어 있어 옛 모습 그대로의 전원풍경을 볼 수 있어 좋았다. 목가적인 풍경 속에서 홀연히 나타난 금색으로 빛나는 궁전은 마치 중세시대로 되돌아온 것 같은 착각을 일으키게 한다.

'표트르(Pètr)의 궁전'이란 뜻을 가진 도시의 이름은 표트르대제가 이곳에 여름궁전을 세우면서부터였다 하고 그때까지는 페테르호프(Petrehov)라는 황제의 땅에 불과했다고 한다. 표트르대제의 명으로 이곳에 여름궁전이 지어지기 시작한 것은 1714년의 일로서 많은 건축가 조경가 조각가 등에 의해 어디에도 비할 바 없는 호화궁전이 완성되었다 한다.

핀란드(Finland)만에서부터 점점 높아지는 테라스(Terrace)모양의 지형을 이용하여 공원과 궁전이 만들어졌고, 분수와 조각상도 어울리게 장식되어 있었다. 표트르궁전은 아래 공원과 위 공원으로 나뉘어져 있으며 총면적 1000ha의 광대한 땅이었다. 공원의 중심은 핀란드만과 접하는 아래공원으로서 폭500m의 평지에 아름다운 가로수 길과 분수, 그리고 작은 궁전이 있었고 제2의 테라스(Terrace)는 해발18m 폭5m로 아래공원을 내려다보는 끝 부분에 대 궁전이 세워져 있었다. 궁전 뒤는 위 공원으로서 140개나 되는 상하의 분수는 제3의 테라스인 해발100m의 언덕을 이용하여 수원이 관개되고 있었다. 러시아(Russia)예술의 진수라고 하는 아래 공원은 조각상과 분수가 있어서 야외 조각전을 보는 것 같았고 그 중심부에 대궁전 앞의 큰 폭포와 64개의 분수 그리고 이에 걸맞게 조성된 미관은 절경이 아닐 수 없었다.

아래 공원에서 바라보는 운하와 대 폭포, 금색에 빛나는 많은 동상 등은 하늘을 향해 일제히 내뿜는 분수에 어울려 7색으로 변해 절경을 이루었다. 대폭포는 좌우로 나뉘어져 7계단을 따라 물이 떨어지는 곳에는 반월형의 풀(Pool)이 설치되어 있었고 그 중앙에는 사자의 입을 찢는 삼손(Samson) 동상과 아래 공원 최대의 분수가 있어 관광객의 발걸음을 멈추게 했다. 삼손의 동상은 1802년 코즈로프스키(Kozlovsky)에 의해 만들어졌는데 3.3m의 높이에 무게가 5톤이나 된다 했다. 수많은 전란으로 파손된 것을 1947년에 복원하고 금박까지 입혔다고 하며 사자의 입에서 뿜어내는 물줄기는 20m에 이르고 있었다. 이 삼손의 동상은, 표트르대제가 성서 속의 영웅인 삼손을 추앙하여 스웨덴(Sweden)과 포르타바(Poltava)격전에서 승리한 날을 기념하여 세우게 했다는 사실도 새로이 알게 되었다.

맑은 날에는 분수의 물결이 일곱 가지 무지개 색깔로 변해 동화 속의 낙원 같은 기분이 들게 한다는 안내자의 말이 과장은 아닌 것 같았다. 102ha나 되는 아래 공원에는 장난꾸러기분수, 우산분수 등 여러 가지 재미있는 분수가 많았고 그 외 고대 그리스 로마의 신들과 신화에 등장하는 넵튠(Neptune), 비너스(Vnus), 머큐리(Mercury) 큐피터(Cupid),님프(Nymph) 등 신들의 조각상이 260종이나 설치되어 관광객의 눈을 끌었다.

표트르대제의 별궁이고 특히 여름궁전이라 불리는 이 대궁전은 300m나 되는 정면이 더욱 장관이었다. 밝은 황금색의 벽은 하얀 소상(塑像)으로 장식된 지붕양쪽의 끝에 설치된 양파모양의 둥근 금색지붕이 유달리 빛나 보였다. 이 대궁전의 건설은 1714년에 시작하여 그 후 몇 차례의 증개축이 있었으나 현재 남아있는 것은 라스토렐리(Rastoleri)가 설계한 것으로, 제2차세계대전시 독일군에 의해 파괴 소실된 것을 1958년까지 현재의 모습으로 완전 복원시켰다 했다.

생사여탈을 전횡하는 막강한 절대군주정권 하에서 백성의 보금자리는 어디에서 찾을 것인가. 몇 사람의 안일과 행락을 위해 마련된 이 호화로운 궁전이 국익에 기여한 것은 과연 무엇이었을까. 우리 일행 중 역사학을 전공했다는 김창자 여사는, 왕족 몇 사람을 위해 마련된 이 호화로운 별궁이 온당한 정책의 결과물이라 할 수 있겠는가 반문하며, 이러한 러시아제정이 진작 망해버리지 않은 것이 의문이라며 흥분하기도 했다.

여름 한 철만을 위한 표트르대제의 체궁은 얼마나 되었으며 표트르대제의 과욕 때문에 짓밟힌 국민의 희생은 또 얼마나 될까. 그뿐만이 아니라 표트르대제의 부인 에카테리나2세(EkaterinaⅡ)를 위해 이 궁전을 지었다는 말도 있으나 에카테리나는 이 별궁 외에도 궁전 전체를 호박(琥珀)으로 장식한 초호화궁전도 있었다 하니 이들의 방만무도(放漫無道)한 사치를 어느 왕정에 비견할 수 있을까. 숱한 연민과 회비가 엇갈리는 감회를 삭히지 못한 채 표트르궁전을 물러 나왔다.

華麗燦然한 古典美와 雄大한 에르미타쥐國立博物館

러시아(Russia)의 면적은 한반도의 78배에 달하는 1,708백만(1707만 5400)㎢에 이르며 미국영토의 1.8배에 달한다 했다. 인구수는 1억4천5백만 명이며 이 가운데 슬라브(Slav)족이 78%를 점하고 있는데 우랄(Ural)산맥을 중심으로 동쪽사람들을 러시아족, 서쪽사람들을 유라시아(Eurasia)족이라 한다 했다. 안내원은, 러시아는 65개의 운하와 호수로 이루어져 숲이 무성한 대평원을 이루고 있을 뿐 아니라 세계적 규모의 미개발탄전과 가스(Gus)전이 있다는 말과 함께 러시아 기독교의 선교역사도 1000년 이상 된다고 부연설명을 해주었다.

서기862년에 그리스(Greece) 정교회 키일(Cyrillic) 신부가 전도를 위해 러시아에 들어와 문자가 없음을 개탄하고 성경번역을 위해 문자(Cyrillic Alphabet)를 만든 것이 러시아어의 시초라 했고, 그 후 표트르(Ptea)대제 때에 이르러서야 비로소 러시아 실정에 적합한 문자로의 개혁이 이루어졌다고 했다.

현재 러시아의 1인당 국민소득은 2,800$이고 우리가 돌아보는 상트페테르부르크(Sankt peterburg)의 면적은 85,290㎢이며 인구는 671만 명이라 했다. 시내에 즐비한 건물들은 고도를 왕궁높이 이하로 제한하고 있다 했고, 48개소의 대중교통수단은 전철과 트롤리버스(Trolley Bus), 48개소의 지하철을 이용한다 했다. 특히 지하철은 방공호를 겸한 전략적인 시설로 전 흐루시초프(Khrushchyev)수상 집권 시에 시설되었다는 말도 아울러 해주었다.

차는 네바(Heba)강을 건너 러시아를 비롯한 세계의 문화유산을 비밀스럽게 간직하고 있는 에르미타쥐(Ermitarzh)국립박물관을 향했다. 러시아가 자랑하는 세계적인 초일류미술관으로, 역대황제가 거처했던 겨울궁전과 4개의 건물이 복도로 연결되어 있었고 1,050개의 방과 2,000여 개의 창문, 120개의 계단으로 된 이 시설의 총면적은 46,000㎡에 이른다 했다. 이 거대한 건물 안에 는 회화 조각상 발굴품 등 전시품만 해도 300만 점에 이르는 거대한 전시관이었다. 뿐만 아니라 지붕 위에 있는 176개의 조각상들도 방문객들을 놀라게 했다. 이 방대한 시설은 결코 영국의 대영박물관이나 프랑스의 루브르(Louvre)박물관에 뒤지지 않았다. 미술관의 수집전시는 물론 그 내용도 일류수준이었고 게다가 미술관이던 궁전 자체가 정말 훌륭했다는 찬사가 연이어졌다.

제정러시아의 재력을 쏟아 붓고, 전 세계로부터 최고급 재료를 가져와 일류장인들을 초청해 만든 엄청난 실내장식은 러시아 로마노프(Romenov)왕조의 권력과 호화로운 생활을 엿볼 수 있는 기회이기도 했다. 또한 에르미타쥐박물관의 소장품도 표트르대제의 딸 엘리자베트 페트로비나(Elizabeta Petrovna)여제에 의해 시작되었는데 그 후에도 에카테리나(Ekaterina)2세는 4,000점 이상의 회화를 서구에서 사왔다고 한다. 러시아, 이집트(Ezypt), 중국, 비잔틴(Byzantine) 등의 고대유물과 예술품도 많이 전시되어 있지만 고대 러시아의 문화와 고대유목국가를 건설했던 스키타이(Scythai)문화에 대해서도 깊이 이해할 수 있는 자료가 있어 눈길을 끌었다.

그리고 왕관과 보석 등이 무수히 전시되어 있는 지하 보물실에는 몰려든 관광객들로 인해 발 들여놓을 틈이 없었다. 그 외에도 2층에 마련된 제2차세계대전당시의 전리품과 러시아문화를 과시하는 전시장. 19세기까지 서유럽의 예술품전시가 눈길을 끌었다. 그 가운데서도 표트르대제의 방이란 장군의 방에서는 모두가 카메라의 셔터(Shutter)를 바삐 눌렀다. 도금으로 장식된 진귀한 조각품과 상상을 넘어선 화려찬란한 전시품들은 눈을 부시게 했다. 1839년 이태리(Italy) 화가를 초청해 그렸다는 천장의 그림은 보는 사람마다 감탄을 불금케 했고, 장군의 방에 전시된 장군의 초상화와 표트르대제가 활용했다는 황금마차는 당시의 권세와 호화의 극치를 상징하는 듯했다.

그 외에 피카소(Picasso)의 그림이 전시된 곳을 둘러보았는데 청색시대에는 주로 슬픔과 고독과 절망을 그림으로 표현하는 특성과, 장밋빛 시대를 상징하는 것은 무희들의 고달픔과 번민을 표현했고, 입체화로 변전한 시대에는 악기와 악보가 그림의 중추가 되는 것들을 화폭에 담았다는 안내원의 설명을 듣고서야 그 그림의 진가를 음미할 수가 있었다.

전시관 3층에는 근대부터 현대까지의 서유럽 예술품과 동양 여러 나라의 문화와 예술품 그리고 고대에 쓰였던 화폐들이 순서대로 전시되어 있었으나 2층에서 본 황금마차에 워낙 크게 놀라버린 시선에는 모두 허름한 조품으로밖에 보이지 않았다.

정말 호화스럽고 찬란한 보물들이 오늘을 살아가는 우리들에게 무엇을 시사하고 있는 것인가. 그칠 줄 모르는 위정자의 탐욕에 짓밟힌 러시아민중의 서러움이 뒤를 돌아보게 했다.

러시아最初의 표트르大帝紀念銅像과 華麗雄大한 이사크 聖堂의 天井畵

일찍이 상트페테르부르크(Sankte peterburg)의 중심부는 네바(Heba)강의 왼쪽과 포탄카(POHTaHaHKa)운하로 둘러싸인 구역이라 한다. 그 중심은 금색으로 빛나는 구 해군성(АТЦМИРаЦТеИСкаи)과 데카브리스트(Dekaburist)광장이었고 구해군성은 왼쪽 구역에 방사선 모양으로 뻗은 거리를 기점으로 시내 곳곳에서 금색 첨탑을 볼 수 있었다. 또 이 건물은 1704년 표트르(Ptea)대제의 앞 글자 모양인 Ⅱ을 따서 만들어져 동쪽과 서쪽의 600m범위는 축성학적 관점에서 일체의 건축이 금지되어 있었다. 후에 데카브리스트광장과 궁전광장(ПВорПоВаЯ), 아드미라르 디스키공원이 생겼으며, 현재의 구해군성은 1823년에 개축된 것으로 지금도 해군의 주요기관이 이곳에 몰려있다는 말을 들으면서, 표트르대제 동상의 남쪽에 있는 금색 둥근 지붕이 달린 러시아 정교성당인 이사크성당(Nсаакиевская)으로 발길을 옮겼다.

이사크광장은 성당 정면에 넓게 펼쳐져있었는데 그 광장 한가운데에 니콜라이1세(Nicolai Ⅰ)의 기마(騎馬)상이 우뚝 서 있었다.

이사크성당은 세계에서 세 번째로 큰 성당으로 알려져 있는데, 길이 111.2m 폭 97.6m로 14,000명을 수용할 수 있으며, 높이가 101.5m로 30층짜리 빌딩의 높이와 같아서 멀리서도 잘 보인다고 했다. 건립은 1818년에 시작하여 40년이나 걸렸다 하며 그 공사도 그리 간단하지 않았다 한다. 상트페테르부르크가 워낙 습지대였기 때문에 이러한 대규모의 성당을 지으려면 우선 기초를 굳건히 할 필요가 있었다. 교회의 완벽한 건립을 위한 기초를 다지기 위해 6m의 말뚝을 13,000본이나 박아넣고 그 위에 화강암과 석회암을 깔았다는 안내자의 말에 어안이 벙벙해졌다. 특히 힘들었던 것은 43m 높이에 있는 양파모양의 둥근 지붕 둘레에 높이1.3m 무게67톤의 기둥24본을 세우는 작업이었다는데, 그 둥근 지붕에는 100㎏ 이상의 금이 사용되었고, 실내장식에도 22명의 예술가들이 참여했다 한다. 성서의 장면이나 성인들의 그림이 150장면 이상이 그려져 있었고 그 중에서도 둥근 천장에 그려진 카를브릴료프(Karl Bulyov)의 작품에는 모두 시선을 멈춘 채 할 말을 잊고 있었다.

천장의 한가운데로 들어오는 일광을 받아가며 화려웅대하게 비쳐진 그림의 찬란성을 어디에 비견할 수 있을까. 대홍수 최후의 심판은 로마의 성화에 조금도 손색이 없었다. 그 외에 모자이크(Mosaic)화도 62점이나 되어 관광객들의 탄성을 자아냈다. 뿐만 아니라 성당을 장식한 300개 이상의 부조(浮彫)와 동상 그리고 '비타리(Vitali Guavanni Battia)작'이라는 무게10톤의 육중하고도 아름다운 문을 세 곳이나 설치해놓았다.

다음 돌아본 곳은 궁전광장인데 상트페테르부르크에서 가장 볼만한 곳이 이 에르미타쥐 국립미술관(Госупарственныи эрмитаж)으로 안내원은 소개했다. 에르미타쥐 국립미술관은 연록색 벽에 하얀 기둥과 금색조각들이 광채를 더하고 있었고 네바강에서 보아도 이 미술관의 기품은 러시아황제의 시대를 잘 표현하고 있었다. 광장중앙에는 47.5m의 높이에 직경4m 무게600톤의 알렉산드르(Aleksandr)원주가 서 있었는데 1812년 나폴레옹(Napoléon)전쟁 시의 승리를 기념하여 만들어졌으며 완성된 것은 1834년이라 했다. 몇 개의 기둥도 없이 스스로의 무게만으로 세워진 하나의 화강석으로 아취 위에는 말이 끄는 전차를 탄 승리의 여신도 늠름히 서 있었다.

그리고 구해군성에서 알렉산드르 네프스키 수도원까지 4.5㎞에 걸쳐 뻗어있는 네프스키대로(Невскипроспект)는 상트베테르부르크에서 가장 번화한 거리였다. 러시아의 유명작가 고골(Gogol Nikolai Vasilevich)과 도스토예프스키(Dostoévskü Fyodor Mikhilovich)의 작품에도 자주 등장하여 이 거리를 접해보는 감회가 새롭기도 했다. 19세기 중엽의 모습이 그대로 남아 있는 대로양쪽에 늘어선 건물들은, 세워진 연대는 서로 다르지만 불가사의하게도 조화가 잘 이루어져 있어 볼만한 것이 많았다.

네프스키대로는 3개의 운하와 교차하고 있었다. 구해군성에서 걷기 시작하면 처음 건너는 것이 모이카(Моика)운하인데, 거리와 교차하는 모퉁이 18번지 건물에는 문학찻집이 있었다. 제정페트르부르크시대의 작가들이 자주 모이던 곳이라고 했다. 특히 러시아 문학계에 명성을 떨쳤던 푸슈킨(Aleksandr Sergeevich Pushkin)이 38세 때 어느 이른 아침 이곳에서 결투하러나가 지금의 기념관이 된 자택으로 돌아가지 못했다는 애절한 일화도 들려주었다. 조금 더 걸어가니 오른쪽에 카잔성당(КазаНский Собор)의 아름다운 모습이 보이고 제2의 운하 그리보에도프(Канал ГРиóоелова)가 나왔다. 이 운하를 건너면 상트페테르부르크 최대의 백화점인 고스티니드보르(ГостиньІиЛвор)가 나온다.

1785년에 세워진 2층 클래식 건축양식의 이 백화점은 1㎞이상의 회랑으로 둘러싸여 있었다. 내부엔 기념품을 구입하려는 관광객으로 붐볐지만 어디에서 무엇을 사야할지 판매점을 분별할 수 없었다.

다시 네프스키대로로 돌아와 그 옛날 마차가 오가던 시대를 떠올리며 말과 인간의 조각상이 놓여있는 다리를 건너니, 오스트로프스키광장(Островското)이 나왔다. 광장에는 에카테리나(Ekatrina)2세의 기념상이 여제(女帝)를 섬기던 9명의 저명인사 동상에 둘러싸여 있었다.

歷代皇帝가 잠든 페트로파블로프스크 聖堂과 日·러海戰에서 敗航한 巡洋艦 오로라號

페트로파블로프스크(Petropavlovsk)성당은 상트페테르부르크의 발상지라 할 수 있는 페트로파블로스크 요새 안에 있다. 이 요새의 건설이 시작된 것은 1703년 5월16일로 상트페테르부르크의 탄생일과 같은 날이다. 습지대의 섬에 요새를 쌓는다는 것이 결코 쉬운 일은 아니었으나 침입해 오는 스웨덴(Sweden)군으로부터 러시아를 지키기 위해 요새의 건설을 서둘러야만 했던 표트르(Ptea)대제는 직접 선두에서 진두지휘를 한 결과 그해 가을 무렵 요새에 대포를 설치할 수 있었다 한다. 요새를 둘러싼 두꺼운 벽은 높이12m 폭2.5~4m에 이르고 5개 처의 출입문이 설치되어 있는 견고한 요새였다.

이 요새는 1706년에 착공, 약35년에 걸쳐 완성하게 되었다는데 6개의 성채(城砦) 중 하나인 나리시킨 성채에서는 매일 정오를 알리는 공포(空砲)가 발사되었다 하고 요새의 중앙에 예수의 제자인 성베드로(Petrus)와 성바울로(Paulos)를 기념하는 목조교회가 건립되어 이 일대를 페트로파블로프스크 라 불리게 되었다고 한다. 이 성당은 스위스(Swiss)인 건축가 도메니코 트레지니(Domenico Trezini)에 의해 1712년 건설이 시작되었으나 실제 완성된 것은 1733년이었다 한다.

그런데 성당의 종루(鐘樓)에 피뢰침이 설치되지 않아 자주 화재가 발생했는데 1756년의 화재로 첨탑과 네델란드(Netherlands)제 시계가 불타버린 일이 있었다 한다. 그 후 1830년에는 첨탑 끝에 달린 6.4m의 십자상과 이 십자가를 든 3.2m의 천사상이 금방이라도 떨어질 것만 같아 야로슬라블리(Yaroslavl)의 장인(匠人)인 테르시킨(Tareshicin)이 무상으로 수리했다는 이야기가 재미있었다. 낙뢰로 파손된 첨탑보수를 위해 전국에 수리공모집을 공고했으나 아무도 이 위험한 공사에 응해오는 사람이 없었다. 그런데 몇 개월이 지나 테르시킨이란 촌부가 수리를 자원하고 나섰다. 표트르대제는 너무 고마워, 왕명에 따라 수리를 한 자에게는 평생의 소원을 들어주도록 언명하고 완벽하게 수리토록 엄정 지시했다. 하명을 받은 테르시킨은 수리에 필요한 발판이나 사다리도 일체 사용하지 않고 망(網) 한 개만을 차고 탑 끝 부분에 올라가 십자상과 천사상을 말끔히 수리하고 내려왔다. 표트르대제가 기뻐하며 테르시킨에게 소원을 물으니 어이없게도 테르시킨은 평생 동안 술을 마음껏 마시게 해달라 한다했다. 이 소박한 이야기가 탐욕과 과욕에 찌든 현세에 신선한 충격으로 들려왔다. 또 이 탑은 1850년에 이르러 철골탑으로 바뀌었으며 높이도 121.8m로 상트페테르부르크에서 가장 높은 건축물이 되었다 한다.

유서 깊은 이곳에는 표트르대제부터 알렉산드르3세(AleksandrⅢ)까지 역대 황제가 잠들어 있으며 또 1998년 7월17일 에카테린부르크(Ekaterinburg)에서 발굴되어 이곳에 다시 매장된 니콜라이2(NikoliⅡ)세와 그 가족의 묘도 이곳으로 옮겨왔는데 그 당시 옐친(Boris N Yeltsin) 대통령은 로마노프(Romenov)왕조의 후손이 참석한 가운데 이장식(移葬式)을 엄숙히 거행했다고 한다.

성당의 내부 장식은 내장공사만 약20년이 소요되었다는 말처럼 황제의 성당에 걸맞게 내부공간이 넓고 햇볕이 잘 든다 했다. 지주와 벽기둥 대리석 벽 등 다양한 색채의 아치(雅致)와 금박(金箔)의 석고상(石膏像) 그리고 현란(絢爛)한 빛깔의 샹들리에 등 모든 것이 훌륭했다. 다음 돌아오는 길목에 표트르 강변도로를 따라 네바(Heba)강이 대네바강과 나뉘는 지점에 다다르니 회색의 배가 닻을 내리고 한가히 정박해 있었다. 이 배가 바로 1917년 10월 러시아혁명의 시작을 알리기 위해 겨울궁전을 향해 발포한 순양함 오로라(КРеӥсерАврора)호이며 1905년 동해 해전에서 일본군에게 패항해온 오로라호 순양함으로 현재 해군중앙박물관

분관이 되어있었다. 순양함 오로라호의 내부에는 1905년 동해의 해전에서 일본군의 포격을 받아 뱃머리 쪽에 큰 구멍이 뚫린 그림이 있다고 하나 들러보지 못하고 지나쳐야 했다. 낡은 회색에 지쳐있는 듯한 이 순양함의 모습에서 나는 아득히 흘러간 과거를 회상했다.

초등학교시절 일본이 해전에서 이긴 전공을 가르칠 때 당시 해군사령관인 도코 헤이하치로(東郷平八郎)의 독전명언이 그때까지도 생생히 기억되었다. "皇國の興敗 此の一戰に有り 各人一層奮勵努力せよ" 일본군의 포격을 받고 패전의 고배를 마셨던 이 오로라호가 그 후 러시아 혁명 시에는 왕궁을 향해 포격하였다는 아이러니(Irony)를 여기에서 맛볼 수가 있었다.

돌아오는 길에는 1801년부터 10년에 걸쳐 지어진 아름다운 카잔성당(Каза́нский кафедра́льный собо́р)을 돌아보았다. 네프스키(Невская) 대로를 향해 펼쳐진 반월형의 회랑에는 94개의 코린트(Corinth)식 기둥이 늘어서 있었다. 성당이 완성된 후 러시아(Russia)는 나폴레옹(Napoleon) 전쟁에서 승리했고 프랑스(France)군에게 탈취한 몇 개의 군기가 성당 안에 장식되어 있었다. 성당 앞엔 당시 전투총사령관인 쿠투조프(Kutuzov Mikhail IIIarionvich)의 힘차고 씩씩한 동상이 세워져있었는데 이는 전쟁의 승리를 기념하기 위한 것이라고 했다.

그 외에 국립도서관과 도스토예프스키(Dostoevskii) 문학기념박물관, 알렉산드르네프스 대수도원(Алексàнлро Невская Лавра) 등은 안내원의 설명만 듣고 숙소로 돌아왔다.

석양에 비친 카잔성당의 모습이 너무도 아름다워 반원형의 회랑에 세워진 기둥을 헤아려보는 나에게 버스운전기사 겐나지(Gen Narge)가 "그 기둥을 사려고 헤아리느냐"던 말이 아직도 여운으로 남는다.

러시아의 歷史를 지켜온 크렘린과 모스크바 第1高層의 이반大帝鐘樓

크렘린(Kremlin)은 모스크바(Moskva) 강가에 있는 고지대를 둘러싼 붉은 성벽 안쪽을 말하는데 과거 차르(Czar)황제를 비롯한 세 번의 확장 공사를 통해 지금의 모습이 되었다 하며 1156년 유리도르 고르키공이 볼로비치키(Volovisik)언덕에 목조성채를 쌓으면서 크렘린의 역사가 시작되었다 한다. 그 후 1367~1368년, 하얀 돌로 만든 벽으로 확장을 하고 1485~1495년에 걸쳐 러시아(Russia)인과 이탈리아(Italia)인의 명장(明匠)들이 현재의 성벽을 완축함으로써 그 명성이 세계에 알려지게 되었다고 한다. 크렘린은 원래 북서쪽을 네그린나야강에, 북동쪽을 해자(垓字)로, 남쪽을 모스크바강에 둘러싸이도록 해서 현재 네그린나야강을 알렉산드로프스키(Aleksandrovsk)공원 밑으로 흐르게 하여 장관을 이루고 있었다.

크렘린의 둘레는 2.235m로 그 주위를 성벽이 둘러싸고 있고 성벽 위에는 총안(銃眼)이 늘어서 있었으며 적당한 간격을 두고 20개의 망루가 설치되어 있었다. 그중 가장 높은 탑이 트로이츠카야탑(삼위일체의 문이란 뜻)인데 높이가 80m나 된다고 했다. 또한 17세기 초에는 스파스카야탑에 시계를 달았는데 그 시계의 숫자판 직경만도 6.12m나 되고 무게가 72톤이나 되며 지금까지도 시간이 정확하다는 말에 모두 눈이 휘둥그레졌다. 크렘린 내에 있는 가장 새로운 건축물로는 1961년에 완성된 크렘린 대회궁전으로, 유리와 알미늄(Aluminium), 대리석으로 축조되어 은색으로 빛나고 있었다. 주위의 경관을 압도하지 않도록 설계되었다고는 하나 어딘가 조화롭지 못한 느낌을 주고 있었다.

옛날 소련공산당대회를 비롯하여 중앙위원회 총회에 이용되었고 당시 연단에는 서기장과 최고회의 간부, 회의장 및 정치국장, 서기국장이 죽늘어서 있었으며 긴 연설 중에는 한 구절마다 박수를 보냈다는 얘기도 들었다. 지금은 국제회의와 오페라(Opera), 발레(Ballet)극장으로 활용하고 있으며 관객석은 6,000석이라했다. 다음엔 궁전병기고를 둘러보았는데 내부는 일반에게 공개되지 않아 병기고광장에 전시되어 있는 나폴레옹 군대로부터 빼앗은 875개의 고풍스러운 대포를 돌아보고 옛날 레닌(Vladimir Lenin)이 살았던 러시아연방 대통령관저를 멀리서 바라만 보았다. 마토페이 가자코프(Matopai cazacov)의 설계로 18세기말에 지어졌다는 크렘린대회궁전은 러시아 고전양식의 전형적인 건물로, 둥근 지붕 위에는 대통령기가 미풍에 나부끼고 있었다. 옛날 구 소련 정부의 중추이며 역대 서기장들도 집무했던 소비에트(Soviet)연방 내각관이었다는 말이 무상한 과거를 되돌아보게 했다.

이윽고 이반(Ivan)4세 때 모스크바에는 이 건물보다 더 높은 건물은 세울 수 없다는 이반대제의 종루(КолоклЬня Ивана Великго)에 닿았다. 이탈리아의 건축가 프리아친(Priachin)이 1505년에서 1508년에 걸쳐 본체를 세우고 페트로프마리아(Petroev Maria)가 1532년에서 1543년에 걸쳐 팔면체의 종루를 덧붙여 완성했다는 이 건물은 보기에도 우람했다. 250년간 몽고의 지배를 받은 바 있고, 또 나폴레옹(Napoleon)이 모스크바에서 퇴각할 때 이 종루를 폭파할 것을 명했으나 18개의 종은 남겼다는 이야기도 소개했다.

그 후 1992년 파스카(Paschal) 부활절을 계기로 교회의 기능을 회복했다는 말과 함께 옛날 모스크바를 둘러싼 수도원의 감시탑으로부터 적의 습격을 알리는 신호가 보내졌다는 말도 들었다. 수십 킬로미터 지점에서도 적의 습격이 감지되면 2개의 종이 울렸다 하며 무거운 것은 70톤에 이르고 종루의 높이는 81m라 했다. 문득 우리나라의 한강변에 자리 잡은 264m의 63빌딩이 생각났으나 그 고고함과 웅대함은 이 건물에 비교가 되지 않았다.

그 다음 돌아 본 곳이 1733년에서 1735년까지 이반 미하일(Ivan Mikhail Romenov)부자에 의해 주조된 높이6m무게200톤의 세계최대 종으로 불리는 종의황제이다. 18세기 주조기술의 정수를 모아 제작되었다고는 하나 불행하게도 미완성이라고 했다. 종을 주조하던 중 화재가 발생하여 누군가 불을 끄기 위해 물을 뿌린 바람에 종에 금이 생겨 일부분이 떨어져나갔는데 그 떨어져나간 부분의 무게만도 11톤에 이르렀다 했다. 그 후 지금까지 누구도 이 종소리를 들은 적이 없다 했다. 금 200kg, 은 525kg이나 투입된 이 불운의 종은 로마노프(Romenov)왕조를 상징하는 웅장한 문양이 새겨진 채 말없이 버티고 있었다.

예전에 컴퓨터를 이용해 종소리의 재현을 시도해봤지만 그다지 좋은 소리가 나지 않았다 쓸쓸한 여운을 안고 한 번도 발포되지 않은 대포의 황제(IIapЬ－IIyШкa)를 돌아보았다. 16세기말에 안드레이초호프(Andreeicho Hov)에 의해 만들어진 구경(口徑)890㎜ 무게40톤의 거포였다. 예전에 스파스카야(Spasskarja)탑으로 가는 길에 설치되어 당시 세계최대의 구경거리였으나 대포 앞에 있는 탄환은 장식품으로 19세기에 만들어졌다는 말뿐 다행인지 불행인지 지금까지 한 번도 발포된 적이 없다고 했다. 결과적으로 포의 구경은 890㎜인데 반해 포탄의 둘레는1,000㎜라 했으니 애초에 쏠 수 없는 전시용으로 만들어진 것임을 알 수 있었고 구소련의 위세를 여기에서도 실감할 수가 있었다.

끝으로 크렘린 내에서 가장 넓은 광장으로 알려진 소보르나야광장(Coборная ПЈIoШaЈIЬ)을 지나면서 제정시대에 화려하게 열렸던 여러 가지 공식행사 등을 눈앞에 그려보았다. 15세기 동로마제국 마지막황제의 질녀인 소피아 팔레오그(Sophia Paleog)를 왕비로 맞아 비잔틴(Byzantine)황실과 인척관계를 맺으면서 17세기 황금시기를 구가했던 이반대제의 전성기를 상징하는 종루를 다시 한 번 돌아보았다.

러시아國教의大聖堂 우스펜스키聖堂과 大크렘린宮殿 武器庫의 華麗한遺物

우스펜스키성당(ПаТРНРШИИ Собр)은 1479년 이탈리아 볼로냐(Bologna)의 명장 아리스토텔리 피오라반다에 의해 완성되었다고 한다. 우스펜스키대성당은 옛 러시아제국의 국교대성당이라 불려 이곳에서 황제의 대관식이 거행되었고, 중추교의 장례식을 치렀다고 했다. 대성당의 벽과 지붕은 그리스정교에서 모시는 예수 성모, 성도, 순교자 등의 초상이 프레스코(Fresco)화로 꾸며져 있는데 이곳에 성화를 그린 화가의 수가 무려 1천여 명이나 된다고 하니 이 어찌 놀랍지 않은가. 그 중에서도 유독 눈길을 끄는 것은 12세기의 성 게오르기(Geor'ge)상과 13~14세기의 삼위일체 상이었고 서쪽의 반 정도를 둘러싸고 있는 벽 주위에는 부주교와 총주교의 영묘(靈廟)가 배향되어 있었다.

이밖에도 나폴레옹(Napoleon)군대가 퇴각할 때 훔친 300kg의 금과 5톤의 은을 되찾아 만들었다는 은샹드리에(Chandelier)와 검은색 래커(Lacquer)를 칠한 동판 위에 성서의 20장면을 금으로 그린 그림이 눈부셨다. 자원이 있다고 이렇게 호화롭고 아름다운 예술미를 갖추어 보존할 수 있을까… 시야에 들어오는 그림과 조형미 탁월한 이 보화들을 보면서 진정 유구 찬란한 역사의 재보(財寶)로 남는다는 교훈을 얻었다.

다음 역대 황제의 처소였던 크렘린(Kremlin)궁전 터에 세워진 대 크렘린궁전으로 갔다. 1812년 크렘린궁전이 소실된 후 같은 장소에 차차코프 게라시모프(Gerasimov Mikhail Prkofievich) 바칼레프 리히테르 등 러시아 건축가들에 의해 1838~1849년에 걸쳐 대 크렘린궁전이 건설되었다고 한다.

여기에는 그라노비타야궁전(Грановитаяпалата)과 황후의 황금방, 티엘

름노이궁전 등의 건물이 들어선 가운데 700개의 방에 2만 자루의 촛불이 밝혀져 있다 했고, 19세기의 가구, 샹들리에(Chandelier), 융단(絨緞), 악기, 회화, 조각 등의 걸작들이 수없이 보존되어 파리(Paris)의 루브르(Louvre)궁전에 뒤지지 않는 화려함을 과시한다 했다. 또한 지난 1934년의 증개축으로 3천 명을 수용할 수 있는 구소련 최고의 회의장이며 현 국회의사당이 되었다 했다. 주요한 몇 개 홀(Hall)에는 러시아의 에카테리나(Ekaterina)훈장의 방, 블라디미르(Vladimir)훈장의 방 등 러시아훈장의 이름이 붙어있어 볼 것이 많다고 했으나 현재 외국정부요원이나 국가원수와의 회견에 사용되기 때문에 일반에게는 공개되지 않아 아쉬움이 많았다.

그 다음 러시아 역사 그 자체를 소장한 무기고(OPУжеинаяя Палата)로 가보았다. 19세기 후반에 갑옷과 병기들을 제작하여 보관했던 무기고로 건립되었으나 니콜라이1세(Nikolai 1 Pavlovich)의 명으로 박물관으로 개칭되었다 했다. 러시아(Russia)의 공예미술품과 왕관 왕홀류(王笏類) 외에 수세기에 걸쳐 모아진 외국지배자들의 선물, 러시아제국이 전취(戰取)한 전리품 등이 전시되어 있어 그야말로 러시아역사 그 자체를 소장하고 있는 보고였다. 이 무기고의 건물은 2층 9개의 홀(Hall)로 이루어져 있었는데 1~2홀에는 12세기에서 20세기에 이르는 금, 은그릇들이 수집 전시되어 있었고, 3~4홀에는 각종 무구와 무기가, 5번 홀에는 유럽의 은그릇들이 전시되어 있었으며 6번 홀에는 각종 의상과 직물들이, 7번 홀에는 왕관과 왕홀(王笏)이 전시되어 우리나라의 신라금관을 비교 연상케도 했다. 8번 홀에는 마구 등이 수집 전시되어 있었고, 9번 홀에는 궁정마차 등이 전시되어 고대 러시아의 진전된 과정을 살펴보게 했다. 특히 유리도르고르키의 은잔과 표트르(Ptea)대제 등 러시아 황제가 썼던 유명한 왕관인 마노마프의 모자, 여제인 안나(Annapetrovna)의 왕관, 13~18세기의 다이아몬드(Diamond)를 박은 왕좌, 표트르대제의 거대한 옷, 에카테리나(Ekaterina)2세의 눈부시게 화려한 의상과 12~19세기 각국의 금은세공과 귀중한 보물들이 수없이 많았다. 그리고 같은 건물 북쪽에는 다이아몬드고(АЛМазнЫИфонл)가 있었는데 그 많은 다이아몬드 가운데서도 에카테리나2세의 연인이 그녀에게 선사한 세계최대의 다이아몬드인 오를로프(Orlov)는 보는 이의 입을 벌어지게 했다. 각종 보물과 유물들의 화려함에 탄성이 나올 정도로 당시 러시아제국의 강대함과 호사함을 느낄 수가 있었다.

끝으로 크렘린 북동쪽의 붉은 성벽과 붉은 벽돌로 만든 국립역사박물관과 굼(Gum)백화점, 성바실리(Василия) 성당으로 둘러싸인 붉은 광장(Красная Плошаль)을 지나게 되었다. 붉은 광장의 넓이는 7만3천㎡에 이르고 구 소련시절에는 5월1일 노동절과 11월7일 사회주의 탄생을 축하하는 혁명기념식전이 이곳에서 개최되었다 한다. '붉은 광장'의 참뜻은 크라스나야(Красная)라는 러시아 고어로 '아름답다'는 형용사이기 때문에 '아름다운 광장'으로 해석되며 이렇게 번역되어 '붉은 광장'이라는 명칭이 역사에 등장하게 되었다는 것을 처음 알게 되었다.

設計者의 눈을 빼앗은 성바실리聖堂과 폴란드軍隊를 擊退시킨 포자르스키의 銅像

성바실리성당은 이반(Ivan)뇌제(雷帝)가 카잔(Kazan)의 한국(汗國)을 굴복시킨 것을 기념하여 희세(稀世)에 초일(超逸)한 건물을 짓도록 포스토닉과 바르마에게 설계를 명하여 1565년에 지금의 바실리성당(Собор Василия Блаженного)을 완성하였다 한다. 건물 한가운데에 높이 47m의 양파머리 모양 돔(Dome) 1개가 있고 그 주위를 8개의 둥근 지붕들이 감싸고 있는 기이한 모양을 하고 있었다. 건축구조상 대칭형이 아니라 전혀 조화롭지 않게 배치되어있긴 해도 마치 좋은 상태로 파종된 파근(芭根)이 멋대로 자란 것 같은 모습들로 불균형 속에서도 묘한 조화를 이루고 있어 흥미를 돋우었다.

안내자는, 이 기묘한 건물이 완성되자 너무도 아름다운 건축미에 감탄한 이반뇌제는 두 번 다시 이러한 아름다운 건축물을 지을 수 없도록 설계자인 포스토닉과 바르마의 눈을 모두 뽑아버렸다는 애절한 사연까지도 소개했다. 이 얼마나 잔혹한 악행이며 무도한 폭거(暴擧)인가. 백성은 아랑곳없고 황제 한사람의 망욕(妄慾)에 충족만 되면 만사가 불용(不用)해지는 독재자의 잔상을 보는 것 같아 소름이 끼쳤다.

성당의 이름은 이반뇌제에게 많은 영향을 주었던 바실리에서 따 온 것이라 했고, 파의 꽃처럼 둥근 9개의 지붕은 각각 하나씩 러시아정교의 교회였으며 현재는 박물관으로 개방되어 있었다. 그 중에도 가장 볼만한 것은 부분적으로 잔존해 있는 프레스코(Frésco)화로, 16세기에 그려진 이 그림이 많은 사람들의 눈길을 끌었다. 멀리 있으면서도 가까이 다가설 듯한 성화는 아름다운 건물에 걸맞게 수 세기가 지났음에도 변색하지 않고 찬란한 빛을 내고 있어 방문객들의 사랑을 받고 있었다.

다음은 1612년 폴란드(Poland)군의 침공을 막은 기념으로 세워진 카잔성모성당(Казанскисобор)을 돌아보았다. 이 성당은 1936년 스탈린(Stalin Iosif Vissarionovich)의 명에 의해 파괴된 바 있었으나 1993년 현재의 모습으로 재건되었다 한다.

구소련 붕괴 후 러시아정교의 복권에 따라 모스크바에서 최초로 재건된 교회라 했으며 교회의 유래가 된 카잔의 성화는 9세 소녀의 꿈에 세 번이나 현몽(顯夢)된 성모의 말씀대로 카잔(Kazan)의 폐허 아래서 발견되었다고 전해오고 있다 했다.

이 성화 앞에서 기도를 한 미닌(Минину)과 포자르스키(Пожарскому)가 이끄는 러시아 의용군이 폴란드군에게 승리함으로써 신앙을 결집시켰다는 말이 전해오고 있다 해서 미닌과 포자르스키의 동상이 있는 곳으로 가 보았다.

미닌은 니지니노브고로드(Nizihnii Novgorod)의 정육점 주인이었고, 포자르스키는 수즈달의 대공이었는데 이들은 애국심에 불타 인민의용군을 조직하여 폴란드군을 격퇴시켰다고 한다. 그때 황제는 힘이 없었기 때문에 이들이 일어서지 않으면 안 되었다 한다. 미닌이 앞장서 "재산을 내 던지고 처자식을 저당하더라도 조국을 적에게 넘겨줄 수는 없다."라고 하며 의용군자금을 모으기 시작하자 주위사람들이 적극적인 협찬을 하여 훌륭한 의용군을 조직할 수 있었다. 미닌은 인덕이 있어 자치장에 선출될 정도로 신망을 받고 있었다. 이 의용군의 지휘는 모스크바의 몰락귀족인 포자르스키가 담당하게 되었다. 폴란드군이 크렘린 점령 시 방위전에 뛰어난 전투모습을 보여준 포자르스키를 미닌이 높이 평가했기 때문일 것이라고 안내자는 소개하면서 당시 12,000명의 폴란드군에 비해 러시아의 의용군은 9,000명에 불과했으나 애국심으로 단결된 의용군을 폴란드군은 당해낼 수 없었기 때문에 접전 15시간에 달하는 혈전 끝에 러시아군은 폴란드군에게 승리했고, 모스크바는 러시아의 손으로 들어오게 되었다는 전화(戰話)도 아울러 들려주었다.

여기 세워진 이 동상들이 바로 그들의 영웅적인 업적을 기념하여 만든 것으로 1818년에 이반 마르토스(Ivan Maltose)가 청동으로 완성시켰다 한다. 동상을 쳐다보니 한 사람은 오른손으로 하늘을 가리키고 또 한 사람은 앉아서 하늘을 쳐다보는 구도로 되어있었다. 아마도 이 두 사람이 미닌과 포자르스키가 아닌가 하는 상상을 하면서 국립역사박물관으로 발길을 옮겼다. 붉은 광장 북쪽에 있는 이 건물은 원래 이 장소에는 로모노소프(Lomono'sov Mikhail Vasilievich)에 의해 모스크바대학의 작은 교사(校舍)가 세워졌다 고한다. 이것을 1875~1881년에 세르비아세묘노프(Semënov Nikolai Nikolaevich)가 붉은 벽돌 건물로 다시 지었다한다. 혁명이후를 제외한 러시아의 전 역사가 전시대상이라 했으며 특히 고고학 자료가 충실하다 했다. 러시아의 불가사의한 토템(Totem), 고대의 멋진 장식품도 볼만하였다. 또 제정시대의 자료가 복원되어 황실과 관계되는 물품 등이 특별 전시될 때도 많다고 했다. 이밖에도 코인(Coin), 메달(Medal), 장신구, 가정용품 사본(事本) 등이 42개의 방에 30만 점이상이 다양하게 전시되어 있는 것이 러시아의 전 현대사를 돌아보게 했다.

歷史깊은 모스크바 大學舊館과 文化의 香氣짙은 투베르스키야 凱旋廣場

모스크바(MockBA)대학은 러시아에서 가장 오래된 대학으로 지금도 러시아(Russia) 최고학부로 통한다고 한다. 현재는 거의 바라뵤비언덕(BоробьёВЫ ГоРЫ)으로 옮겨지고 이곳에는 저널리즘(Journalism)학부, 심리학부, 아시아 아프리카학부, 학생극장 등만 남아있다고 한다. 러시아의 학자 로모노소프(Lomo no'sov. Mikhail Vosilievich)에 의해 1755년에 창설된 이 학교는 그 후 1785년에 최초의 교사가 세워졌으나 1812년의 모스크바 대화재 때 대학도서관 등이 소실되어 몇 년 후 기랄디(Ghiraldea)에 의해 현재의 클래식(Classic)양식 교사가 다시 세워졌다 했다.

유서 깊은 대학들이 대개 그렇듯이 이곳에도 고풍스럽고 신성한 분위기가 감도는 듯 했고 레르몬토프(Ler'montov Mikail Yurevich)와 펠레스키 투르게네프(Turge'nev Ivan Seevich) 그리고 게르첸(Ger'tsen Aleksa ndr Ivanvich)과 체호프(Chekhov'Anton Pavlovich) 등 러시아 문학의 거장들도 이 대학에서 수학하였다는 안내자의 소개가 있었다. 중후한 건물만 돌아보고 러시아문학을 선도해온 그들의 위용을 눈앞에 그리며 모스크바시청 건너편에 있는 투베르스카야광장(TверскаяIIJTошаJTь)으로 갔다.

광장의 중앙에 자리 잡은 '말을 타고 용맹스럽게 가슴을 펴고 있는 동상이 모스크바의 창설자 유리도르 고르키공이라 했다. 모스크바시 창립 800주년을 기념하여 오를로프(Orlov)와 안드로포프(Andropov), 스탑(Staëv) 등의 조각가에 의해 제작되었다고 했고, 시청 옆 건물의 장밋빛 벽은, 제2차세계대전시 모스크바를 침공한 독일군으로부터 빼앗은 화강암으로 만든 벽이라 했다. 광란의 호전성에 잠겨있는 독일군은 구소련에게 승리할 것을 확신하고 방첨탑(Obelisk)을 만들기 위해 화강암을 대량 수송해왔던 것이라 한다.

다음 가로수길이 아름다운 불리바르 환상도로(Рверскоиоулья)와의 교차점부근에 자리한 푸슈킨(Puskin)광장으로 갔다. 구 소련 저널리즘(Journalism) 일대의 중심지였는데 이즈베스티야(Izvestiya)와 노동조합 기관지인 토르드(Toil)등의 보도기관이 있고, 전에는 독자가 많지 않았던 이즈베스티야지도 고르바초프(Gorbachyov Mikhail Sergeyevich)의 개혁개방과 그 후의 구소련 해체로 인해 내용이 다양하고 재미있어지기 시작했다고 한다. 그 외에 새로운 신문도 수없이 많이 발간되고 있으며 독자들도 다양하게 늘어나고 있다한다.

광장에는 푸슈킨동상이 있는데 1880년 알렉산드르 오페크시(Aleksandr Opace)가 제작한 이조각상은 도스토예프스키(Dostoevski), 투르게네프(Turge'nev) 등 당대 문호가 참가하여 제막했다고 한다. 지금까지도 많은 사람들이, 푸슈킨의 감각과 문체와 시대를 뛰어넘는 보편성에 깊은 공감과 경의를 보내고 있어 그의 동상 앞에는 참례자가 두고 간 꽃다발이 항상 가득했고, 그를 찾는 방문객의 발길이 끊어지지 않는다고 했다.

다음에는 투베르스카야(Тверская)거리의 끝과 사드바야(B.cano BaЯy a) 환상도로의 교차점에 있는 개선광장으로 갔다. 그곳에는 혁명시인 마야코프스키(Mayakovskii Vlodimirovich)의 동상이 있었는데 동상대좌에는 혁명 후 혼란한 조국의 재건을 위해 궐기한 노동자들에게 포효한 마야코프스키의 열정적인 글귀가 다음과 같이 새겨져 있었다.

나 또한 노동과 투쟁가운데서 태어났다
인류의 봄을 노래하듯이 노래한다
나의 조국 나의 공화국!

짧고도 간결하며 근로대중의 심금을 흔들어 놓은 훌륭한 글이라 평가하는 것은 물론 '모스크바의 재건은 투베르스카야 거리에서 시작되었다'고 그들은 자부하고 있었다.

다음은 러시아에 침입한 나팔레옹(Napoleon)군에게 승리한 구투조프(Кутузов)장군을 기념하는 개선문(Arch of trumph)으로 갔다. 오른편에는 모스크바 서부 블로디노에서 치러진 러시아군과 프랑스군의 전투자료가 전시되어 있는 블로디노 전투파노라마관(МузейПанорам 'Боролинская Битва)이 있었다. 1812년 9월7일 러시아군이 나폴레옹군의 대공격을 받은 볼로디노 전투를 기념하는 박물관 전시는 항상 새로워서 회화나 군인의 초상화 군단의 미니치어(Miniature) 등이 정연하게 전시되어있고 원통형돔(Dome)에 그려진 전투실황을 담은 파노라마(Panorama)는 그 길이에 느껴질 정도로 보는 이의 스스로가 넋을 잃을 정도로 광대무변했다. 순서에 따라 관람을 하다보면 당시의 전투상황을 실감할 수 있는 경지에 몰입되고 그 그림의 섬세함과 웅대함에 놀라지 않을 수 없었다. 그러한 전시관을 배경으로, 말을 타고 있는 쿠투조프 장군의 동상이 믿음직했다.

人材育成의 名門 모스크바大學과 偉人들의 英靈이 잠든 노보데비치修道院

M.Г.У.(Моковский Государственний Университетим Помоносова)라는 이름으로 친숙한 모스크바대학은 러시아 최고의 명문대학이다. 이 대학 입학을 목표로 전국 수재들이 열심히 공부하는데, 이 대학은 연줄로 들어갈 수 없고, 졸업하면 러시아의 엘리트(Elite)로서 장래가 보장된다고 한다. 이 대학의 창설자는 로마노소프(Lomanosv Mikhail)인데 원래 크렘린 북쪽에서 창설했으나 1953년 스탈린(Stalin, Iosif Vissarionovich)양식의 학사가 완성됨과 동시에 이곳으로 옮겼다 한다. 높이240m 정면 폭450m로 모스크바에 있는 7개의 스탈린 양식 건축물 중 규모가 가장 크다고 했고 중앙의 32층 건물은 주로 대학의 관리부가 있는 관리동이며 양옆 17층 건물의 날개부분은 학생기숙사라 했다. 관리동인 중앙동 좌칙동 옥상 탑에는 시계가 게설(揭設)되어 있었고, 우칙동 옥상 탑에는 기압탑(氣壓塔)이 게설되어 있어 균형을 이루고 있었다. 이곳에는 이과계 14학부 3만2천 명의 학생이 수학하고 있으며 교수는 8천명이 재직하고 있다 했다. 안내자는 우리나라 유학생도 400명이나 된다고 하며, 이 대학의 최초 노벨(Nobel)상 수상자는 멘델예프(Mendele'v Dmitri)로 화학기호를 창안한 공로로 그 명성이 높아지게 되었다는 소개도 아울러 해주었다. 시간관계로 교정에는 들어가지 못하고 교문 앞에 건립된 로마노프의 동상을 살펴보고 다음예정지로 발길을 옮겼다.

8월 하순임에도 늦가을을 방불케 하는 자연을 만끽하면서 위인들의 영령이 잠들어 있는 노보데비치수도원(НовоIевиуий МонастЫрь)으로 갔다. 노보데비치수도원은 1년 내내 정숙한 분위기라 한다. 지금은 여자 수도원이지만 원래는 크렘린(Kremlin)의 출성(出城)이었다 하며 16세기

말 모스크바(MockBA)강을 건너 침입해온 타타르(Tatarstan)군을 42개의 망루에서 발견하여 포격했고, 17세기에는 폴란드(Poland)군과 동맹관계에 있던 리투아니아(Lithuania)군의 침입을 포자르스키(Ножарскоиу)가 이곳에 출격하여 섬멸했으며, 또 이곳에서 보리스고두노프가 황제로 선택되었다는 설명도 있었다. 또 이 수도원은 1524년에 바실리(ВасиJтия)3세가 모스크바와 스몰렌스크(Smolensk)의 연합을 기념해 건설했다고 하며 1525년에 건설된 스몰렌스크성당은 5개의 돔(Dome)이 있는 수도원 최대의 건축물로서 종루는 17세기말의 것이라 했다. 그보다도 노보데비치 수도원에서의 볼거리는 역대 위인들이 묻혀있는 묘지라 했다. 이곳에는 고골(Gogol), 체호프(Chekhov), 마야코프스키(Mayakovskii), 스타니슬리프스키(Stanislavskii Konstantin Sergeevich), 쇼스타코비치(Shostakevich Dimitri Dimitrievich) 등 수없이 많은 유명인들이 잠들어 있다고 했다. 거기에다 크레림 성벽에 유골을 묻지 않았던 흐루시초프(Khrushchev, Nikita Sergeyevich)와 그로미코(Gromy'ko, Andrei Andreevich), 천재성악가 샬라핀(Chaliapin, Fyodor Ivanovich) 그 외에 최근에는 고르바초프Gorbachyov Mikhail) 전 대통령의 부인 라리사가 이곳에 묻혔다 했다. 경건한 심정으로 돌아본 후 전 러시아전람회장(Всероссийский ВЫставоунЬий Центр 〈ввп〉)으로 갔다.

이곳을 구소련 시절에는 '소련경제발전전람회장'이라 불렀으며 사회주의 경제선전에 자주 활용되었다 하며 지금은 전 러시아전람회장으로 명칭이 바뀌었다 했다. 건물 내에는 전자제품과 의류, 신발 등의 개인상점이 대부분이라 했으나 시간에 쫓겨 들어가 보지는 못했다.

진귀한 관광지로서의 가치는 없어졌어도 광대한 부지에는 소련적인 건축물이 많이 늘어서있어 옛 위세를 회고하면서 주위를 거닐어보았다. 특히 구소련의 각공화국의 민속의상을 입은 여자 조각상으로 장식된 '민족우호의 샘'은 정말 볼만했다. 가운데 원주의 높은 분수대를 비롯하여 수십 개의 분수가 원형으로 둘러서 여성조각상을 스치는 물줄기가 절경이었고, 동상마다 아름답게 조각된 그 기술은 어느 예능에도 손색이 없었다.

다음엔 모스크바를 가장 높은 곳에서 바라볼 수 있는 바라뵤비언덕(Bоробьёвы Горы)으로 갔다. 모스크바강이 남서쪽으로 크게 돌며 흐르는 오른쪽에 위치해 있는데, 구소련시절에는 '레닌 언덕(Lènin of Hill)'이라 불렀으나 일명 '참새의 언덕(Sparrow of Hill)'이라고도 한다 했다. 해발 114m인 이 언덕은 널찍한 연못에 갖가지 수목들이 숲을 이루고 있는 아름다운 휴식처였다. 멀리 건너편으로 크렘린이 어렴풋이 보이며 바로 앞 모스크바강 오른쪽으로는 커다란 관람차가 서있는 고리키(Gorkii Maksim)공원이 눈앞에 와 닿는다. 이곳에 무명용사의 묘가 있다기에 가보았다. 검은색 화강암에 '1941~1945년 무명 전몰자에게 바친다. 그대들의 이름은 알지 못하지만 그 희생은 헛되지 않을 것이다'라고 새겨진 비문 앞에는 수많은 아름다운 꽃다발이 놓여있었다. 특히 모스크바의 신혼부부들은 관공서에서 혼인신고를 마치면 택시를 타고 먼저 이곳 무명용사의 묘를 찾는다는 말에 깊은 감명을 받기도 했다.

끝으로 테아트라리나야광장(ТеатраЈтьная IIЛоШаль)에 있는 칼마르크스(Marx Karl Heinrich)동상을 돌아보았다. 유럽분위기가 감도는 테아트라리나 광장주변에는 그리스신전을 연상시키는 러시아 청년극장(Российский МололёжнЫиТеатЬ)이 있는데 1921년 세계최초로 아동전용극장으로 창설되었다 한다. 반대쪽에는 러시아 민족적 무대 예술파의 거점이 되었던 만리극장(МальIи Театй)이 있는 번화가에 과묵한 표정을 한 칼 마르크스의 동상이 우뚝 서있었다. 독일의 사회주의자요 국제노동자운동 및 그 이론의 창시자였던 칼 마르크스의 환대는 대단했던 것 같았다. 동상의 대좌에 새겨진 글이 궁금해서 현지안내원에게 물었더니 '만국의 노동자여 단결하라(Dоиетарин Всехстраи. Сосаннян Тccь)'라는 내용이라고 설명해주었다. 해가 서산에 기우는 회로에 8개의 원기둥이 있는 지붕 위에 4필의 말이 끄는 로마풍전차가 조각된 동상이 있는 건물은 1776년에 건립된 볼쇼이극장(ВолЬШой Геатр)이라 했다. 이 극장은 옛날 왕과 귀족들만의 전용극장으로 활용되었으며 내부엔 금색과 붉은 색으로 장식된 호화로운 관람석과 둥근 무대가 특이하다 했으나 시간관계로 둘러보지 못한 채 귀로를 재촉했다.

5부

뉴질랜드

1) 2005.2.18 뉴질랜드 피오르드랜드 국립공원 서덜랜드 폭포

2) 2005.2.16 오클랜드 파라다이스 벨리에서

3) 2005.2.16 오클랜드 스카이스크레이퍼 분화구

바다와 陸地自然이 어우러진 마오리 文化의 本據地 뉴질랜드

뉴질랜드(New Zealand)는 남태평양에 위치한 섬나라로 오스트레일리아(Australia)로부터 남동쪽으로 1,600㎞ 떨어져 있는 나라이다. 원주민 언어인 마오리(Maori)어는 아오테아로아(Aotearoa)라 불리는데 이는 '길고 흰 구름의 나라'라는 뜻이라 했다. 남북으로 1,600㎞ 동서로 450㎞정도의 크기로, 많은 섬들과 함께 폭32㎞의 쿡(Cook)해협을 사이에 한두 개의 큰 섬으로 나뉘어져 위쪽 섬을 북섬(North Island) 아래쪽 섬을 남섬(South Island)이라 부른다 했다.

남섬은 알프스산맥에 의해 구분된다. 남섬의 산들은 거의가 높은데, 남섬 서부에 480㎞의 길이로 뻗어있는 습곡산맥인 서던알프스산맥(Southern Alps Mts.)에는 뉴질랜드에서 가장 높은 쿡산(Cook Mt:3764m)을 비롯하여 고원지대가 형성되어 있다고 한다. 또한 이 섬은 빙하지형으로 빙하기에 형성된 빙하호 및 해안선이 원만한 피오르드(Fiord)지형이 발달하였고 또 서던산맥에 막혀 강수량이 적은 지역에 생긴 목축지에는 메리노(Merino)양모를 비롯한 양질의 양모를 생산하는 대단위 지역으로 발전해갔다 한다.

북섬은 화산지대와 주변의 구릉지대로 형성되어 남섬에 비해 넓은 평원이 있으며 숲이 우거져있고 특히 오크랜드(Auck Land)반도에는 아열대산림이 발달했다고 한다. 하지만 북섬의 18%정도가 산악지대고 토양은 대부분 점토질이며, 환태평양 조산대로 지진과 화산이 빈번하다 했다.

그러나 뉴질랜드의 가장 큰 매력은 '보는 이의 눈을 즐겁고 맑게 해주는 아름다운 자연경관'이라 하겠다. 빙설이 덮인 산들과 이를 비추고 있는 맑은 호수들 그리고 사람의 손길이 닿지 않은 자연 그대로의 풍성한 원시림이 마음을 풍요롭게 한다. 끝없이 펼쳐지는 푸른 초원과 목장들… 어디를 돌아보아도 넉넉함이 느껴지는 조용한 분위기가 이곳 뉴질랜드를 아름답게 장식했다.

1887년 마오리족들이 북섬에 있는 통가리로(Tongariro)산들을 유럽인들의 무자비한 개발로부터 지키기 위해 국가에 희사하고 보호를 요청했던 것이 뉴질랜드 국립공원의 시초인데, 미국의 옐로우스톤(Yellow Stone)국립공원에 이어 세계에서 2번째로 오래된 국립공원으로 뉴질랜드를 대표하는 값진 자연유산 가운데 하나라 했다.

현재 뉴질랜드의 국립공원은 13개소로, 총면적이 전 국토면적 2천7백1만㎢의 10%를 웃돌며 이 안에 있는 동식물의 보호와 자연경관 보존에 중요한 역할을 담당하고 있다 했다. 각 국립공원은 트레킹코스(Tracking Course) 등을 설치하여 자연과 친숙해질 수 있는 다양한 계획들이 마련되어 있어 세계의 관광객을 모으고 있었다.

뉴질랜드에는 유네스코에서 지정한 세계문화유산 두 곳이 있는데 먼저 통가리로국립공원이다. 이는 뉴질랜드의 북섬 국립공원으로 면적이 약700㎢이며 개석(蓋石)이 발달한 루아페우산(Ruapehu Mts.:2,797m)으로 2,291m의 전형적인 원뿔모양의 응가우루호에(Ngauruhoe)화산, 분화구뿐인 통가리로산 등 저마다 모양이 다른 3개의 화산이 남북으로 늘어서있는데, 그 중 응가우로호의 화산은 활화산이라 했다.

관광의 거점은 루아페후산이며 겨울에는 스키(Ski)장으로 붐비며, 마오리족에겐 문화적 · 종교적으로도 중요한 공원이라 했다. 또한 마오리족의 사회나 환경에 정신적인 상징으로 활화산이나 사화산뿐만 아니라 다양한 생태계를 갖추고 있어 매우 경치가 좋은 곳으로 이름이 높다했다. 또 뉴질랜드의 남부에 위치한 태와히포우나무(Te Waipounamu)공원도 훌륭한 유산이었고, 빙하작용으로 다듬어진 피오르드해안의 훌륭한 경치와, 암석이 많은 해변과 높이 솟은 절벽 그리고 호수와 폭포들이 장관을 이루는 이곳의 과반은 너도밤나무(Beech)와 포도콥스로로 덮여있어 방문객들의 발길을 사로잡았다. 어떤 것은 800년 이상이 되는가 하면 고산에서만 서식하는 세계에서 유일한 앵무새인 키(Kea) 가 살고 있기도 했고, 절멸위기에 처한 불비조인 타카에(Takahe)가 살고 있다고도 했는데, 말을 듣고 보니 어떤 모양의 새인지 궁금했다.

국토의 절반이 녹지로서 아름다운 전원풍경이 끝없이 펼쳐지는 뉴질랜드! 아무런 위화감 없이 주변경관과 절묘한 조화를 이루며 한가로이 풀을 뜯는 양 떼를 바라보니 남북분단의 비애와 긴장이 감돌고 있는 현실 이산동포들의 한 맺힌 불행과 너무도 대조적이었다. 어째서 이 지긋지긋한 고난의 비극이 물러가지 않은가 비통한 조국의 운명을 탄해가며 뉴질랜드의 푸른 하늘을 망연히 처다 보았다.

뉴질랜드 開拓의 始發地이며 海洋스포츠의 樂園인 오클랜드

오늘의 뉴질랜드(New Zealand)는 1642년 네덜란드(Netherlands)출신의 항해사 아벨타스만(Tasman Abel Janszoon)의 발견에 의해 현대화의 불이 붙기 시작했다한다. 1840년 영국의 와이탕(Watangi Treaty)조약을 체결하기 전부터 영국인들이 이주해 왔고 원주민인 마오리(Maori)족과의 분쟁도 끊이지 않았다 한다.

이렇게 태어난 뉴질랜드의 개척은 오클랜드(Auckland)에서 시작되었다. 인구110만의 오클랜드는 뉴질랜드의 북섬 북쪽에 위치해 있어 남태평양과 타스만해(Tasman Sea)의 두 바다 사이에 끼어 있어 침식되고 남겨진 것처럼 잘록한 모양으로 북섬과 이어지는 육지부분이다. 오클랜드는 이런 지형에서 발달한 진귀한 도시 같았다. 자연은 이 도시에 두 개의 좋은 항구를 만들어 주어 해외무역이나 국내 상공업의 중심지로 번창하게 했는데, 그 두 항구가 북쪽의 와이테마타항구(Waitemata Harbour)와 남쪽의 마누카우항구(Manukau Harbour)다. 뉴질랜드의 제2대 총독인 윌리엄 홉슨(William Hobson)이 원주민인 마오리족으로부터 이곳을 사들일 때 지불한 대가는, 금화55파운드(Pound)와 담배, 모포 등의 잡화였다고 한다. 그 후 수도를 웰링턴(Wellington)으로 옮기기까지 25년간 식민지시대의 수도로 번성해온 도시라했다.

이러한 천혜의 지형조건에 따라 해양스포츠(Sports) 메카(Mecca)로 자리 잡게 되었으며 지금도 여름철 주말이면 항구주변이 요트(Yacht)와 보트(Boat)로 넘쳐난다고 한다. 이러한 여건에 힘입어 지난2000년엔 세계최대의 요트레이스(Yacht Lace)인 아메리카스컵(Americas Cup)에서 연이어 수위를 차지한 바 있고 앞으로도 우승을 기대하고 있다 한다. 그 외에도 미션베이(Mission Bay)와 데븐포트(Devon Port) 등 해변을 중심으로 세련된 분위기가 자리잡고 있으며 파넬(Pannell. Rd) 폰손비(Ponsonby. Rd)와 같은 현대적인 쇼핑타운(Shoping Town)이 있는 번화가 등으로 인해 세계적인 관광도시로 각광을 받고 있다고 했다.

특히 요트의 도시로 불리는 허버브리지(Harbour Bridge)는 오클랜드의 상징적인 시설로 시티(City)와 북오클랜드(North Auckland)를 연결하는 중요한 교량이었다. 총 길이1,020m, 높이43m의 이 하버브리지는 1959년에 완공되었다 한다. 이 다리가 생기기 전에는 페리(Ferry)가 두 곳을 연결했는데, 이 다리의 완공으로 북쪽지역의 발전이 가속화되었고 예상외의 교통량증가에 따라 교량확장공사가 시작되어 8차선 자동차전용로가 완성되자 중앙분리대가 이동하기도 했다고 한다.

다음엔 화산활동으로 생긴 사화산언덕으로 이름 높은 원트리힐(One Tree Hill)로 갔다. 높이가 183m에 이르러, 오클랜드 근교까지 조망할 수 있는 최고의 전망 포인트(Point) 중 한 곳으로 손꼽힌다 했다. 언덕 정상에는 오클랜드 창설자인 로건캠벨(Rogun Camvell)경의 탑이 있는데, 원래는 마오리 원주민에게 경의를 표하게 하기 위해 세운 탑이었으나 이제는 오클랜드를 상징하는 기념물로 널리 알려져 있다 했다.

다음은 오클랜드에서 가장 높은 196m의 언덕으로 오클랜드시내와 하버브리지, 주변 바다를 한눈에 관망할 수 있는 사화산으로 오클랜드시내에 남아있는 50개소 중 한 곳인 마운트에덴(Mt. Eden)을 찾았다. 이곳은 분화구 언덕을 따라 마오리의 요새인 파(Pa)가 남아있는 곳으로 주변에는 소와 양을 방목하고 있어 조용하고도 안온한 목가적 풍경을 즐길 수가 있었다.

다음은 오클랜드 중심부가 내려다보이는 언덕 위 81ha에 이르는 대형 공원인 오클랜드 도매인(Auckland Domain)이다. 공원에는 박물관과 식물원을 비롯해 각종체육시설이 갖추어져있어 시민의 휴식처로 활용되고 있으며, 매년 여름철이면 다양한 야외공연도 개최되어 시민과 관광객의 사랑을 받고 있는 공원이었다. 또 이공원 안에는 1920년대에 세워진 윈터가든(Winter Garden)이 있었다. 식물원부지 내에 있는 2개의 온실에는 열대식물과 뉴질랜드에서만 자생하는 진귀한 화초가 전시되고 있어 수십 종의 아름다운 화초가 일 년 내내 꽃을 피운다고 한다. 특히 이곳에서는 뉴질랜드만의 독특한 정원형을 엿볼 수가 있었고 양쪽 온실 사이에 있는 연못에는 벤치(Bench)가 놓여있어 쉬어 가는 사람들이 많았다.

그 외에도 오클랜드에서 이름 높은 앨버트공원(Albert Park)과 오클랜드시립미술관(Auckland City Art Gallery), 오클랜드박물관(Auckland Museum)과 오클랜드대학(The University of Auckland) 등 볼거리가 많지만 일정과 시간에 쫓기어 둘러보지 못하고 다른 곳으로 이동했다.

間歇溫泉과 마오리文化의 寶庫이며 天然森林源의 群落地인 로토루아

뉴질랜드(New Zealand) 북섬의 한가운데 위치한 로토루아(Rotorua)는 온천을 즐기고 마오리(Maori)문화를 체험할 수 있는 곳으로 뉴질랜드를 대표하는 관광도시 중 한 곳이다. 뜨거운 온천수를 내뿜는 간헐천과 온천풀(Pool)에는 연중 관광객의 발길이 끊이지 않는다 하며 로토루아 원주민인 마오리족 중에서도 가장 큰 세력을 형성했던 아라와(Arawa)족의 터전이었기 때문에 마오리 전통문화를 직접 체험할 수 있는 문화의 보고라 한다. 안내원은, 시내도 로토루아호수(Lake Rotorua)에 면해있어 순항(Cruise)이나 낚시를 즐기기에도 훌륭한 곳이라는 칭찬을 아끼지 않았다.

오클랜드를 출발한 차는 광활한 초원을 누비며 로토루아를 향해 기염을 토하며 달리고 있었고 양안을 스치고 지나가는 대평원과 맑은 시냇물은 탐스러울 정도로 깨끗하고 아름다웠다. 뉴질랜드의 냇물은 어느 곳이든 모두 1급수라 한다. 이러한 수질을 보전하기 위해 낚시의 밑밥도 인공 밑밥을 쓰도록 엄격히 단속한다 했다. 자연 밑밥은 수질을 오염시키는 근인(近因)이 되기 때문에 절대 허용치 않는다는 말에 우리나라 낚시인들의 관행이 머리를 스쳐갔다. 해마다 낚시터에서 수거하는 오물과 폐기물들로 고심하는 우리나라와는 얼마나 대조적인가.

차는 로토루아의 번화가를 지나 북서쪽의 오히네무투(Ohinemutu)의 마오리 마을(Maori Villlage)로 갔다. 자연의 경관이 좋고 로토루아의 시가지가 한눈에 들어와 기분이 상쾌했다. 예약된 식당에서 중식을 마치고 다양한 시설로 꾸며진 폴리네시안온천(Polynesian Spa)으로 가서 온천욕으로 여독을 풀었다. 온천장 안에는 대중탕(Public)과 개인탕(Private)

이 여러 개 갖추어져 있어 좋았고 가족탕이 있는 곳은 수영장과 온천욕을 동시에 즐길 수 있도록 갖추어져 있으며 물의 온도는 4종류로 나뉘어져 있어 취향에 따라 편리하게 이용할 수 있어 좋았다. 최고온도는 44℃였지만 우리에게 적당한 온도는 35℃ 같았다.

다음에 찾아간 곳은 뉴질랜드 야생동물의 보고라고 하는 파라다이스 밸리 스프링스(Paradise Valley Springs). 공원입구의 우람한 거목들이 눈앞을 압도해 왔으며 그 웅장한 수목에서 뿜어내는 신선한 공기는 피로에 찌든 마음을 상쾌하게 해 주었다. 걸음을 옮길 때마다 하늘을 가리는 레드우드(Redwood)의 거목이 숲을 이루고 있어 그 나무 밑을 지나며 맑은 공기를 마시는 우리들은 값진 삼림욕을 한 셈이 되었다. 높이70~80m의 이 거목들은 원산지가 카나다(Canada)이며 거의가 40~50년생들인데 우리나라의 전나무처럼 곧고 높게 잘 자라고 있었다. 이 식물원에서 제일 오래된 고목은 밑둘레가 성인 4인이 팔을 펴고 둘러서야 닿을 정도로 굵고 높았는데, 그 나무를 잘라 건축자재로 쓴다면 목조건물용 내장시설 15동 분이 나온다는 말에 모두 깜짝 놀랐다.

오솔길을 따라가다 보니 연못이 나왔다. 고타하(Gotaha)강에서 흘러들어오는 물로 만들었다는데, 송어와 야생 뱀장어 등이 서식하고 있었다. 정말 로토루아의 자연사랑 정신을 여기에서도 실감할 수 있었다. 뿐만 아니라 인적이 드문 숲 속 어느 곳에도 담배꽁초 하나 휴지 한 조각 발견할 수 없었다. 이런 자연보호정신과 수림애호사상을 보며 이곳을 스쳐간 모든 이들은 경탄을 금할 수가 없을 것 같았다. 이 파라다이스밸리의 동물농장에는 오리와 토끼, 멧돼지, 사자 등 8종류의 동물들이 사육되고 있어 관광객의 눈길을 끌고 있었다.

끝없는 초록 언덕 위에 자리 잡은 레인보스프링스(Rainbow Springs)으로 옮겨갔다. 이곳에는 자연우물이 여러 곳 있어 연못과 작은 강을 만들어놓았다. 입구에서 오른쪽으로 조금 들어간 페어리스프링(Fairy Springs)는 송어들이 헤엄치는 아름다운 연못이었다. 주변에는 때 묻지 않는 자연 그대로의 삼림과 사슴목장이 있고, 키위(Kiwi), 키아(Kea) 등 뉴질랜드에서만 볼 수 있는 조류들도 사육되고 있어 관광객의 발걸음이 잦은 곳이었다. 또 키위는 뉴질랜드의 국조(國鳥)로 지정되어 모두 6종류 총 7만3천여 마리가 서식하고 있으나 멸종위기에 처한 조류로 정부의 보호를 받고 있었다. 이러한 키위는 하루24시간 중 20시간 이상 잠을 자기 때문에 깨어 활동하는 모습을 보기는 힘든다 했다. 잠든 모습이라도 볼까 했지만 사육장 안이 어두워 키위의 모습을 알아 볼 수도 없었으며 자세히 살펴볼 여가도 없이 몰려드는 인파에 밀려나야 했다. 아쉬움을 접고 아그로돔(Agrodome)농장으로 발길을 옮겼다.

아그로돔농장은 시내중심부에서 북쪽으로 약10㎞ 떨어진 곳에 있었는데, 전형적인 뉴질랜드농장의 모습을 한눈에 볼 수 있는 곳이었다. 설치된 무대 위에서 호각소리에 맞추어 양들이 귀여운 연기를 선보이는가 하면 양모깎기쇼에서는 눈 깜짝할 사이에 양 한 마리가 알몸이 되어버리는 신기함도 볼 수 있었다.

다음엔 쿠이라이공원(Kuirai Park)으로 이동하여 온천수가 용출되는 유황천에 발을 담그고 족욕을 겸한 휴식을 취한 후 알파카(Alpaca)이불공장을 돌아보았다. 양질의 양모로 제작되는 이불은 말할 것도 없고 우리나라의 솜(綿)보다 더 보드라운 알파카 털은 정말 탐스러웠다. 정전기가 일어나지 않고 흡습력(吸濕力)이 탁월하다는 설명에 사고 싶은 충동이 일어났으나 지갑문을 여는 사람은 없었다.

오클랜드시내에 우뚝 솟은 380m의 스카이스크레이퍼(Skyscraper)를 바라보기도 하고, 196m에 이르는 에덴(Eden)동산에 올라 시내를 바라보기도 하며 뉴질랜드 북섬의 관광을 마무리했다.

뉴질랜드의 3大都市이며 英國豐美 넘치는 크라이스트처치

뉴질랜드(New Zealand)의 남섬에 위치한 인구밀도 최고를 자랑하는 크라이스트처치(Christchurch)는 오클랜드(Auckland), 웰링턴(Wellington)에 이어 뉴질랜드 제3의 도시로 손꼽힌다 했다. 도시 한 가운데 우뚝 서 있는 대성당이 상징하듯이 가장 영국다운 도시로 묘사될 만큼 개척 당시 영국인들의 생활상이 잘 보존되고 있는 도시라고 한다. 이름도 150년 전 초기 이 지역 영국이주민들의 상당수가 옥스퍼드 크라이스트처치 칼리지(Oxford Christ church College)출신이었던 것에서 유래했다고 한다.

또한 남섬의 정치, 경제, 문화, 관광의 중심지인 이곳은 도시전체가 하나의 공원이라 할 만큼 아름다워 '정원의 도시'라는 애칭도 가졌다고 한다. 도심을 잔잔히 흐르는 에이번강(Avon River)과 그 주변의 공원 그리고 멀리 바라보이는 서던알프스(Southen Alps)산맥의 만년설은 이 도시의 매력이요 각광이었다. 특히 높이63m의 첨탑이 있는 고딕(Gothic)양식으로 축조된 대성당(The Cathedral)은 1886년에 착공해서 1904년에 완공되어 이곳을 대표하는 건물로 이름이 높았다. 대성당 앞 광장이 크라이스트처치의 중심을 언급하듯 대성당전망대에서 내려다본 도시의 면모도 다채로웠다. 대성당 맞은편에는 캔터베리(Canterbury)지방의 창설자로 알려져 있는 고들리(Jonhn Robert Godley)의 동상이 세워져 있고 광장 서쪽에는 남섬 최대 규모의 서던엔카운터 수족관(Southern Encouter)이 자리하고 있었으며 그 인근에는 남극의 탐험가 스콧(Robert Falcon Scott)의 기념동상이 아련히 보였다.

다음엔 고딕양식의 아름다운 건축물로 1858년에 완공된 캔터베리주청사(Canterbuy Provincial Buiding)를 돌아보았다. 내부는 중후한 석조로 구성되어 있어 조금 어두침침했으나 청사 사무실로 활용되고 있었다.

이어서 이름처럼 빼어난 운치를 자랑하는 '추억의 다리(Bridge of Remembrance)'로 갔는데 에이번강(Avon River)에 시설된 38개의 교량 가운데 가장 아름다운 다리로 손꼽힌다고 자랑했다. 카셀스트리트(Cashel St.) 바로 앞에서 보면 큰 아취(Arch)형 문이 인상적으로 눈길을 잡았으나 다리가 만들어진 배경에는 슬픈 역사가 숨겨져 있다 했다. 제1차세계대전 당시 아시아와 유럽의 전쟁터로 향하는 군인들을 위해 환송행사가 열렸던 곳이며, 지금의 다리는 전쟁터에서 목숨을 잃은 병사들을 추모하기 위하여 1923년에 세워진 것이라 소개하는 안내자의 말에 잠시 우리고장의 낙동강대교가 눈앞을 스쳐갔다.

다음엔 크라이스트처치 도심에서 약7㎞거리에 자리한 컨터베리대학(University of Canterbury)으로 갔는데, 76ha의 부지에 각 학부별로 독립된 건물을 가지고 있다 했다. 녹음이 우거진 드넓은 대지에 장중하게 들어선 건물들이 부러웠다. 학생 수가 13,000명에 이르는데, 우리나라 유학생도 500명이나 수학하고 있다하니 보람스러웠다.

그 외에 남반구최고의 박물관으로 이름 높은 캔터베리(Canterbary)박물관을 돌아보았다. 1870년에 건립되었으며, 역사성과 고풍스러운 건물 자체만으로도 문화재적 가치가 있다는 이 박물관에는 남극탐험의 대가인 아문센(Amundsen Roale)과 스콧(Scott Robert)이 소장했던 썰매와 장비 등이 전시되어 있어 볼만했고, 마오리회회관에는 마오리족들의 토템(Totem)신앙 문신과 함께 개척시대의 도시모습을 재현해 놓은 것이 흥미로웠다.

그 다음 크라이스트처치 남동쪽의 뱅크스반도(Banks of Peninsula)에 자리한 항구도시 리틀턴(Lyttelton)을 돌아보았다. 화산활동에 의해 만들어진 천연 항구로 영국식민지시대에는 도시건설의 중심이기도 했고 한때 크라이스트처치의 외항으로 번성하기도 했으나 평지가 적어서 현재의 시내를 중심으로 발달해 왔다 했다. 크라이스트처치 중심부에서 리틀턴까지는 약13㎞인데 1867년 터널을 개통하기 전까지는 험한 산길을 넘지 않고선 왕래가 불가능했기 때문에 개발이 천연(遷延) 되었으나 1964년 자동차전용터널이 개통된 후부터는 많은 사람들이 이곳을 찾는다 했다.

리털시내는 작고 아담하지만 고딕양식의 타임볼스테션(Timeball Station)을 비롯해 웅장한 아름다움을 자랑하는 영국식 석조건물 등 식민지시대를 연상시키는 건물들이 남아있어 감회가 새로웠다. 동양최대의 석조건물이라 자랑했지만, 식민지치하에 세워졌다 하여 옛 총독부건물을 흔적도 없이 없애버린 우리의 실정과는 너무도 대조적이었다. 그들은 영국의 억압된 식민통치의 상징으로 이러한 건물들을 철저히 보존을 해가며 당시의 역사를 되돌아보는 수구정신을 전통적으로 이어오고 있는데, 우리는 왜 그리 가볍고도 조급하게 그 흔적을 없애야만 했던가… 육중한 모습으로 한강을 내려다보던 그 건물이 경복궁을 들어내고 그 자리를 차지한 것이 분하고 괘씸해서 뜯어치웠는가. 지난 흔적들을 돌아보며 과거를 반추해 보는 것이 보다 큰 뜻을 되살린다는 순리를 여기에서 깨닫게 되었다. 과거 없는 현재는 성립되지 않기 때문에 좋은 것이든 나쁜 것이든 모두가 현재의 교육이기 때문이다.

서던 알프스의 萬年雪峰과 魅惑의 軟草綠빛 테카포湖水

'잠자는 대지'로 알려진 테카포(Tekapo)는 서던알프스(Southern Alps) 동쪽에 펼쳐진 고원지대 매켄지 컨트리(Mackenzie Country)의 중심지에 자리 잡고 있는 해발 710m에 인구 400명을 가진 작은 마을이지만 뉴질랜드(New Zealand)의 전형적인 풍경을 간직하고 있어 세계여행객들의 발길이 끊어지지 않는 곳이라 한다. 크라이스트처치(Christchurch)에서부터 펼쳐진 대평원은 하늘과 맞닿는 지평을 이루며 끝없이 이어지고 있었고, 달리는 길 양안에는 방풍림이 조성되어 공허한 대지를 조화롭게 이어갔다. 간혹 평야 중간을 틔워 주마로(走馬路)를 설치해둔 곳이 있었는데, 한가한 평일에는 경마연습을 한다고 했다. 달리는 도로양변에는 푸른 초지(草地)가 조성되어 있었고 살수공급(撒水供給)을 위한 스프링클러(Sprinkler)가 끊임없이 작동되고 있었다.

이윽고 1만5천년대 빙하기에 생긴 웅장한 테카포호수(Lake Tekapo)가 그 모습을 드러내기 시작했다. 연초록색의 호호 막막한 대해처럼 끝없이 펼쳐지는 테카포호수는 누가 뭐라 해도 대자연의 장관임에 틀림없었다. 호수를 스쳐 지나온 미풍은 생각보다 쌀쌀했고, 호수기슭에 마련된 전망대에는 사람들의 발길이 이어지고 있었다. 높이50m정도로 보이는 전망대에 올라 석양에 물결치는 호수를 바라보며 사진을 찍기도 하면서, 구름과 맞닿은 호수에서 새로운 남국의 풍경을 마음껏 조망했다. 거세게 몰아치는 바람을 무릅쓰고 호수 가까이 가보았다. 물은 몹시 차고 맑아 보였다.

폐수오염에 찌든 우리의 강하(江河)에 비해 이 물은 너무도 맑아 일급수에 해당하리란 생각이 들었다. 또 한 가지 놀라운 것은, 해발730m

의 테카포호수를 정점으로 하여 다음 하단에 자리한 680m의 푸카키호수(Lake Pukaky), 그리고 해발520m의 오하오호수(Lake Ohaou)를 연결하는 26,4㎞의 인공수로를 개설하여 호수와 호수 사이의 낙차를 이용해서 174만㎾의 전력을 생산하고 있는 뉴질랜드 최대의 매킨지 하이드로 파크(Mackengie Hydro Park)수력발전소가 있음을 보고 모두 입을 다물고 말았다. 핵폐기물처리에 골몰하고 있는 우리의 현실에 비해 얼마나 행복한 환경인가! 이 이름 높은 수력발전 시설은 독일의 어느 탐험가에 의해 창안 채택되었다 하나 짙푸른 물결이 힘차게 굽이치며 수로를 흐르는 광경 또한 이곳에서만 볼 수 있는 천혜의 자연환경이 아닐 수 없었다. 한발과 수재가 반복되는 우리의 자연과는 왜 이렇게도 다른 것인가……. 고원지대나 넓은 평원에서 한가로이 풀을 뜯는 수많은 양떼들과 우마들의 군상을 어떻게 설명해야 할까. 선망과 경탄이 저절로 나왔다. 120m의 수심에 풍부한 수량을 과시하는 푸카키호수와 이 호수를 감싸고 있는 남국의 알프스(Alps)산맥에는 짙은 구름이 산정을 덮고 있어 웅장한 모습을 볼 수는 없었다.

七百餘超海拔高　해발 7백여 미터 넘는 곳에
氷河湖水壯觀風　氷河와 湖水의 그 風景이 壯觀이라
高峰雲蓋雄姿像　높은 山峰 덮은 구름 그 모습 雄姿한데
何時再會期約乎　어느때 다시 보리 期約할 수 없네

다음 테카포 호반에 마련된 선한 목자의 교회(Church of Good Shepherd)를 돌아보았다. 이 교회는 1935년 개척시대의 양치기 모습을 기념하기 위해 개척민들 스스로가 세운 교회로, 도보로 5분 거리에 위치하여 쉽게 찾아갈 수 있었다. 제단 위에는 스테인드 글라스(Stained Glass) 대신 큰 창문을 시설하여 주변경관을 볼 수 있도록 하여 테카포 호수와 눈 덮인 서던알프스의 모습이 무엇보다 볼만했다. 또 이 교회 바로 옆에는 바운더리 개 동상(Boundary Dog Statue)이 있는데 이 동상은 개척 당시 경계선이 분명치 않던 방목지에서 양들을 헌신적으로 돌보던 육양견(育羊犬)을 기리기 위해 세운 것이라 했다.

이 지역에 바운더리 개와 관련된 여러 가지 이야기가 전설처럼 구전되어오고 있었는데 그 중 길 잃은 양을 몰아오거나, 부상을 당해 움직일 수 없는 주인을 자신의 체온으로 살려낸 일화(逸話) 등은 지금도 많은 사람들에게 귀감(龜鑑)으로 전해진다 했다. 이와 비슷한 이야기는 우리의 고화(古話) 속에도 많이 있다. 불길이 덮쳐오는 줄도 모르고 술에 취해 잠든 주인을 살리기 위해 자신의 꼬리에 물을 적셔 불을 꺼 마침내 주인을 살려내고 지신은 힘이 부쳐 죽은 충견의 이야기가 새삼스럽게 떠올라 감흥을 돋우었다. 역시 개의 천성은 어느 나라건 다를 바 없구나 하는 생각으로 그 동상을 바라보았다. 개 동상을 배경으로 사진도 찍고 주변을 돌며 무엇인가 기록하는 사람도 더러 있었다.

차는 카와라우강(Kawarau River)을 바라보며 와카티푸(Wakatipu)호수를 끼고 달렸다. 아득히 넘실거리는 파도 위로 내리는 황금빛 저녁노을은 무척이나 아름다웠다. 망망히 바라보이는 호수가 세계에서도 유명한 뉴질랜드의 수상경기장이라 했다. 일변 인공으로 조성된 호수도 있으나 지난 1993년에 완전 마무리했다는 안내자의 설명도 있었다. 달리는 강안(江岸) 맞은편에는 옛날 금을 채굴했던 금광의 잔적(殘跡)들이 조용히 어둠속으로 잦아들고 있었다.

서두르지 않고, 당황하지 않고, 조용하고 침착하게 생업을 꾸려 가는 이곳 뉴질랜드의 풍토가 정말 부럽고 탐스럽게 느껴졌다.

海拔3千餘米의 萬年雪峰이 林立한 南半球의 알프스이며 純白世界의 마운트쿡

뉴질랜드(New Zealand)의 마운트쿡(Mountcook[Aoraki])은 남섬의 척주 구실을 하는 서던알프스(Southern Alps)의 중심으로, 해발고도가 무려 3,754m에 달한다하여 남반구의 알프스라는 별칭을 가지고 있다. 이에 걸맞게 마운트쿡을 중심으로 한 서던알프스산맥은 모두 해발3,000m가 넘는 18개의 봉우리가 계곡을 차지하고 있어 1년 내내 만년설을 이고 있는 마운트쿡의 웅모는 정말 장관 중의 장관이었다. 그러나 지역의 특이한 기후관계로 마운트쿡은 1년 중 200일 정도 비가 오므로 웬만큼 운이 좋지 않으면 맑게 갠 마운트쿡의 장엄한 모습을 보기 힘들다고 했다. 그런데도 우리 일행이 찾은 그날만은 화창한 날씨가 이어져 다행이었다.

3,754m의 뉴질랜드 최고봉인 마운트쿡이 눈앞에 펼쳐질 때 모두가 시선을 차창으로 돌려 환성을 올렸다. 짙푸른 하늘을 인 채 흰색으로 투영되어오는 거대하고 웅장한 설봉의 위용(偉容)은 거울처럼 빛나고 있었다. 원래 마운트쿡의 높이는 3,764m이었으나 1991년 산 정상에 거대한 눈사태가 발생하여 산정 일부암벽이 무너져 내려 해발고도가 10m나 깎였다고 전해주었다. 자연의 위력 앞에 무력했던 마운트쿡의 모습이 눈앞에 떠올랐다.

항상 최고봉임을 자랑하며 영구불변의 위용(威容)으로 자연 앞에 군림했던 마운트쿡은 영국출신의 캡틴쿡(Captain Cook)에 의해 발견되어 그 이름을 따서 마운트쿡이라 부르게 되었다고 한다. 1770년 캡틴쿡은 항해 도중 높은 준령과 알프스에 버금가는 산맥을 보고 이곳을 '서던알프스'라 명명했고, 1851년 이곳의 지리를 측량하러 온 영국출신의 스톡

(J.L Stock)이 이곳의 이름을 '마운트쿡'으로 정했으며, 마오리(Maori)원주민들이 사용하고 있는 '아오라키(Aoraki)'란 말도 병용되고있다는 설명을 들었다. '아오라키'란 말은 '구름을 뚫은 산'이란 뜻이라 했다.

정말 구름을 뚫은 산답게 마운트쿡은 오랜 세월 동안 인간의 발길을 거부한 채 인적미답의 미개지로 흘러왔다. 실제 인간의 발길이 닿은 시기는 1860년대부터라고 하나 이 영봉을 정복하고자 하는 시도는 여러 차례 행해졌어도 번번이 실패했다. 그러다 세계적인 명성을 얻고 있던 등반가인 영국출신의 피치럴드(E. Filzrald)와 이탈리아인 트루브리겐(M. Trubrigen)을 누르고 마침내 1894년, 뉴질랜드의 산악인 피피(T. Fiphi)와 그램(G. Gramme), 클락(J.Clark)이 그해 12월24일 정상을 밟음으로써 마운트쿡의 이름이 세계에 알려지게 되었다는 설명을 감명 깊게 들었다.

萬年雪峰巨姿望　만년의 설봉 거대한 그 모습 바라보니
天下壯觀唯一看　천하에 이런 장관 오직 이곳에서 처음 보네
競雲高界奪天爭　높은 구름 하늘차지 다투어 하려하고
何誰擔省保存華　그 누가 이곳 맡아 빛나게 보살필까

남극고봉의 전망회가 머리 위에 떠올랐다. 점점 멀어져 가는 마운트쿡을 바라보며 우리는 테카포 호숫가 식당에서 이곳의 명산물인 연어회(鰱魚膾)를 1인당 14불씩 주고 시켜먹었다. 고기의 맛은 우리나라와 다름없었고 갖추어 나온 반찬은 우리고장에 비해 너무도 초라했다. 여로에 지친 몸을 풀기 위해 모두 소주를 마시고 있었으나 나는 거기 참여할 수가 없어 매우 쓸쓸했다.

잠시 고개를 돌려 주변을 살피니 눈에 익은 글 한 귀가 액자 속에서 나를 반겼다. '피갈회옥(被褐懷玉)'이란 노자 도덕경의 지난편(知難篇)에 나오는 구절인데, 한자가 쓰이지 않은 이곳에서 명문을 대하는 감명도 새로웠다. 식사가 끝난 후 주인을 찾아 이 글의 뜻과 게시해놓은 동기를

물어 보았더니, 그 뜻은 전혀 알지 못하고 다만 허전한 공간을 그림으로 메웠을 뿐이라고 대답했다. 나는 이왕에 달아놓은 글이니 뜻만은 정확히 아는 것이 좋지 않겠냐면서 뜻을 일러주었다. "겉옷은 거친 삼베옷을 입었어도 속에는 구슬을 품고 있다."는 말로 '사람은 외양에 앞서 내실에 충실하자'는 말이라고 알려주었더니 이역만리 타국에서 이렇듯 좋은 가르침을 받아 감회가 무량하다면서 소주 한 병과 간단한 안주를 한 쟁반 시켜주어 일행이 고맙게 얻어먹었다.

식사가 끝난 일행은 차를 몰아 19세기중반 제일의 황금시기를 누렸던 퀸스타운(Queenstown)으로 향했다. 차는 대평원의 초지(草地)를 누비며 기염(氣焰)을 토했고 길 양안(兩岸)에는 한가로이 풀을 뜯는 양떼들이 보였다.

閑散羊群採草糧　한가로이 흩어져 풀을 뜯는 양떼들
滿腹增强骨肉肥　배불러 굳세지고 살과 뼈는 기름지겠지

조용하면서도 넉넉해 보이는 농촌의 목가적인 풍경이 못내 부럽게만 느껴졌다. 농약 과용과 오물 무단방기로 얼룩진 우리의 농촌이 진정 본받을 곳이란 이런 곳이 아닌가. 가장 늦게 발견된 육지라 하지만 이곳에 터 잡은 사람들의 사고와 생활 및 자연을 다스리는 방법에 따라 환경은 이렇게도 달라진다는 정리를 여기에서 터득했다.

險山峻峰의 雪景氷河와 絶壁斷崖의 瀑布가 壯觀인 피오르드랜드

피오르드랜드(Flordland)는 뉴질랜드(New Zealand) 최대의 국립공원으로서 14개의 협만(Sound)이 조화된 자연보고로 널리 알려져 있으며 그 중 가장 유명한 곳이 밀포드(Milford)와 다웃풀(Dutbful)협만이고 그 외 티아누아(Te Anau)가 이들 피오르드랜드 관광의 거점이 된다했다. 피오르드랜드는 험준한 산맥과 빙하시대의 모습을 간직한 U자형의 깊은 협곡에 해수가 스며들어 생긴 협만(峽灣)으로 사계절 내내 변화무쌍한 모습을 보인다 했다. 이러한 자연경관과 더불어 풍부한 동식물의 생태와 생성과정의 귀중함 등으로 이곳 피오르드랜드에서 마운트쿡(Mountcook)과 마운트 아스파이어링(Maunt Aspiring), 웨스트랜드(West Land) 등 각 국립공원을 포함한 광범위한 구역이 세계문화유산으로 유네스코에 지정 등록돼 있다 한다.

이러한 절경의 명승지를 찾아 우리 일행은 아침 일찍 출발하여 분망한 관광의 첫발을 내딛었다. 차는 짙은 연무(煙霧)를 헤치며 서행하고 있었고 차창 밖으로 비쳐드는 아침 햇살 사이로 표고2,348m의 봄프랜드(Bompland)산이 흡사 고향의 주흘산(主屹山)처럼 눈앞에 다가와 남국의 정취를 한층 더해주었다. 옆으로는 와카티푸(Wakatipu)호가 아침햇살을 받아 황금색으로 눈부셨고 잔잔히 스쳐가는 미풍에 구름같이 몰려오는 물안개가 시야를 가리기도 했다. 290㎢의 와카티푸호의 길이는 총 340㎞에 이르고 이 호수를 에워싼 양안으로는 험준한 높은 산들이 짙은 구름에 가리어 그 모습을 감추고 있었다. 특히 127ha에 이르는 피오르드랜드공원 안에는 높은 산정의 빙하가 녹아내린 빙하수로 수많은 폭포와 호수가 장관을 이루고 있다는 설명을 들으며 우리 일행은 밀포드사운드

(Milfordsound)로 달렸다.

가는 길옆에는 울창한 숲으로 이루어진 우람한 거목들과 크고 작은 폭포와 기암괴석들이 절경을 이룬 채 우리의 눈길을 끌었다.

深谷樹林惟保存 깊은 계곡 나무숲들 한결 같이 보존해온
茂壯盛材感化蒙 무성하고 장대한 그 재목에 감화 되었네
撫育誠精微驗知 정성 든 손길 따라 가꾸어진 징험처럼
今有榮華成就期 오늘의 영화로움 이루려 기약했던가

차가 산에 가까워질수록 도로 옆에는 너도밤나무(a beech)숲이 우거졌는데 이 일대가 바로 '산이 사라지는 길(Avenue of Disappearing Mountains)'이라 했다. 그 이름의 유래는, 도로 정면의 숲 위로 모습을 내민 산정이 정상으로 올라갈수록 깊은 숲에 가려 마치 숲 속으로 빠져드는 것처럼 보이는 현상에서 비롯되었다는 재미있는 일화도 들려주었다.

이윽고 디바이드(Divide)를 지나자 주변 산악이 점점 험준해지고 피오르드만의 계곡과 함께 돌출된 암석들이 눈앞에 펼쳐지는가했더니 갑자기 터널(Turnnel)로 들어섰다. 이 터널이 바로 뉴질랜드 남섬에서 유명한 호머터널(Home Turnnel)이었다. 호머터널은 험악한 아스피어링(Aspiring)산맥을 통과하는 길이1,219m의 터널로, 1935년 7월에 착공하여 1954년 완공한 힘겨운 공정을 겪으면서 생겨났다고 했다. 18여 년간의 터널 공사 중 많은 돌발사태가 발생하여 곤경에 처한 사례가 한두 번이 아니었다고 한다. 공사 중 거대한 공기압축기의 진동에 의해 높은 산봉에서 바위가 부서져 내리기도 했고, 설봉의 적설 일부가 녹아내리는 극심한 눈사태 등으로 작업이 중단된 일도 빈번하였고, 이러한 불의의 사태로 3명의 사망자가 생기는 불상사도 있었다는 설명에 잠시 분위기가 숙연해지기도 했다. 간단없이 굴 안으로 스며드는 설빙수를 시간당 10,000갤론(Gallon)이상의 물을 배수처리 함으로써 난관에 봉착한 공정에 활력소가 되어 뉴질랜드인의 숙원이었던 터널이 완공되었다고 그간의 공사과정을 소개해 주었다.

터널 안은 약간의 조명시설이 있었으나 대체로 어두컴컴하고 경사가 급해 승차자들을 긴장케 했다. 근근이 터널을 벗어나니 눈앞에는 해발 1,000m에서 흘러내리는 빙하수가 1,700㎞에 이르는 장강(長江)을 이루어가며 계곡을 힘차게 누비고 있었다. 깎아지른 듯한 절벽으로 흘러내리는 크고 작은 폭포의 물안개는 황홀한 무지개를 만들어 감흥을 돋우었고, 사람들마다 무지개를 가리키며 탄성을 올려 차안은 환희에 넘쳤다. 도시 곳곳에 인공폭포를 만들어 시민들의 휴식처를 조성해온 우리의 주변과 너무도 달라 보이는 이 천연자원에 모두 감탄할 뿐이었다.

이렇듯 천혜(天惠)적으로 수려한 자연자원일지라도 이곳을 보존 관리하는 사람들의 의식수준에 따라 확연히 달라진다는 교훈을 또 한 번 느끼게 되었다. 1940년대 수력발전소 예정 후보지로 이곳 피오르드랜드 내의 마나푸리호수(Manapouri Lake)가 낙점(落點)되자 이곳 주민들은, 댐이 생기면 호수의 수위가 30m이상 높아질 것을 감지한 이곳 주민들은 수몰될 자원을 보호하기 위해 거국적인 반대운동을 전개한 결과 전 국민의 80% 이상이 여기에 호응한 결과로 댐 건설은 백지화되고 기존의 자연자원을 소중히 보호할 수 있게 되었다는 이곳 주민들의 찬연한 활약상을 소개해 주었다.

1970년대부터 자연보호운동이 싹트기 시작한 우리나라와는 30년 앞서 있었으나 아직도 무계획적으로 난벌(亂伐)되는 자원의 훼손과 난개발(亂開發)로 인한 도시미관의 파괴가 빈삭(頻數)했던 우리에게 값진 교훈처럼 들렸다. 자자손손 후세에 이르기까지 이 기기묘묘한 신비의 절경을 손상시키지 않고 소중히 보존해온 국민의식과 정성이 세계인의 표상으로 빛나고 있음을 다시 확인할 수 있었다. 이곳이 '누구나 좀 더 머물러 있고 싶어 하는 낙원'으로 오래 보존되길 소망하면서 아쉬운 발길을 돌려야 했다.

太初의 神秘를 간직하고있는 世界屈指의 名勝地 밀포드 사운드

감탄과 환성이 교차하는 차안의 분위기가 가시기도 전에 차는 밀포드 사운드(Milford Sound)의 선착장에 도착했다. 서둘러 승선수속을 끝내고 거대한 유람선에 올랐다. 길고도 은은한 고동소리를 뒤로하며 배는 물위를 미끄러지듯 달려갔다. 우리는 예약된 식당에서 중식을 마치고 갑판 위로 올라와 주변을 살펴봤다. 사나운 바람이 호수 위를 휩쓸며 지나갔다. 험산한 바람이 갑판 위를 스치는 쌀쌀한 바람을 안고도 사진을 찍는 사람이 늘어났다. 이윽고 물보라를 일으키며 160m의 보웬폭포(Bowen Falls)가 모습을 드러내자 갑자기 일행들이 한 곳을 가리키며 소리치기 시작했다. 손짓하는 곳을 살펴보니 돌고래 군이 물결을 가르며 호수를 지나고 있었다. 정말 이곳이 바다인지 호수인지 분간이 가지 않았다. 힘차게 물결을 가르고 달리는 배는 환상적인 물보라를 일으키며 쏟아지는 스털링폭포(Stirling Falls)를 가까이 순항하고 있었다. 은은히 모습을 드러내는 폭포를 가까이 할수록 소낙비처럼 쏟아지는 물방울이 거세게 굵어졌다. 일행 중 누군가가 '이 폭포는 미국 하와이(Hawaii)의 와이키키(Waikiki)폭포보다 더 장엄하다'고 했다. 폭포에 근접할수록 물보라는 세차졌고 선상에 있던 사람들 옷도 젖어갔다. 이 폭포수를 머리에 찍어 바르면 흰 머리카락이 검어진다는 말을 듣고 일부러 머리에 물을 적시는 부인들도 있었고, 탈모방지와 발모촉진에 도움이 된다는 구전에 따라 머리에 물을 덮어쓰는 모험가도 있었다.

이렇듯 유명한 밀포드이나 역사는 그리 오래지 않은 100년 전이라 했다. 밀포드란 지명이 세상에 알려지게 된 것은 남섬의 남부서해안 일대에 항구건설계획이 발표되면서부터라고 했다. 그렇지만 이러한 건설구상과는 달리 피오르드랜드(Fiord land) 일대는 험준한 산맥으로 둘러싸여 도로건설에 큰 차질을 빚게 되었다고 한다. 그러다 1888년경에 티아나우(Te Anau)에서 밀포드로의 육상경로가 열린 것을 계기로 현재의 밀포드 통로가 형성되었다 했다. 결국 야심에 찬 항구건설계획은 실현되지 않았어도 밀포드 통로는 운송목적의 도로가 아닌 단순한 이동목적의 도로로 이용되기 시작한 것이다. 그러다가 관광지로 각광을 받기 시작한 것은 19세기말엽 당시 증기선을 이용하여 외양만을 둘러보고 가까운 해변에서 다시 작은 배를 갈아타고 상륙하는 관광이 인기였다고 한다.

현재와 같은 밀포드를 조성한 자는 스코틀랜드(Scotlad)출신의 도널드 서덜랜드(Donald Southerand)라고 한다. 그는 19세기말에 밀포드에 들어와 인적이 전무한 황지(荒地) 협곡에서 밀포드선인(Milford Hermit)이라는 별칭을 들어가며 은둔생활을 이어가고 있었는데 어느 날 무심코 다니던 산협(山峽)에서 더 깊은 산중으로 들어가다가 서덜랜드폭포(Sutherland Falls)를 발견하게 되었고, 그 웅장한 실경(實景)에 감탄하여 영원히 이곳을 떠나지 않기로 마음을 정한 이들 부부는 자신들의 일생을 여기에서 마쳤다고 했다. 이렇게 서덜랜드폭포의 발견으로 관광객의 수는 늘어났고 부인과 함께 열어둔 로지(Lodge)는 점점 번성해갔다.

밀포드가 지금처럼 왕래가 쉬운 관광지가 된 것은 1953년 호머터널(Homer Tunnel)의 개통과 함께 이동이 자유로워지면서부터였다고 했다. 18년이란 길고도 지루한 난공사였지만 뉴질랜드의 경제면에서 볼 때는 불황을 극복하고 경기 활성화에 기여했다는 일설이 강하다는 설명이 귀를 솔깃하게 했다. 지구상에서 육지로 가장 늦게 발견된 뉴질랜드는 1840년 질랜드(Zealand)의 명칭에 연유한 타스만(Tasman Abel Janzoon)의 요청에 의해 뉴(New)를 붙여 뉴질랜드(New Zealand)로 명명되었다는 전언대로 이곳 뉴질랜드는 광활한 영토 안에 400만의 소수 인구를 가진 탓인지 모두가 조용하고 넉넉해 보였다.

가을을 재촉하듯 황갈색의 대평원이 펼쳐지는 오마루(Omaru) 구릉지대와 크라이스트처치(Christchurch)까지 이어지는 무한정의 보배로운 이 녹지공간은 진정 이곳 뉴질랜드의 넉넉한 유족공간(裕足空間)이요 풍요(豊饒)한 자연이며 안정된 환경이라고 아니할 수 없었다.

시야를 돌리니 화사하게 펼쳐지며 눈앞에 다가서는 표고3,764m의 뉴질랜드 최고봉인 아오라키쿡산(Aoraki Mount Cook)이 장엄하게 우릴 맞이했다. 모두 환성을 올렸다. 널찍한 주차장에 차가 서자 모두 차에서 내려 사진촬영에 분망했다. 희푸른 푸카키호수(Lake Pukaky)를 바라보니 무한대한 자연과 장엄한 경관이 한없이 부럽고 탐스러웠다.

해가 뉘엿거리며 서천으로 기울 무렵 우리는 크라이스트처치의 중심부에 있는 540만 평의 시민공원인 모나베일(Monavale)에 도착했다.

남섬의 관광중심지인 이곳 모나베일 공원은 19세기말엽에 건축된 이 건물은 개인저택이었으나 지금은 일반에게 공개되어 내부를 돌아볼 수 있게 되었다고 했다. 건물 뒤편으로는 에이번강(Avon River)이 조용히 흐르고 있었다. 석양에 빛나고 있는 화사한 이 공원 안에는 세계 각국의 유명수가 1종식 심겨져 있다기에 꼼꼼히 살펴보니 우리나라의 자목련 한 그루가 우리를 반겼다. 이역만리 남국에서 외로이 웃음 짓고 있는 자목련을 바라보며 새로운 망향에 잠기기도 했다. 뉴질랜드 여로를 어둠이 내리는 일모(日暮)와 함께 여기에서 마감했다.

6부

호 주

1) 2005.2.22 호주 오페라 하우스 앞에서

2) 2005.2.22 호주 하버브리치에서

3) 2005.2.22 호주 본다이 비치에서

유칼립투스密林의 觀光寶庫 블루마운틴

일명 그랜드캐년(Grand Canyon)이라 불리기도 하는 호주의 블루마운틴(Blue Mountain)지역은 녹음에 둘러싸여 그 웅장한 자태를 뽐내고 있었다. 기암협곡으로 둘러싸인 국립공원으로 시드니(Sydney)시에서 서쪽 방향 약104㎞ 정도 떨어져있고 최고해발1,000m의 구릉지대였다. '블루마운틴'은, 산을 뒤덮고 있는 유칼립투스(Eucaliptos) 나뭇잎에서 나오는 유액(乳液)이 뜨거운 태양열로 인해 증발하면서 푸른 안개가 발생하는 현상 때문에 붙여진 이름이라 했다.

이곳은 무려 5억 년 전에 형성된 지역으로 호주 원주민인 애보리진(Aborigine)이 약1,400여 년 동안 살았던 흔적이 바위 곳곳에 암각화(Rock Art)로 남아 있었다. 특히 원주민의 비극적 전설에서 유래했다는 세 자매 봉우리(Three Sisters)는 두꺼운 구름에 가리어 그 절경을 볼 수 없어 안타까웠다.

사람들이 잘 모르고 있는 사실이지만 블루마운틴은 원래 광산업이 조성되기 전 카툼바(Katoomba)에 석탄과 등유용 혈암광산 산업이 이루어져 있었을 뿐 아니라 시닉월드(Scenic World)도 한때 카툼바 석탄광산 회사의 본거지였다고 했다. 이곳은 1878년부터 1895년까지 가동되었고 그 후 1928년에 재가동되었으나 그 다음해인 1929년 말에 가서는 석탄광산의 채굴비용이 너무 높아져 그 지역을 방문하는 사람들이 계곡 밑 페더럴파스(Federal Pass)를 도보로 가는 사람들의 수가 증가되어 감에 따라 광산의 석탄 운반용 차를 이용하여 산정을 올라가려고 하는 간원자의 요청이 늘어나게 되자 이것이 광산업체의 추가 수입원의 대상으로 검토되기 시작되어 광산업체의 고위층으로부터 긍정적인 호응을 얻어 이러한 목적의 승객운반장치를 시설하게 되었고 그 명칭도 마운틴데블(Diablo de Montana)이라고 명명했다는 설명이 흥미로웠다. 그러나 카툼바탄광회사는 1945년에 문을 닫고, 해리함몬(Harry Hammon)과 그의 누이 이소벨회히에(Isobel Fahey)가 이 광산지역을 인수하여 카툼바풍경열차(Scenic Puilway)가 탄생하게 되었다고 했다.

시닉스카이웨이(Scenic Skyway)는 1958년 시설되었으나 그 당시나 현재도 남반구에서는 유일한 수평식 승객운반용 공중 케이블(Cable)이라고 자랑이 대단했다. 이 궤도열차를 타고 깊은 골짜기까지 내려가서 150년 전의 광산시설을 살펴보니 20여 년 전에 폐광된 고향의 광산업체들이 눈앞에 떠올랐다. 급격한 연료전환정책으로 하루아침에 광산의 문을 닫아야 했던 빈촌의 참상이 눈앞을 어둡게 함과 동시에 이러한 난경을 타개하기 위해 마련된 이곳 시설들이 감명 깊게 다가왔다. 그것은 1962년부터 개설된 새로운 케이블카(Cablecar)인 시니센더(Scenis Cender)였다. 최신형의 케이블카로서 84명의 승객을 태우고 3분간 여행을 즐기게 되는데 이곳을 방문한 사람들은 가파른 경사를 따라 내려가서 제이미슨(Jamison)계곡으로 들어가는 체험과, 심오한 계곡에서 높여진 보드워크(Board Walk)를 세계천연 기념물로 지정된 열대림속을 지나는 것도 귀중한 여행경험이었고 2,2㎞의 널빤지로 된 보드워크를 걸으면서 숲 속에 서식하는 동물들과 접할 수가 있어 좋았다.

계곡을 깊이 들어갈수록 훌륭한 금조(琴鳥)라는 새의 소리를 듣게 된다했는데 정말 이 새는 다른 동물들의 울음소리를 따라 흉내를 내고 있었다. 개 짖는 소리, 고양이 우는 소리, 개구리와 닭 우는 소리, 심지어는 기기의 소리까지 흉내를 낸다 하니 전화벨소리와 전기톱소리까지 흉내를 낸다하는데, 어느 때는 관광객의 사진기 셔터(Shutter)소리까지 흉내 내어 사람들을 놀라게 한다고 소개했다. 또한 이곳 블루마운틴에는 400여 종의 동물이 있는데 그 가운데 새 종류가 가장 쉽게 눈에 띈다고 했다. 낮에는 파이드쿠리웡(Pied Curawongs)이라는 새의 쟁쟁한 목소리와 노란색 꼬리를 가진 코카투(Cokatoo)라는 새의 쉰 듯한 목소리는 여로에 지친 관광객들에게 무거운 여운을 남겨주었다.

밤이 되면 서던부북 올빼미(Southern Boobook Owl)가 나무사이를 스텔스(Stealth)비행기 같은 날개로 비상하는 모습과 파워풀(Powerful)올빼미의 암약상은 이들의 활동을 눈치 채지 못한 낭서(Possum : 졸쥐)들의 가슴을 조이게 하는 필유사단(必有事端)의 무궁함을 여기에서 터득할 수가 있었다. 또한 이곳에는 원형미(Ringtail), 포섬솔형미(Brushtail), 포섬밴디쿠트(Bandicoot), 이스턴그레이(Eastern Grey), 캥거루(Kangaroo), 늪지대(Swamp), 월러비(Wallaby) 등이 있고 수풀형미(Bush Tailed), 록월비(Rock Qallaby) 등은 현재 희귀종에 속한다 했으며 그 외 40여 종의 희귀성 동물로는 반점미 테일드(Spotted Tailed), 황복색형(Quoll Koala Yellow Bellied), 글라이더(Glider,) 다람쥐(Sqirrel), 글라이더 굴익박쥐(Bentwing), 장비형포타루(Long Nosed Potaroo) 등이 있어 매우 다양한 동물이 서식하고 있음을 알 수 있었다. 뿐만 아니라 전 세계에 분포되어 있는 700여 종의 유칼립투스나무 종자 중 92종의 원산지가 이곳 블루마운틴임을 비로소 알게 되었다.

이렇게 다양한 동식물이 서식하는 이유는 천혜(天惠)의 자연조건과 기후 때문이란 설명을 듣고 건조하면서도 아고산지대 기후에 이르기까지 다양한 토질로부터 얻어지는 자연 속에서 평온한 삶을 누리고 있는 이곳 국민들이 부러워졌다. 끝없이 펼쳐지는 녹원 속에서 망중한을 즐기는 이곳이야말로 지상의 낙원이 아닌가 자문하면서 불시에 쏟아지는 호우를 피해 황급히 일행들에게로 달려갔다.

流刑地에 꽃피운 定着移住民의 樂土 오스트레일리아

오스트레일리아(Australia)는 러시아(Russia)와 캐나다(Canada), 중국(China), 미국(America), 브라질(Brazil)에 이어 세계에서 6번째로 면적이 넓은 국가라고 한다. 북쪽으로는 아라푸라(Arafura)해와 토러스(Torres)해협을 사이에 두고 파푸아뉴기니(Papua New Guinea)와 남동쪽으로는 태즈먼(Tasman)해를 사이에 두고 뉴질랜드(New Zealand)와 마주보고 있는 나라이다. 북동쪽으로는 티모르(Timor)해 건너 인도네시아(Indonesia)의 티모르(Timor)섬과도 근접해 있으며 또 그레이트센디(Great Sandy)와 기브슨(Gibson)사막 그리고 그레이트빅토리아(Great Victoria) 심프슨(Simpson)사막 등 중앙부와 서부 북부의 거대한 사막지역과 동쪽 해안선을 따라 남북으로 뻗어있는 그레이트디바이딩(Great Dividing)산맥 등으로 인해 인구조밀지역은 대개 동부에서 남부를 거쳐 서부로 이어지는 U자형 해안을 따라 집중적으로 분포되어 있다고 한다.

현재 인구 1,934여만 명으로 오늘의 오스트레일리아로 발전하기까지는 험난했던 역사가 뒷받침하고 있다. 지금으로부터 5~6만 년 전 아세아대륙으로부터 이동해온 것으로 추측되는 원주민이 거주하던 이 대륙에 1688년 영국인 댐피어(William Dampier)가 최초로 상륙한 이후 1770년에 쿡(James Cook) 선장이 인데버(Endeavour)호를 타고 보터니만(BotanyBay)에 도착함으로써 본격적인 영국의 이민정책이 시작되었다. 이후 미국의 독립으로 영국은 새로운 죄수 유배지와 함께 경제적이고도 전략적인 해군기지의 필요성을 절감하여, 1788년 필립(Arth Phillip)선장 인솔 하에 11척의 선박으로 죄수 736명을 포함한 1,503명의 영국인을 이주시켜 현 시드니(Sydney)지역에 죄수유배지를 건설한 것이 오스트레일리아 역사의 서막이라 했다.

그 후 죄수들의 유배는 1840년까지 속행되었고, 1868년까지만 해도 16만 명의 영국인들이 이주하기에 이르렀다 한다. 이렇게 이주해온 영국인들은 죄수와 감독군인들 사이에서 태어난 아이들을 합동으로 수용하여 양육케 했으며, 성장 후에는 본토의 귀족들에게 배분되어 하수인으로 고용하게 했다는 슬픈 이야기가 전해와 가슴을 저리게 했다.

이렇듯 광대한 오스트레일리아대륙을 다루기 위하여 도래인의 관리대책으로 백호주의(White Australia Doctrine)란 정책을 써왔다고 한다. 1850년대 호주에 금광이 개발되면서부터 여기에 동원되어온 중국인들과 차별대우 및 백인우월주의의 일환으로 추진되어온 자국인 보호정책으로, 인종차별주의의 상징적 제도로 이어져왔으나 1970년도부터 태동하기 시작한 유럽공동체(E.E.C)의 형성기운이 짙어가자 영국의 정책과 호주의 정치경향이 아세아로 전환되어 제반정치와 경제정책이 아세아로 쏠리게 됨을 기화로 중국인에 대한 우우책(優遇策)과 동양인에 대한 처우문제가 개선되는 신백호주의 (New White Australia Doctrine)로 발전해 나갔다고 한다. 이러한 설명을 듣고 보니 영국인들의 정치적 야심이 두려워지기까지 했다. 심지어 한국인이 경영하는 이쑤시개공장에까지 세금을 부과해가면서 철저한 수탈정책을 쓰고 있다는 영국인들의 이면성을 다시 확인케 해 주었다. 서양인에게 적합하지 않고 잘 알려지지 않은 소규모 영세업체라 할지라도 대상이 동양인이라면 필과원칙을 엄격히 준행해 오는 영국인의 조세정책이 소름끼칠 정도로 놀라웠다.

호주의 역사가 짧다는 고정관념보다는 짧은 역사를 만회하기 위한 정략으로 피와 땀을 뿌려가며 부흥시켜온 이들의 과거와 현재에서 확인할 수 있었고, 또 이러한 우월주의와 수탈정책의 단서가 곳곳에서 산견되고 있음은 시사하는 바가 너무도 많았다.

또한 호주는 광대한 국토와 풍부한 자연자원 그리고 적은 인구지만 1인당 국민소득은 세계적인 수준이다. 그렇지만 광대한 국토로 인한 도시

분산과 과다한 간접비용의 부담과 낮은 출산율 등으로 인해 제조업발전이 취약하다는 것이 흠이라면 흠이라 하겠다. 대부분의 산업이 금융서비스업 등 3차 산업에 집중되어 있고 수입의 80%가 공산품에서 얻어진 것이다 보니 생각보다 외채가 많다고 했다. 또한 교역 대상국이 미국과 일본에만 편중되어 있는 것도 대외경제국면을 어둡게 하는 하나의 요인으로 작용한다 했다. 그러나 오스트레일리아는 세계적인 천연자원의 보고답게 금은 세계 총 생산량의 약11%를 점하고 있으며 다이아몬드(Diamond)는 세계최대수출국이고 우라늄(Uranium)은 세계 매장량의 40%를 보유하고 있을 뿐 아니라 석유와 L.P.G(Liquefied Petroleum Gas)천연가스 등의 매장량도 손꼽히고 있다하니 오늘의 오스트레일리아가 어찌 우연이라고만 할 수 있겠는가!

흉포한 유형자들의 선도와 줄기찬 개척정책에 힘과 땀을 바쳐온 그들의 값진 노력(勞力)의 결과가 아니겠는가. 오늘날 번영된 낙토로 부흥시킨 힘의 실체는 무엇보다 우리도 익힐만한 값진 교훈으로 다가왔고, 시의적절하게 대처해온 그들의 추진정책에 백호주의와 신백호주의로 개선된 역사적 사실을 우리도 현실적으로 깊이 음미해볼 필요가 있다는 느낌을 강하게 받았다.

優雅한 姿態의 오페라하우스와 曲線美가 流麗한 하버브리지

시드니(Sydney)는 미국 센프란시스코(Sanfrancisco)와 브라질(Brazil)의 리우데자네이루(Riode Joneiro) 등과 같이 세계 미항(世界 美港)의 하나로 손꼽히는 곳이다. 구불구불한 해안선이 도시 깊숙이 파고들고 하늘 높이 솟아오른 고층빌딩들은 아름다운 지평선(Skyline)을 이루고 있으며 크고 작은 공원과 유럽식 주택들에서 풍요로운 삶의 여유를 느끼기에 충분한 곳이다.

뿐만 아니라 누구나 한 번쯤 보았음직한 오페라하우스(Opera House)의 환상적이고도 우아한 자태와 곡선미를 자랑하는 하버브리지(Harbour Bridge)는 이곳 항구도시 시드니의 자랑이 아닐 수 없다. 착공에서 완공까지 14년이 걸린 호주의 상징물이요 세계적으로 굴지되는 아름다운 건축물로 이름 높은 이 오페라 하우스가, 바다를 향해 날개를 펼치듯 돌출해 있는 모습은 흡사 조개껍질 같기도 하고 오렌지(Orange) 조각 같기도 하다는 평을 듣기도 하는데, 파도치는 바닷물 빛에 조영(照影)되는 모습은 너무도 환상적이었다. 1957년 시드니를 상징할 수 있는 건축물의 필요성을 절감한 뉴 사우스웨일스(New.South.Wales)주정부는 디자인 콘테스트(Design Contest)를 통해 전 세계 건축가의 설계도를 공모한 바 있는데, 총32개국으로부터 232점의 출품작을 받아 엄선 끝에 덴마크(Denmark)의 건축가 요른우츤(Joern Uzon)에게 당선의 영광이 돌아갔다 한다. 하늘과 땅 그리고 바다와 육지 어디에서 바라보아도 완벽한 곡선을 그리며 전체적인 모습이 보이도록 설계된 것이 다른 작품들과의 탁월한 차이점이라 했다.

그러나 이렇듯 유명한 세기의 건축물이 탄생되기까지는 수다한 난관과 웃지 못 할 일화도 많았다고 한다. 공모 준비에 고심하고 있는 남편을 위해 과일과 차를 준비하던 부인이 접시에 담아둔 오렌지 조각을 보고 요른이 "바로 이거야!"하고 외치며 작성하던 설계도를 찾아 그 위에 오렌지 조각을 본뜬 유려한 곡선의 오페라 하우스를 그려 넣었다는 것이다.

설계도에 따라 건축되는 공사초기에는 구조적인 결함으로 건축이 불가능하다는 판정도 받았으며 예산을 크게 웃도는 건축비도 문제점으로 노출되었다고 한다. 그리하여 자칫 보기 흉한 괴물로 남을 뻔했던 오페라하우스가, 설계자와 시공자의 합심으로 요른이 설계한 지붕을 조립식으로 변경함에 따라 건축비의 절감과 함께 공사기간도 크게 단축할 수 있게 되었다는 설명이 인상적이었다. 그래도 부족한 예산은 시드니시민의 기부금과 오페라하우스의 복권발행으로 충당해가면서 1959년에 착공해 1973년에 완공하기까지 총1억2천만 불이 투자되었다고 한다.

또 이 오페라하우스는 콘서트홀(Concert Hall)을 중심으로 오페라극장(Opera Theater) 드라마극장(Drama Theater) 연극관(Drama Pavilion) 등 4개 공연장으로 나뉘어져 있다고 했다. 그러나 시간에 쫓겨 외부시설만 돌아보고 발길을 돌려야했다.

다음으로 찾은 곳은 1923년에 착공되어 1932년에 완공된 세계에서 두 번째로 긴 다리인 하버브리지 총길이1,149m로 세계에서 가장 긴 뉴욕의 베이욘다리(Bayon Bridge)보다 60㎝가 짧다고 설명했다. 이 다리는 1920년대에 불어 닥친 경제공황 타개와 실업자 구제를 위한 목적으로 건설되었다는 말에 깊은 관심이 쏠렸다. 9년이란 공사기간 중 매일 1,400명의 노동력과 2천만 불이 넘는 재원이 투입되었다고 하니 실업자를 구제하고 경기를 살리기 위한 '당초의 목적은 달성한 셈'이라는 소개자의 말과 이로 인한 '철의 숨결(Ferreous Respiration)'이라는 거룩한 칭송도 받았다는 설명까지 덧붙여주었다.

그러나 다리에 투입된 어마어마한 건설연체금이 쌓여 개통56년이 지난 1988년에서야 겨우 완불할 수 있었다는 말에 다소 의아(疑訝)한 생각이 스치기도 했다. 영국에서 들여온 공사비 차관을 모두 상환하고 나니 이번에는 산 너머 산처럼 늘어난 교통량이 문제로 떠올랐다. 늘어나는 교통량 해소를 위해 또 다른 소통책이 필요해져 마침내 1992년 하버브리지 동쪽에 해저터널(Tunnel)을 건설하게 되었고, 이 때문에 현재까지도 시내진입차량에 대해서는 통행료를 징수하고 있다 했다. 또한 이 다리는 시드니 북부와 남부를 오가는 페리(Ferry)가 통과할 수 있도록 조금 높게 건설되어 있었다. 그리고 다리 위에 둥글게 굽은 아치(Arch)가 '옷걸이' 같아서 '낡은 옷걸이(Old Coathanger)' 라는 애칭까지 생겨나게 되었다 한다.

또 다리를 받치고 있는 4개의 교각 중 남쪽 교각상단에는 전망대가 설치되어 있는데 우리식으로 말하자면 기둥전망대(Pylon View)라 하겠다. 여기에서 매표소까지는 거뜬히 올라갈 수 있지만 매표소에서 표를 사고부터는 200개가 넘는 계단을 올라가야 한다는 말과 정상에는 기념품과 엽서 등을 파는 작은 가게가 있고 어깨 높이 정도의 유리막이 둘러쳐져 있어 그곳에서 바라보는 사방의 전망이 눈부시게 아름답다 했으나 올라가보지 못한 채 다음 일정에 맞추기 위해 그곳을 물러나야 했다.

고풍스러운 벽돌 건물과 현대적인 쇼핑센터(Shoping Center)가 조화를 이루고 있는 이곳 시드니의 위상을 웅변하듯 빌딩마다 증권사와 금융회사 관공서가 들어서 있고, 이러한 빌딩 숲 가운데 하이드파크(Hyde Park)의 울창함이 공존함은 거대도시의 허파가 되어 도심에 맑은 공기를 공급하는 현대적이고도 전원적인 풍경이 균형 있게 발전해온 시드니의 모습이 자꾸만 부러움으로 앞서왔다.

시드니 最大의 水族館과
浪漫이 넘치는 東部海岸의 본다이비치

시드니의 달링허버(Darling Harbour)는 그 이름처럼 코클베이(Cockle Bay)를 따라 젊은 연인들이 모여드는 곳이라고 했다. 안내자는 마치 작은 연못의 동심원처럼 동그랗게 도심을 파고드는 조개모양 같기도 하고 조개를 줍는 바닷가 같기도 하다 했는데 지금은 조개를 찾아 볼 수 없다는 말을 덧붙였다. 공원과 식당 극장과 수족관 등이 있는 관광지로 이름높은 이곳을 옛 시절의 소박함을 떠올리면서 거닐어 보았다. 이국 냄새 풍기는 남국의 훈훈한 바람이 가슴을 스쳤다. 우리 일행도 아름다운 야경 속을 분주히 오가는 사람들을 제치고 시드니 수족관으로 갔다.

호주 최대 규모의 이 수족관에는 세계에서 가장 큰 상어와 대형 가오리, 수천 종의 열대어가 화려한 산호초(Great Barrier Reef) 사이를 오가며 노닐고 있었다. 이러한 천혜적인 자연환경이 베푸는 환상적인 분위기에 압도되어 지쳐있던 여로가 일신되었다. 수심10m에 길이가 145m나 되는 수중 유리터널(Tunnel)을 따라 움직이는 잠수부(Diver)들이 직접 투여하는 상어의 사료공급시간(Shark Feeding Time)은 정말 볼만했다. 잠수부의 손짓에 따라 일사불란하게 순서대로 움직이며 먹이를 받아먹는 신통한 상어에게 우리 일행들은 박수를 보냈다. 더 받아먹으려는 욕심 없이 한 번 받은 사료를 물고 유유히 다른 곳으로 물러가는 상어군(群)이 신기했다. 매사에 경쟁의식이 강한 우리들 인간사회에서 자주 산견(散見)되는 새치기와 대조되었다. 또 2m가 넘는 양익(兩翼)을 일렁이며 어군 사이를 누비고 다니는 가오리 역시 훌륭한 볼거리였다.

다음엔 제2차세계대전에 참전한 호주병사들을 기념하기 위해 만들어진 엘알라메인분수대(El Alamein Fountain)로 갔다. 피츠로이(Fitzroy)

광장에 자리한 이 분수대는 흡사 공작이 날개를 펼친 것같이 우아했다. 그 분수대 앞에는 세계 각국의 수도에 이르는 방향과 거리를 표시해주는 표지판이 붙어있었으나 서운하게도 우리나라의 서울표지판이 보이지 않았다.

이렇게 시내를 돌아보고 시드니 인근 해변 가운데 가장 명성이 높은 본다이비치(Bondi Beach)로 갔다. 여름철에는 우리나라의 해운대처럼 많은 피서인파가 몰리는 곳으로, 본다이(Bondi)라는 말은 '바위에 부서지는 파도'라는 뜻의 원주민 언어라 했다. 시원스럽게 몰려왔다 부서지며 물러나는 파도가 서퍼(Surfuer)들을 환호케 하고 있었다. 수영을 즐기기보다는 파도에 몸을 맡기는 서핑(Surfing)이나 따끈따끈한 모래사장에서의 일광욕이 더 어울리는 이 해변은 서퍼들의 천국으로 상칭(常稱)되고 있다 했다. 서핑보드(Surfing Boat)를 끼고 걸어가는 구릿빛 피부의 젊은 남성들과 과감하고도 화려한 비치패션(Beach Fashion)의 여성들 모두가 부서지는 파도소리와 함께 눈과 귀를 즐겁게 해주었다.

해변을 함께 걷던 일행 중 오원근(吳元根)씨가 나의 어깨를 툭 치며 "わ! 眩しい お胸と たくましい お臀(눈부신 가슴과 豊滿한 엉덩이"라고 외쳐서 나도 함께 웃었다.

해안을 따라 완만한 곡선으로 형성된 캠벨퍼레이드(Campbell Parade)가 최고 번화가인데, 여기에는 서핑강습소와 식당 등이 잘 형성되어 있어 이용객이 많았다.

다시 동부해안에서 이름난 왓슨베이(Watsons Bay)로 갔다. 손가락처럼 솟아있는 동부해안의 맨 끝에 자리한 맨리(Manly)의 노스해드(North Head)와 바다를 사이에 두고 마주보고 있는 일명 사우스해드(South Head)라고 불린다했다. 이 왓슨베이의 북쪽 캠프코프(Camp Cove)는 식민지시대 초대 총독이었던 아서필립(Arthe Phillip)이 시드니에서 첫 밤을 보냈던 곳으로 유명하고, 더 위쪽에 있는 레이디베이(Lady Bay)는 누드비치(Nude Beach)로 널리 알려져 있다는 말에 흥미로웠다. 또 왓슨베이가 조용하고 잔잔한 부둣가인데 비해 반대방향은 거친 파도가 단애절벽으로 이루어져 있어 해안절벽을 따라 형성된 산책로는 비장한 긴장감마저 감돌 정도의 비경이었다. 산책로 중간에 하얀 등대가 세워져 있어 운치를 더해주고 있었다.

뿐만 아니라 왓슨베이와 갭파크(Gap Park) 사이에 있는 로버트슨공원(Robertson Park)에서 조망되는 시드니의 절경 또한 비할 때 없는 압권이었다. 왓슨베이에서 로버트슨공원을 지나 동쪽언덕을 오르면 시드니내셔널파크(Sydney National Park)라는 이정표와 함께 갭파크(Gap Park)로 향하는 길이 있는데 사우스헤드(South Head)산책로와 맞닿아있는 이곳은 한때 대포가 설치되어 있던 군사요충지이기도 하다는 말에 시선이 집중되었다. 100m 높이의 까마득한 단애절벽에 거센 파도가 부서지며 하얀 거품을 일으키는 모습도 장관이었다. 태즈만(Taman)해의 푸른 파도는 넘실거리고, 굽이진 절벽에는 파도에 휩쓸려 겹겹이 새겨진 암벽의 홈들이 오랜 세월의 흔적으로 남아 있었다. 식민지시대에 고된 노동에 시달리면서도 고향에 대한 그리움을 달래려고 이곳을 찾았던 많은 실향민들이 스스로 목숨을 던져 자살명소가 되기도 했으며, 영화 빠삐용(Papillon)의 주인공이 몸을 던졌던 마지막 촬영지이기도 하다는 말에 40년 전 우리나라의 극장가를 풍미해간 영화 빠삐용이 감명 깊게 떠올랐다.

初代 總督의 官邸인 보타닉 가든과 鄕愁撫摩를 위해 마련한 하이드파크

시드니의 고층빌딩이 숲을 이루고 있는 가운데 하이드파크(Hyde Párk)의 울창함은 거대도시의 허파가 되어 도심에 맑은 공기를 공급하는 매우 현대적이고도 전원적인 풍경을 조화롭게 조성한 도시공원으로, 여유로움을 한껏 즐길 수 있는 최상의 공간이었다. 도심 속 24ha의 넓은 부지에 이와 같은 녹원이 있다는 것은 정말 경이로운 일이었다. 주말 오후가 되면 가족들끼리 피크닉(Picnic)을 즐기는 모습을 볼 수 있고, 오래되고 다양한 수종의 숲이 우거져 있는가 하면 넓은 공연장과 또 한편에는 유리돔(Dome)양식의 열대정원도 마련되어 있어 많은 관광객이 드나들고 있었다.

식물원북서쪽에 있는 총독관저는 초대 총독이었던 필립(Arthe Phillip)경에 의해 기초가 마련되었고, 최초 농장이었던 땅을 현재의 보타닉 가든(Botanic Garden)으로 개척한 인물이란 것도 여기에 와서 알게 되었다. 원래 이곳은 총독을 위해 야채를 심던 곳이었으나 일하는 사람들이 일사병으로 쓰러지자 이를 예방하기 위한 대책으로 큰 나무를 심으면서 식물원으로 조성되기 시작했다고 한다. 커다란 나무둥치의 무성한 이파리 사이로 보이는 마천루(摩天樓)의 풍경은 말 그대로 이국적이었다.

시내 중심가에서 남북으로 길게 이어지는 이곳은 원래 호주 최초의 크리켓(Cricket)경기가 개최되었던 곳이었고, 군사훈련장으로도 활용되었을 뿐 아니라 한때는 경마장으로도 사용되었다고 한다. 또한 고국을 그리워하는 영국이주민들의 향수를 담아 이름도 런던 하이드파크와 같은 하이드파크라 했다고 한다.

공원북쪽에는 프랑스에서 기증한 아치볼드분수(Archibald Fountain)가 이채로웠고, 남쪽에는 호주 전몰자들의 넋을 기리기 위한 안작메모리얼(Anzac Memoreal)이 있는데 아르데코(Art Dece)양식의 안작메모리얼은 전쟁기념관으로 이용되고 있었다.

다음엔 오페라하우스(Opera House)에서 둥글게 형성된 팜 소만(Cove)을 따라 걸어서 뾰족 튀어나온 모서리에 자리한 미세스 맥콰리스 포인트(Mrs Macquaries Point)에까지 가보았다. 미세스 맥콰리스 포인트는, 호주의 초대총독 맥과리(Macquari)의 부인이 바다와 가까운 이곳에 나와 멀리 영국 쪽을 바라보며 향수를 달래곤 했다는데 그녀의 이름을 따서 '미세스 맥콰리스 포인트'라고 한다했다. 그러나 정작 사람들이 이곳을 찾는 이유는 돌로 된 의자에서 기념사진을 찍기 위해서 찾는 사람이 태반이라 했다. 맥콰리 부인이 앉아서 고향을 그리던 바로 그 자리가 미세스 맥콰리체어(Mrs Macquaries Chair)가 되어 하루에도 수십 명의 기념사진 속 배경이 되고 있다는 말에 모두 그 자리로 몰려갔다. 움푹 파인 바위의자 위로 나무그늘이 드리워져 운치는 있지만 밀려드는 관광객 때문에 잠시 엉덩이를 붙이는 것만으로 만족해야 했다.

몰려오는 관광객에 떠밀려 우리는 고색이 짙은 고딕(Gothic)양식의 주립음악학교(State Conservatorium of Music)로 갔다. 그곳에서 안내자로부터 이 학교를 건축한 사람에 대한 특별한 이야기를 들을 수 있었다. 1814년 시드니로 유배된 프랜시스 그린웨이(Francis Greenway)라는 죄수가 있었는데, 그는 14년의 장기형을 언도 받았으나 5년 만에 특별 사면되어 자유의 몸이 되었다. 건축에 탁월한 재능이 있었던 그는 우연히 총독의 눈에 띄어 건축가로서 활약을 하게 되었고, 덕분에 감형을 받고 마침내 명성까지 얻게 되었다는 매우 감동적인 인물이었다. 많은 세월이 흘러간 오늘날까지도 그가 설계한 11개의 건축물은 세구년심(歲久年深)한 역사 속에 건재하고 있다하니 그의 능력과 영예가 찬연함을 직감할 수 있었다. 11개의 잔존건물 가운데 하나가 바로 이 주립음악학교인데, 당시 맥콰리 총독이 프렌시스 그린웨이에게 설계를 맡겨서 지었으며

1913년 정부가 매입하여 지금의 음악학교를 세웠다고 소개했다.

다음엔 시드니 시내를 한눈에 내려다 볼 수 있는 시드니타워(Sydney Tower)에 올랐다. 높이305m의 시드니타워는 멜번(Melbourne)의 리알토(Rialto)타워보다는 낮지만 공공건물로는 남반구에서 가장 높은 건축물로 기록되어 있다고 한다. 맑은 날 오후에 오르면 시드니 시가지는 물론 멀리 태평양과 블루마운틴(Blue Mountains)까지 한눈에 들어오는 환상적인 전경을 감상할 수가 있어 좋았다. 전망대는 모두 4개 층으로 이루어져 있었는데 1~2층은 360도로 회전하는 전망레스토랑이었고, 3층은 커피숍, 4층은 일반전망대로 이용되고 있었다.

1981년 완공된 이 건물은 세계에서 가장 안전한 건물 중 하나로 손꼽힌다 했는데 각각 7톤에 달하는 금속 케이블(Cable) 56개가 타워를 안정하게 잡아주고 있어서 지진과 강풍에도 견딜 수 있도록 설계되었다는 말에 부러움이 앞서왔다. 56개의 케이블을 한 줄로 이으면 시드니에서 앨리스 스프링스(Alice Springs)까지 또는 시드니에서 뉴질랜드의 오클랜드(Auckland)까지 이을 수 있는 길이라고 하니 모두 눈이 둥그레졌다. 전망대에 오르면 고대 호주 원주민들의 동굴을 재현한 가상동굴을 지나 대호주탐험 라이드(Ride)로 관광을 마치게된다고 했으나 시간에 쫓기어 가상동굴 탐험을 하지 못하고 돌아온 것이 아쉬웠다.

7부

미국

1) 2005. 9.25 미국 워싱턴 6.25 참전 묘원

2) 2005.9.25
미국 워싱턴 국회의사당 앞

3) 2005.9.25
미국 워싱턴 링컨 기념관 앞

4) 2005.9.27 미국령 나이아가라 폭포 앞

大陸開拓의 矜持에 繁榮과 豊饒를 심은 美國

美 대륙이 역사에 등장하기 시작한 것은 1492년 콜럼버스(Columbus Christopher)가 세계 일주를 하다가 카리브해(Coribbean Sea)의 히스파뇰라(Hispaniola)라는 섬(島)을 발견한 때부터라고 한다. 콜럼버스는 그곳이 인도 부근이라고 착각했고, 그곳의 원주민을 인디언(Indian)이라 부르기 시작했다 한다.

그 후 많은 유럽인들의 진출이 시작되어 16세기 초 스페인(Spain)이 플로리다(Florida)와 남서부지역에 세력을 확장하였는가 하면, 프랑스(France)는 세인트로렌스(Saint Lawrence)강에서 5대호 미시시피(Mississippi)강을 따라 남하였고, 16세기말 영국은 동북부해안에 진출하여 북부 뉴잉글랜드(New England)를 형성하며 청교도들의 정착이 시작됨과 동시 자급농업도 진척되었다고 한다. 또 한편 남부 버지니아(Virginia)에서는 담배의 대규모경작이 이루어져갔을 뿐 아니라 1776년에는 13개 주로 독립을 하였고 1861~1865년의 남북전쟁 후 근대적인 통일국가체재가 확립되었다 했다.

세계1.2차대전을 통해 세계 최대의 자본주의 국가로 발전하였는가하면 1990년대 초반에는 소련과의 냉전관계가 끝나면서 세계 최강의 지위를 확보하게 된 나라이기도 하다. 또한 미국은 농업과 목축업, 광업, 공업, 서비스업, 무역, 금융 등 모든 분야에서 세계 최고 최대 산업국가이기도 하며 농목업은 기계화 대규모화 그리고 기업화 상업화로 자연조건을 기초로한 적지적작주의로 전문화되어 세계농산물시장을 좌우하고 있는 나라이다. 공업은 풍부한 지하자원과 에너지, 자본, 기술 등 합리적인 생산조직과 넓은 국내외시장을 바탕으로 세계적인 다국적기업이 발달하여 철강, 석유, 화학, 자동차, 항공기, 우주산업, 생명공학과 정보통신산업, 의약품 등의 분야에서 세계 공업에 선도적인 역할을 하고 있는 경제대국이기도하다. 명실상부한 자본주의국가로 발전한 미국은 남북전쟁 후 단일국가로서 통일하고 대륙횡단철도의 완성으로 국내교통이 정비되면서 괄목할만한 산업성장과 기술혁명을 이루어내기도 했다. 벨(Bell)의 전화, 에디슨(Edison)의 전등, 축음기 영화 등의 대 발명시대가 있었고, 카네기(Carnegie)와 록펠러(Rockefeller)와 같은 사회진화론자의 투자에 힘입어 미국의 경제는 번창해갔다.

뿐만 아니라 영토 확장에도 힘을 기울여 1867년에는 러시아(Russia)로부터 알래스카(Alaska)를 매수했고, 1898년에는 하와이(Hawaii) 필리핀(Philppines)과 괌(Guam)을 합병하면서 국가영향력을 신장해 나갔다. 19세기가 되자 자유시장원칙에 따른 자본주의가 스스로의 무게에 눌려 무너지기 시작하면서 1870년대와 1890년대 그리고 가장 큰 1930년대의 대공황을 파생시키기도 했다. 그럼에도 이 시기에 파급된 거품경제는 20세기 초 미국을 황금시대라고 할 만하다 했다. 제1차 세계대전이 발발하자 미국은 무기와 식품수출로 막대한 이익을 챙겼으며 1917년 연합국에 참전했지만 거의 전화를 입지 않고 전쟁이 끝났다. 그 후 10여 년간은 미국사회가 변화의 물결에 휩쓸린 시대였다고 할 수 있는데, 19차의 헌법수정으로 여성의 투표권이 인정되고 21차의 헌법수정에서는 금주가 선언되기도 했다는데 그 의의를 지금은 어디에서 찾아야할 것인가 되돌아볼 문제 같기도 하다.

그리고 미국인의 아픈 기억을 되새기게 하는 1929년 10월24일 '암흑의 목요일(Black Fhursday)'이라는 뉴욕 월드스트리트(Walld Street)의 증시폭락을 시작으로 많은 기업이 도산하고 마침내 대공황으로 이어졌을 때 루즈벨트(Roosevelt. Flanklin Delano) 대통령이 강력한 재건정책을 펴나감에 따라 경제는 서서히 회복되어갔고 1940년대 전쟁경제를 통해 대공황에서 탈출, 완벽한 발전이 이루어져 갔다 했다.

유럽과 일본이 전쟁에 의해 황폐해짐에 따라 미국은 전후 국내외적으로 경제발전을 이룩해 세계최강의 경제력과 군사력을 갖추게 되었고, 동시에 옛 소련의 성장에 지나친 경계를 하게 되었다. 공산주의에 대한 혐오는 1917년 러시아혁명 이후 생겼지만 한국전쟁과 베트남(Vietnam)전에 참전함으로써 발발한 이른바 냉전시대는 더욱 극심해졌다. 제2차세계대전 이후에는 미국과 소련의 핵무기비축으로 긴장이 고조되었고 소련이 쿠바(Cuba)에 미사일(Missile)을 배치함으로써 최고조에 달한 바 있었다. 핵 문제를 제외하면 1960대 초의 미국은 국내적으로는 대통령이 만들어낸 낙관론의 시대였다. 케네디(John F Kennedy) 대통령은 기술을 개발도상국에 전달해 주기도하고 나사(NASA)는 미국인을 달에 착륙시켰으며 뉴프론티어(New Frontier)정책으로 가난과 인종차별주의가 다소나마 해소되기도 했다.

이어서 1960년대의 극적인 사회변화에 대해 가장 혐오감을 나타낸 세대는 1970년대 말과 1980년대의 청소년들이었다 하는데 대학교정은 조용해지고 보수적이 되었으며 물질만능주의와 소비주의가 부활했다. 그러나 1980년 로널드 레이건(Ronald Wilson Regan)이 대통령에 선출되어 보수주의를 표방하는 정치를 선언했고, 1988년 당시 부통령이던 조지부시(Bush George Heebert Walker)가 대통령이 되자 보수주의는 정점을 이루어갔는가 하면 1990년대에는 환경문제와 여권 주택정책 등에 새로운 변화를 추구해가는 거대경제대국이요 세계를 선도하는 강대국으로서의 면모를 더욱 확고히 했다.

또한 미국은 2001년 무역센터와 국방성에대한 이슬람(Islam) 과격세력의 테러(Trror)로 아프카니스탄(Afghanistan)을 공격하였고 이라크(Iraq)와의 전쟁을 수행했던 나라로 '테러와의 전쟁'을 선포한, 우리의 우방국으로도 널리 알려진 나라이다.

1,800萬의 뉴욕市民속에 50萬 韓國人이 심은 矜持

뉴욕(New York)은 미국의 동부에 위치하고 있으며 북쪽으로는 온타리오호(Ontario Lake)와 캐나다(Canada)가 인접해있고 남쪽으로는 대서양 서쪽으로는 이리호(Erie Lake)에 면해 있는 인구 1922만7088(2004년 추계)명에 137,304㎢의 면적을 가진 주요도시이다. 협곡과도 같은 도심 속의 거리와 높이 치솟은 마천루(摩天樓) 등 색다른 낭만이 느껴지는 이곳은 세계무역과 금융의 중심지일 뿐 아니라 연극과 음악과 미술 등 예술문화의 창조지로서 다양한 인종들이 펼쳐지는 새로운 문화가 흥미로운 볼거리를 제공하는 이채로운 도시이기도하다.

아침 일찍 호텔을 출발한 차는 뉴욕의 최고 번화가인 맨하튼(Manhattan)으로 방향을 틀었다. 함께 탄 현지안내원은 현재 뉴욕의 인구는 1천900여만 명이고 그 가운데 한국교포가 50만 명이라 했다. 어렵게 이민을 온 우리 한국인은 모두 직업의 귀천을 가리지 않고 열심히 일해 뉴욕시에 분포된 슈퍼(Super market)의 90%를 한국인이 점유 경영하고 있다는 반가운 소식도 전해주었다. 또 '맨하튼'이란 지명의 유래는 전화발명가인 벨(Bell)의 고향에서 유래된 것으로 '원주민'을 뜻하는 말이라고 상세히 설명해 주었다. 맨하튼으로 가는 길은 뉴욕95번 고속도로였는데, 여기의 고속도로는 턴픽(Tunpike)이란 말로 어떠한 턴(Tun)주행도 허용되지 않는다 했다.

이윽고 시가중심부에 들어서자 웅대한 건물들이 시야를 가로막으며 다투어 하늘로 치솟아 있었다. 첫 번째로 찾아간 세계 제1의 엠파이어스테이트빌딩(Empire State Building)은 높이381m에 102층의 빌딩으로 자동차회사의 영업경쟁이 불붙기 시작한 1930년도 슈립람하먼(Shereve

Lamb & Harmoa)의 설계에 의해 불과 412일 만인 1931년 5월1일에 완공되었다는 놀라운 이야기도 들려주었다. 2층까지는 에스컬레이터(Escalator)로 올라가서 입장권을 받아 보안검색대의 검색을 거쳐야 80층까지의 승강기를 탈수 있었다. 2003년 9월11일 세계무역센터(World Trade Center)의 테러 이후 이 건물의 출입은 엄격히 통제되고 있었으며 외국관광객에게도 철저한 검색이 이루어지고 있었다. 86층에 마련된 전망대까지 올라가서 뉴욕시가지를 한눈에 관망할 수 있었으나 광대하게 펼쳐지는 장쾌한 감정은 파리(Paris) 에펠탑(Eiffel Tower)에서 느꼈던 호감 같지는 않았다.

전망대에서 내려와 타고 왔던 차를 찾았으나 모두 겉모양이 같아 망설이다가 엉뚱한 차에 올라버렸다. 앉았던 자리로 가 보았으나 모두 낯선 사람들뿐이어서 다시 내려와 헤매고 있던 중 용케도 안내원을 만나 타고 온 차에 오르니 모두 걱정을 털면서 박수로 환영해주었다. 나 한 사람의 실수로 많은 사람에게 걱정을 끼치게 했으니 쓸쓸한 내 연륜을 탓해가며 내 자리에 앉았다.

朝早混迷吾神精 이른 아침 내 정신이 혼미하여
錯認乘車爆笑群 다른 차에 잘못 올라 웃음거리 되었네
百層高建櫛比村 백 층의 높은 건물 즐비한 이곳
世界矜都唯一街 세계에 자랑할 도시 오직 이 거리뿐이구나

'세계 정치 1번지'인 유엔본부(United Nations Headquarter)로 갔으나 마침 그날이 토요일이어서 휴무 중이었고 각 회원국의 국기도 게양되지 않은 채 출입문이 굳게 닫혀있었다.

하는 수 없이 돌아 나와 시내관광을 하기 위해 차로 뉴욕 번화가를 돌아보았다. 시내중심부인 월스트리트(Wall Street)에는 증권시세의 상승을 상징하는 황소의 조상(彫像)이 있는데 이 황소상의 엉덩이를 손으로 한 번 만지면 재운이 따른다는 속언이 있어 모두 차에서 내려 황소상

의 엉덩이를 쓰다듬으며 사진을 찍기도 했다.

다음에 돌아본 곳은 줄기차게 솟아오르는 분수대(噴水臺)를 앞에 두고 누워있는 프로미티우스(Prometheus) 동상으로, 인류에게 불을 전해 준 지혜의 여신이라 했다.

다음은 테러에 의해 붕괴된 세계무역센터 자리를 둘러보았다. 이전의 화려했던 모습은 간 곳 없고 폐허처럼 황량해 보였다. 높이 442,8m에 110층의 건물 2동이 탑(Towe)으로 이루어진 고건물(高建物)로 1977년 완공된 이래 줄곧 뉴욕의 상징물 역할을 해왔으나 지난 2001년 9월11일 테러로 인해 7,000여 명의 사상자를 내고 붕괴된 후 2005년 9월23일 현재까지 벌판으로 남아있었다. 안내원은 현재 이곳에는 독일인 건축가가 설계한 자유의 탑(Freedom To wer)이 건설 중에 있었는데, 중심고가 541m에 이르는 세계에서 가장 높은 빌딩이 될 것이라고 소개했다. 다가오는 2006년에 착공예정으로 현재는 기초정지공사가 한창이었다. 붕괴된 그 건물에서 나온 고철은 모두 한국으로 수출되었다는 사실도 안내원의 설명으로 처음 알게 되었다. 그리고 현존하는 100여 년 전의 건물에는 당시 비상계단이 설치되지 않아 모두 건물 밖에 비상계단을 설치했더니 그것이 절도범의 이용물로 악용되어 걱정을 하고 있다는 말도 들려주었다.

또 이곳 뉴욕에는 세계에서 가장 많은 수식어가 난무하고 있다는 말도 빼놓지 않고 들려주었는데 그 중 한 가지가 세계인의 성격분석 표현이었다. 세계에서 가장 성질 급한 국민은 한국인이고, 가장 현실주의 국민은 미국인이며, 가장 실리주의의 국민은 일본인이며, 가장 끈기 있는 국민은 중국인이라 했다. 소 외양간에 들어가 어느 나라 사람이 가장 오래 견딜 수 있는가를 실험했더니 불결한 환경과 악취를 못 참고 제일 먼저 밖으로 나온 사람이 한국인이고, 그 다음이 아무 이유 없이 이런 불행을 받아들일 수 없다는 미국인이며, 가장 실리적으로 행동하는 자가 일본인이라 했다. 일본인은 한국인보다는 더 인내심이 있다는 현증(現

證)과 미국인을 극복했다는 실리감(實利感)을 과시했다 했고, 마지막으로 중국인은 내가 비록 참다가 소가 될지언정 저 사람들보다 먼저 나갈 수 없다는 끈기를 잘 상징하는 이야기인지라 모두 한바탕 웃었다.

다음은 뉴욕뿐만 아니라 미국을 상징한다고 할 수 있는 자유의 여신상(Statue of Liberty)을 돌아보았는데 지난번 테러 이후 출입이 엄격히 통제되고 보안검색이 너무 까다로워 모두 선유관광으로 대체되었다. 잔잔한 파도를 가르며 뉴욕만을 헤쳐 나가니 풍경은 조용하고 아름다웠지만 다투어 들어선 고층건물로 인해 답답하고 복잡한 기분이 들었다. 그래도 가슴을 비집고 들어오는 바닷바람만은 시원스러웠다. 배가 자유의 여신상 가까이에 다다르자 모두 사진기를 꺼내 들고 배 위로 몰려왔다. 가까이에서 바라보니 여신상이 머리에 쓰고 있는 관의 7개 첨단은 '세계 7개의 바다와 7개의 주에 자유가 널리 퍼져나간다'는 상징이라 했고 그 높이는 받침대를 포함해서 92m나 되며 검지의 길이만도 2,4m나 된다 했다. 1886년 미국독립100주년을 기념하여 프랑스에서 기증했는데 제작은 프랑스의 조각가 바르톨디(Frederic Auguste Bartholdi)가 자신의 어머니를 모델(Model)로 만들었다는 이야기도 전해주었다. 자유의 여신상 관람은 세찬 바람을 안고 뉴욕만을 선회하는 것으로 끝이 났다.

더 가까이 접할 수 없는 것에 아쉬움을 안고 회항하여 뉴욕에서 최초로 신설되었다는 센추럴공원(Central Park)에 들러 주변을 돌아보면서 조용하고 뜻있는 하루를 마감하고 내일의 일정을 점검해 보았다.

美 合衆國의 首都이며 世界政治와 外交의 中心地 워싱턴

미국의 수도인 워싱턴(Washington)은 메릴랜드(Maryland)주와 버지니아(Viginia)주 사이 포토맥(Potomac)강변에 위치한 도시로, 행정상 특별구(Washington Dislrct of Columbia)를 구성하고 있는 미국의 심장부이자 세계의 심장부라 하겠다. 대통령관저(White House)와 국회의사당(The Capital), 대법원(The Supreme Court), 국무부(The Offairs of State)를 비롯한 여러 부처가 모여있으며 링컨기념관(Lincoln Memorial), 워싱턴기념관(Washington Monument), 미술관 등 명소가 많은 도시로 1790년 조지워싱턴(Washington Geoge)이 수도로 선정하고 프랑스인의 설계에 의해 건설한 계획도시로 이름이 높다. 당당한 국회의사당의 위용과 광대한 내셔널 몰(National Mall)과 정연하게 줄지어있는 각 관청 박물관 등을 보려는 세계 방문객들의 발길이 끊이지 않는 아름답고 흥미로운 도시로 각광을 받고 있다 했다.

차가 뉴저지(New Jersey)주를 지나 서스쿼해나(Susque hanna)강을 지나면서 이 강은, 지난 개척시대 원주민(Indian)들의 원한이 서린 눈물의 강으로 상징되는 강이라 소개하면서, '서스쿼'란 말도 '눈물의 강'이란 뜻을 가진 원주민의 말이라고 했다. 이렇듯 미국의 역사는 원주민들의 비운을 안고 출발했다. 수도도 지금의 뉴욕시로 선정되었으나 불과 14개월 만에 다시 필라델피아(Philadelphia)로 옮기게 되었고 지금의 워싱턴으로 옮기게 된 것은 지금으로부터 216년 전인 1790년이라 했다.

워싱턴에 도착한 차는 포토맥강을 건넜다. 포토맥은 '사랑의 강'이란 뜻으로 널리 쓰이는 말이라고 했다. 이 강 너머엔 아링턴(Arlington)국립묘지가 조용히 자리 잡고 있었다. 이곳엔 케네디(John F Kennady) 대통령의 묘와 로버트케네디(Eobert Kennady)의 묘도 있었고 그 뒤쪽에는 '영원의 불(Eternal Flame)'이 타고 있었다. 무명용사들의 묘(Tomb of The Unknowns)는 미국을 수호하다 전사한 모든 장병을 기리는 곳으로 50톤이나 되는 대리석 묘비가 설치되어 있었고 그 앞에는 밤낮을 가리지 않고 해병대 병사가 위병근무를 서고 있었으며 추모자들의 발길 또한 끊이지 않았다. 이윽고 차는 6.25참전 기념비가 있는 묘역으로 갔다. 묘역 내에 세워진 기념동상은 6.25전쟁 시 군복차림의 모습을 재현한 조형물로 조각되어 있어, 당시 참전했던 나로서는 뜻 깊은 회상의 시간을 가지게 했다. 동상은 모두 38개가 건립되어 있었는데 이 38개의 뜻은 38선을 의미하기도 하고 38개월의 전쟁기간을 뜻하기도 한다 했다. 포연탄우 속에 희생되어간 전우와 구사일생으로 생환해온 나의 감회가 무언으로 이어질 때 문득 눈앞의 동상이 빗속의 우의를 회상케하여 잠시 당시의 악전고투가 생생히 영상되어 왔다.

그 다음에 찾은 곳은 링컨기념관인데 건물 기둥이 58개였다. 이 58이란 숫자 역시 링컨과 깊은 관련이 있는데, 미국의 16대 대통령으로 당선된 링컨의 암살 당시 연령이 58세였다는 데서 기둥을 58개로 건립했다는 설명이 감명 깊게 들렸다. 건물 안은 웅장하고 정숙하여 링컨에 대한 경모가 앞서왔고 거대한 대리석의 링컨좌상을 위시하여 도아리식 36개의 원주는 암살 당시 미국 내 주의 수라했다. 또 좌상 왼쪽 벽에 "국민의, 국민에 의한 ,국민을 위한 정치"라는 유명한 게티스버그(Gettys Burg)연설문과, 오른쪽 벽에는 링컨의 제2회 취임연설문이 조각되어있어 관람인들의 눈길을 끌었다.

다음은 그리스(Greece)복고양식 건물인 국회의사당(The Capital)을 찾았다. 중앙의 돔(Dome) 아래는 유명한 로툰다(Rotunda)로 시설되어 있고 둘레의 벽에는 콜럼버스(Columus)로부터 미국의 역사를 그린 영화와 부조(浮彫)가 장식되어 있었다. 또 한가운데에는 링컨 대통령을 비롯해 많은 정치인들의 유해가 안치되어 있었으며 그 외 커다란 홀에는 전직 정치가들의 기념비와 상으로 가득했다. 의사당 건물 앞에는 그란트(Grant)장군의 동상이 늠름하게 서있었는데, 남북전쟁 시 북군총사령관으로 인망이 높아 후에 대통령에까지 올랐다는 이야기도 감명 깊게 들었다.

다음엔 백악관 주변을 둘러보았다. 역사적 외교와 정치적 결단이 많이 행해진 이곳 백악관은 약 200년간 대통령 관저이자 집무실이었다. 이 건물의 최초 입주자는 2대 대통령인 애덤스(Adams Thon)라 했고, 건물 안에는 132개의 방이 있는데 1층 동쪽의 이스트룸(East Room)과 그린룸(Green Room,) 블루룸(Blue Room), 레드룸(Red Room), 스테이트다이닝룸(State Dining Room) 등은 특별한 일이 없는 한 일반에게 무료로 공개되고 있다 했으나 시간에 쫓기어 외부 모습만 돌아보고 말았다. 백악관 부근은 한가한 촌락처럼 조용해 보였고 넓은 잔디밭에는 군데군데 몇 그루의 나무가 서있었다. 그 나무사이로 몇 마리의 다람쥐가 한가로이 드나들고 있었으며 대통령 관저였으나 경비원도 눈에 띄지 않고 나직한 철책만 시설하였을 뿐이었다. 많은 관광객이 그 사이로 백악관을 바라보며 담소하고 있었다.

다음 돌아본 곳은 항공우주박물관(National Air and Space Museum)이었다. 내셔널몰(National Mall) 남쪽에 자리잡은 이 박물관은 워싱턴 D.C의 가장 인기 있는 명소로 연1,000만 명의 방문객을 자랑한다 했다. 라이트(Wright Willbur)형제의 비행기와 린드버그(Lindbergh Charles Augustus)가 최초로 대서양 횡단비행에 성공한 스피리트 오브 세인트루이스(Spinit of St.Louis)호부터 아폴로(Apollo)우주선과 월석 화성의 무인탐사기까지 전시되어 항공우주기술의 발전사를 한눈에 볼 수 있었다.

그다음은 워싱턴기념탑(Washington Monument)으로 백악관 남쪽에 솟아있는 169.3m 높이의 이 탑은 세계에서 가장 높은 완전 석조구조물로 초대대통령인 조지워싱턴을 기념하기위해 세운 탑이라고 한다. 1848

년 완성까지 37년이 걸렸다는 대형 탑이었다.

기념탑 앞에는 690m에 달하는 인공수조인 리플렉팅(Reflecting Pool)이 조성되어있어 많은 사람들의 눈길을 멈추게 했다. 끝으로 프랭크린 루스벨트기념관(Franklin D. Roosevelt Memorial)과 토머스 제퍼슨 기념관(Thomas Jefferson Memorial)을 돌아보았다.

포토맥공원(Potomac Park)의 서쪽 내셔널 몰 근처 가로수 길 끝에는 미국의 32대 대통령 프랭크린 D 루스벨트를 기념하여 조성된 국립공원이 있는데 원내에는 3,300여 그루의 나무와 식물 그리고 6개의 분수와 연못이 있으며 4개의 방으로 이루어진 기념관에는 대공황시대에 루스벨트가 펼친 뉴딜정책(The New Deal Policy) 등 재임 중에 펼친 각종활동과 업적뿐만 아니라 그가 통치한 20년간 미국역사의 자취를 살펴볼 수 있는 기념물이 전시되어 있었다.

토머스 제퍼슨 기념관은 포토맥강 옆에 세워진 대리석의 원형건물로 독립선언서의 작성자이자 제3대 대통령인 토머스 제퍼슨의 탄생200주년을 기념해 건설되었다 했다. 내부에는 제퍼슨의 청동 조상(彫像)과 그가 남긴 말들이 조각되어 있어 많은 사람들의 눈길을 모았다.

또한 하루 전신통화량이 10만 통화이고 이에 소요되는 전화기만도 10만 대이며 이에 가설된 전선의 길이만도 지구를 한 바퀴 반이나 돌 수 있다는 5각형의 펜타곤(Pentagon)을 멀리서 바라보며 지나기도 했다.

비록 5층 높이에 불과하지만 세계최대 오피스빌딩(Office Building)으로 전체 평면적은 엠파이어 스테이트빌딩(Empire State Building)의 3배에 달한다 했다.

美國의 獨立과 開拓의 震源地이며 世界專有의 學園都市 보스턴

보스턴(Boston)은 미 건국 200년의 역사를 고스란히 간직하고 있는 아름다운 도시로 매사추세츠(Massachusetts)주 서펵(Suffolk)군의 주도(州都)이며 찰스강(Charles River)과 미스틱강(Mistic River) 어귀의 매사추세츠만에 면한 항구도시로 상업과 금융업, 의료업의 중심지이며 미국최대의 양모 거래지이기도 하다. 조선, 전자, 의류, 화학공업과 출판업도 성대하다는 보스턴은 미국독립전쟁의 진원지로 1770년의 대학살과 1773년의 다회(茶會)로도 유명하고 1620년 102명의 청교도인이 탐정차 보스턴항에 닿아 탐정한 데서 독립의 기운이 싹트기 시작되었다고 한다.

상륙하려던 102명 중 52명은 기후와 전염병에 의하여 사망하고 50명만이 하선 상륙하여 보스턴지역에 정착하게 되었고 원주민들의 협조를 얻어 이 지역생활에 익숙해갔다. 1636년 최초로 대학을 설립하게 되었는데 이곳으로 옮겨온 인물들은 모두 정치와 종교적 지도자였으므로 교육열이 높았다는 것이 특색이라 했다.

이렇듯 교육이 진흥됨에 따라 미국에서 유명한 대학들이 여기에서 태어나기 시작했는데 오늘날의 하버드(Havard)대학도 잔하버드(Johan Harvard)에 의해 이곳에 설립하게 되어 오늘에 이르렀다는 것이다. 하버드대학은 1636년에 창립된 미국 최고의 대학으로 고 케네디(Jhon F. Kennedy) 전 대통령을 비롯한 6명의 대통령과 33명의 노벨(Nobel)상 수상자 등 각계각층에서 뛰어난 인물들을 배출해낸 곳이라고 자랑도 했다. 처음엔 청교도 목사를 육성하는 대학이었지만 그 후 종합대학으로 개편되어 현재는 알려진 바와 같이 미국 최고봉의 위치에 있는 대학으로 육성되었다 한다. 15,000㎢의 부지에 400개 이상의 건축물이 들어서 있는 이곳 하버드대학에는 18~19세기에 세워진 역사적 건축물과 어우러진 서점과 카페(Cafe) 식당 등 350여 동으로 이루어져있어 하나의 도시를 방불케 했다. 또 하나의 특색은 이 대학에 기부한 자는 이름이 표기된다 했다. 처음은 2동에서 출발하였으나 지금은 미국에서 손꼽히는 교육기관으로 각광을 받고 있을 뿐 아니라 세계에서도 가장 전통 있고 명망 높은 대학으로 발전했다는 것이다. 현재 이 대학의 학생은 3만 명이 넘고 또 보스턴에 산재해 있는 대학만도 모두 68개나 된다 했다.

그 다음 돌아본 곳이 보스턴 티파티호(Boston Tea Party Ship)인데, 영국 동인도회사의 다(茶)무역독점에 반대하는 사람들이 1773년 12월 16일 영국 선박에 올라가 342개의 다상자(茶箱子)를 바다에 던져 독립전쟁의 계기가 된 사건이 바로 보스턴 티파티사건이다. 그 무대가 된 영국 선박 보릭비버 2호(Brig BeaverⅡ)가 콩그레스 스트리트(Congress Street)다리를 토대로 재현되어 있었고, 바로 옆에는 보스턴 티파티사건과 독립전쟁의 경위를 전시해놓은 박물관도 있었다.

다음은 M.I.T공대(Mossachusetts Institute of Technology University)에 들렀다. 우리나라에까지 명망이 높은 이 대학의 재학생은 15,000명이었고 각 도서관과 실험전시실을 돌아보았는데 조선전시실에서 감명을 받은 것은 세계에서 유명한 조선 가운데 우리 한국의 거북선이 전시되어 있어 가슴이 뿌듯했다. 전시된 모든 배가 1600년대 이후 제조된 것이었으나 우리 거북선만은 1591년에 제작되었다는 설명문이 있어 눈앞을 황홀하게 했다. 이 얼마나 가상하며 자랑스러운 일인가. 여기에서 한국인의 긍지를 높이게 되고 우리민족의 위대성을 다시 한 번 되돌아보는 계기가 되기도 했다.

하버드대학의 설립자인 잔하버드(Johan Harvard)동상 앞에서 사진을 찍고 거북선이 전시된 MIT대학에서 기념사진을 찍은 다음 우리는 보스턴시가를 벗어나 찰스강(Charles River)을 바라보며 뉴포드해변(New

Port Beach)으로 갔다. 아득히 뻗어있는 대해를 따라 길게 시설된 아스팔트(Asphalt)대로가 우리나라의 해운대를 연상케 했다. 무수히 달리는 차량과 멀리서 밀려오는 파도의 모습 모두가 우리의 해운대처럼 느껴졌다. 선선한 일모(日暮)의 바람을 안고 해변을 거닐다가 차에 올랐다.

차는 보스턴 근교에 있는 국립유물박물관으로 갔다. 독립전쟁의 격전지였던 렉싱턴(Lexington)에 위치한 국립유물박물관은 식민지시대부터 현재에 이르기까지 미국의 역사와 문화를 테마(Thema)로 각종 유물을 전시하고 있었는데 흡사 우리나라의 독립기념관처럼 느껴졌다. 식민지정책에 억압당했던 과거사가 파노라마(Panorama)처럼 영상(映像)되어 눈앞을 어둡게 했다. 고전미 넘치는 건물과 더불어 독립전쟁 당시 쓰였던 물건과 회화, 의류 등을 바라보며 우리가 당했던 일제36년 간을 되돌아보는 것을 끝으로 어둠이 앞을 가로막는 야암(夜暗)을 헤치며 차는 뉴욕 귀항지(歸巷地)를 향해 움직이기 시작했다.

8부

캐나다

1) 2005.9.28 캐나다의 오타와 국회의사당 앞 2) 2005. 9.28 캐나다 영국 총독관저 앞

3) 2005.9.26 캐나다 나이아가라 염소섬에서

雄大無比의 壯觀이며
가장 魅力的인 나이아가라瀑布

유럽인이 처음 나이아가라폭포(Niagara Falls)를 발견한 것은 1678년이라 한다. 그 후 나이아가라폭포는 세계에서 가장 유명하고 매력적인 관광지 중 하나가 되었다고 하며 엘리호수(Erril Lake)에서 온타리오호수(Ontario Lake)로 쏟아지는 이 대 폭포는 미국과의 국경이기도 해서 미국폭포와 캐나다폭포 등 두 개의 폭포로 나뉘어져 있었다. 폭포의 큰 쪽은 캐나다폭포로 말발굽처럼 생겼다 해서 호스슈폴스(Horse Shoe Falls)라는 별명으로 불리고 있었는데 폭이 무려 670m, 높이56m였으며, 미국폭포는 폭이 260m, 높이21~34m였고 튀어 오르는 물줄기 사이로 무지개가 일어나는 이 일대는 여름이면 교통체증이 생길 정도로 인파가 몰리는데 얼음이 녹으면서 떨어지는 이른 봄이 가장 아름다운 시기로 세계인이 몰린다 했다.

미주립공원 1호인 이 폭포의 이름 '나이아가라'는 원음이 '니가라(Nigara)'인데 당시 원주민들이 쓰는 용어에 의하면 '천둥(Thunder)과 우레(Thunder Clap)'라는 뜻이라 했다. 이 폭포에서 쏟아지는 수력으로 시당 27,000㎾의 전력을 생산한다 했고, 연간 이곳을 찾는 방문객만도 200만 명을 넘는다고 자랑했다. 그리고 미국은 이민국으로 이름이 높은데 연 2만여 국의 사람들이 미국으로 들어와 오늘의 풍요한 미국건설에 참여하고 있을 뿐 아니라 풍부한 자원과 개척정신이 강한 사람들이 모인 곳이라 오늘의 풍요로운 대국으로 성장한 축복 받은 천국이라며 세계인들의 부러움도 함께 받고 있다는 자랑도 아울러 했다.

그사이 차는 힘차게 달려 메리랜드(Marland)를 거쳐 펜실베니아(Pennshylvania)주에 들어서고 있었다. 펜실베니아는 원주민들의 집락촌이었으나 잭슨(Jackson Andrew) 대통령의 축출정책에 따라 거의 없어지고 지금은 5%의 인구만이 촌락을 이루고 있어 미연방정부(United States America)의 적극적인 보호를 받고 있다 했다. 차가 그린아이스란드(Green Island)에 진입하여 유력(流力)의 시속이 60㎞의 나이아가라의 폭포 상위부인 염소섬(Goot Island)에 도착하여 우리는 풍만하게 구비치며 흐르는 강물을 보며 무지개다리(Rainbow Brige)를 통과했다.

폭포주변은 매우 아름다운 공원으로 조성되어 있었는데 관광객들로 인해 조금은 복잡했지만 여러 각도에서 볼 수 있어 좋았다. 공원은 폭포 위쪽 수면과 가까운 높이에 있었는데 긴 산책로를 따라 상류에서 하류로 걸어가면 미국폭포와 함께 나이아가라 전체를 감상(鑑賞)할 수 있어 좋았다. 가장 인기 있는 코스(Couse)는 메이드 오브더 미스트(Maid of the mist)라는 유람선을 타고 폭포수가 떨어지는 근처까지 접근하는 것인데 비닐코트(Vinyl Coat)를 나누어주지만 그래도 흠뻑 젖을 각오를 해야한다 했다. 차창 밖에는 비가 내리고 있었고 멀리 평균해발 1,000m의 애팔래치아(Appalachia)산맥이 육중하게 누워있는 것이 보였다.

우리는 다시 높이99m의 미놀타타워(Minolta Tower)와 160m의 스카이론타워(Skylon Tower)에 올라본 후 캐나다폭포를 중앙에서 바라볼 수 있는 테이블록(Table Rock)으로 갔다. 거대한 바위가 있는 이곳은 공원의 일부인 동시에 대전망대라서 관광객들은 우선 이곳에서 강이 폭포로 바뀌는 장관을 보게 되고 폭포가 무엇인지를 실감하게 된다.

그리고 전망대에는 테이블록하우스(Table Rock House)라는 건물이 있었는데, 단순한 휴게소가 아니고 자니비하인드 더폴스(Journey Behind the Falls)라고 하는 탐험관광의 입구라 했다. 전용승강기를 타고 약46m를 내려가 그곳에서 도보로 터널을 빠져나가면 캐나다 폭포 뒤쪽으로 나가게 된다 했다. 초당 370만 리터의 물이 낙하하는 현장을 눈앞에서 볼 수 있고 엄청난 폭음과 피어오르는 물안개로 세상이 온통 하얗게 변하는 이 모습을 어디에서 또 볼 수 있을까, 하는 감탄이 절로 나왔다.

폭260m에 높이21~34m의 미국폭포는 캐나다폭포에 비해 규모는 작았지만 또 다른 아름다움을 느낄 수 있었다. 폭포수가 떨어져 내리는 용소(龍沼)가 없고 무너진 바위 위로 물이 떨어지기 때문에 깊은 용소가 있는 캐나다폭포와는 다른 인상을 주었다. 미국폭포 옆에는 브라이들 베일 폭포(Bridal Veil Fall)라 불리는 베일처럼 하얀 매우 아름다운 폭포가 있었다. 이 폭포의 이름은, 이곳의 아름다움에 감탄한 엘리자베스(Elizabeth)여왕이 면사포(Bridal) 같다고 하여 명명되었다 했다. 초당 150카론의 수량을 쏟아내는 그 원류는 어디에서 나오는 것일까. 이어서 말발굽폭포(Horse shoe Falls) 쪽으로 가보았는데 물보라는 더 자욱했고 진동하듯 웅장한 그 기상이 더욱 장관이었다. 배 옆을 스치고 날아가는 갈매기들도 우리와 함께 오늘을 즐기는 것 같아 옆으로 눈을 돌리니 떠오르는 햇빛을 받아 선명한 무지개가 이루어지고 있었다. 모두들 손뼉을 치면서 환성을 올렸다.

白霧煙洸壯觀湘 흰 연기처럼 피어오르는 물보라 장관이고
流料無量激瀾波 파도처럼 넘쳐흐르는 물 한량이 없네
豊滿裕財資賦存 이처럼 풍만한 부존의 자원이
何處與來享樂歡 어디에서 함께와 기쁜 향락 누리는가
日光輝照生虹成 빛나는 햇빛으로 생겨난 무지개는
雄姿神造妙奇珍 신이 만든 진기하고 기묘한 웅장함일세

폭포에 매료된 일행들은 언제 배가 선착장에 접했는지도 모르고 넋을 잃고 있었다. 다음에 들러 본 곳은 나이아가라 나비공원(Niagara Parks Butterfy Conservatory)이었다. 전 세계 2,000종류 이상의 나비가 1,022㎡ 넓이의 온실 안을 날고 있었고 나이아가라 발전소의 전력을 이용해 온실내부는 1년 내내 25도의 온도를 유지하고 있었다. 그 외 열대식물도 함께 기르고 있었으며 여름에는 직경 12,2m의 꽃시계도 볼 수 있는 것이 특이했다.

캐나다의 最大都市인 토론토와 神이 가졌던 파라다이스의 천섬(千島)

캐나다의 최대도시인 토론토(Toronto)는 온타리오호(Ontaria Lake)의 북쪽에 위치해 있었고, 인구는 600만 명이라 했다. 토론토란 이름은 원주민이었던 휴런인디언(Huron Indian)의 말로 '사람이 모이는 곳'이란 뜻이라 했다. 프랑스의 탐험가인 샤프란(Saffron)이 토론토를 방문한 것은 1615년이며 그 후부터 곧 유럽에서 이민이 시작되었다 했다. 1759년 영국과 프랑스간의 7년전쟁이 종결되면서 토론토는 영국령이 되었으나 그 후 어퍼 캐나다(현재의 온타리오)의 수도였던 나이아가라(Niagara)는 온더레이크(On the Lake)가 미국국경에서 너무 가깝다는 이유로 수도가 토론토로 이전되었다 했다. 한동안 요크빌(Yorkville)로 불리다가 1812년 영미전쟁 시 도시가 불타는 등 우여곡절을 겪기도 했다는 설명이 부연되었다.

토론토 주변에 있는 바다처럼 광대한 호수가 바로 온타리오호수(Ontario Lake)인데, 캐나다 총면적의 6분의 1에 상당하는 17만7천㎢의 광대한 호수라 했다. 우리가 찾아간 곳이 천섬(Thousand Island)이었는데, 1,864개의 섬이 산재해있는 이 세인트 알라이어스강(Saint Elias River)은 바다처럼 넓고 커 보였을 뿐 아니라 흩어져 있는 섬이 신기해 보였다. 이 흩어져 있는 1,000여 개의 섬은 신이 가졌던 파라다이스(Paradise)를 흩어 뿌린 것이란 설명이었다.

그리고 토론토 시내에 우뚝 선 CN탑(C.N Tower)은 TV와 라디오의 전파송신탑으로서 세계에서 가장 높은 555,333m라 했고, 346m에 있는 룩아웃(Look out)과 447m에 있는 세계에서 제일 높은 전망대인 스카이포드(Sky Pod)와 342m에 있는 글래스플로어(Glass Floor)는 바닥이 유리로 되어 있다는 설명이 인상적이었다.

2시간여를 달려 물결치는 세인트엘라이어스(Saint Elias)강에 닿아 선유관광에 들어갔다. 강 양안 여러 곳에 흩어져 있는 섬에는 우거진 해송과 숲 그늘 속에서 아름다운 모습을 드러내고 있었고 눈앞을 어지럽히는 호화로운 별장들이 가까이 다가왔다. 정말 호사로운 광경이며 화려한 건물들이었다. 부를 자랑하듯 진귀하고 호화롭게 단장한 별장들 모두가 우리의 평범한 생활과는 너무도 거리가 멀어 경원심(敬遠心)을 불러일으켰다. 하지만 그런 절경에 흠탄(欽歎)은 해도 부호가들의 독점이 불만스러웠고 절묘한 자연의 불공정한 소유가 원망스러워지기도 했다. 못사는 사람들의 한탄과 원한의 소리는 높아만 가는데 어이해 조물주는 이렇게도 균등치 못한 생활터전을 주었는가 하는 한숨이 절로 터져 나왔다. 더욱이 이 호화로운 별장들 모두가 부호가들이 아내에게 바치는 생일선물로 지어졌다는 말에 씁쓸한 마음을 금할 수 없었다.

소슬바람이 뱃전을 스치는 이 강에는 80여 종의 어류가 서식한다 했다. 또 철따라 낚시광(狂)들이 구름처럼 모여든다 했으니 바꾸어 말하면 절경에 심취하여 1,000여 개의 섬을 선호하는 부호가들의 과시 경쟁장으로 해마다 북새통을 이루고 있다 했다.

江河岸島豪華風　강하의 언덕 위에 흩어진 호화풍경
富豪有産誇競姿　부호들의 있는 재산 겨루는 모습인가
美莊別屋築裝連　아름다운 호화별장 연달아 지어서
誰爲獻納侈精奢　누구에게 바치려는 치장이며 사치인가
謹嚴終日務勞殘　근엄히 종일토록 힘써 일해 남는 것은
糊口餘無極恨貧　입에 풀칠한 나머지는 가난과 원한 뿐
至于今歎不離消　이 한탄 아직도 떠나지 않으니
困窮懷怨限無終　곤궁한 원한 회포 한없고 끝없어라

깊은 잠에서 깨어난 세인트로렌스강은
바람과 함께 유람선을 움직이고

햇빛 아래 관광객 여기저기 붐비는데
일렁이는 파도 따라 강안은 저문다

다음 들린 곳은 약100년 전에 세워진 로마네스크(Romenesque)양식의 구 시청과 1965년에 세워진 신 시청이 나란히 서 있는 명소였다. 토론토의 상징과도 같은 신 시청건물은 핀란드(Finland)의 건축가인 빌리오레벨(Viljo Revill)이 설계한 것으로 원형돔(Dome)형태인 의사당을 둘러싸듯이 높이가 각각 다른 2개의 반원형 오피스건물이 서있는 참신한 형태였다. 그 앞쪽의 네이선 필립스 스퀘어(Nathan Philps Square)에 있는 거대한 연뭇은 겨울이면 무료 스케이트(Skate)장으로 활용된다 했다.

그 다음 돌아본 곳은 1993년에 100주년을 맞은 유서 깊은 로마네스크양식의 건물로 주의회의사당(The Ontario Parliament Building)이었다. 붉은 사암으로 만들어져 있어 때로는 핑크(Pink)색으로 보이기도 한다했다. 의사당에선 지금도 의회가 열리고 있다 했으며 천연대리석과 마호가니(Mahogany)를 쓴 내부 장식이 매우 화려하다 했으나 시간에 쫓기어 들어가 보지 못하고 토론토시의 상징이기도한 퀸스공원(Queen's Park)을 멀리서 바라보며 무거운 발길을 돌려야했다.

캐나다의 首都이며 政治活動의 中心地인 오타와

오타와강(Ottawa River)과 리도운하(Rideau Canal)에 면해있는 이곳 오타와(Ottawa)는 1613년 샹플랭(Champlain Samuel)이 오타와강을 거슬러 올라가면서 이 지역에 이민이 시작되었고 그 후 이곳에 임업과 모피교역이 번성해졌다 한다. 1826년 리도운하공사가 시작되면서부터 온타리오호(Ontario Lake)와 오타와가 교통의 요충지가 되었고 이 공사를 주도한 바이(John By) 대령 이름을 따서 바이타운(Bytown)이라 불리기도 했으며 1855년에 오타와로 개칭했는데 빅토리아 여왕(Victoria Alexandnina)이 1857년 이곳을 수도로 정했다 한다. 당시 이곳은 프랑스령인 퀘벡(Québec)과 영국령인 온타리오의 경계지대였기 때문에 두 문화가 잘 소통되기를 바라는 기원을 담아 도시계획을 했다고 하며 현재 수도인구는 약100만 명으로 캐나다에서 네 번째로 많다고 했다.

차가 오타와 시내로 들어서자 먼저 국립자연박물관(Canadian Museum of Nature)으로 갔다. 시가중심부의 동남쪽 리도운하 서쪽에 있는 빅토리아왕조시대의 건물에 들어선 이 박물관에는 지구의 생성과정과 현재 캐나다에 서식하는 동식물, 그리고 새(鳥)까지 전시되고 있었는데 가장 큰 볼거리인 공룡 뼈는 세계적인 성과물로 직접 만져볼 수도 있었다. 박물관을 나와 주변을 돌아보는데 박물관현황을 알리는 다양한 석조물이 즐비해 가까이 가보니 마침 일어로 된 설명문도 있었다. 내용은 선정(禪庭)을 꾸미는 요령인 듯 했다. '선정의 조성은 그야말로 높은 선의 경지에서 돌과 나무와 꽃 등이 사람의 정신과 마음과 동일한 경지에 이르렀을 때 참다운 선정이 조성된다(禪庭の造成は それこそ 高い禪の境地で石と木と花等が 人間の精神と心が 同一の境地に至る時 眞實の禪庭が 造

成される)'는 내용이었다. 선정이 어떤 것인지 어떻게 조성되었는지는 현장을 돌아보지 못해 이해할 수 없었으나 일본문화의 일부를 이 박물관에 기증하고 그것을 선전하는 문언 같았다. 이렇듯 자국의 문화를 국외에 활발히 선전하는 일본의 정치역량이 한편은 부럽기도 했다.

국립전쟁박물관(Canadian War Museum)은 국립미술관북쪽에 위치해 있었는데, 입구 광장에는 전차와 대포가 놓여있었고 안에는 17세기에서 현대에 이르는 캐나다의 모든 전쟁에 관한 자료가 전시되어 있었다. 음악과 영상을 사용한 투시화(Diorma)로 당시의 모습을 재현하여 전쟁의 실상을 보여준 것이 매우 인상적이었다.

다음엔 영국여왕을 대리하는 상징적 존재인 캐나다 총독관저(Rideau Hall)로 갔다. 1838년에 세워진 저택을 개조한 것으로 격조 높은 빅토리아(Victoria)양식 건물과 넓은 정원이 아름다웠고 단풍철에 산책하면 오타와의 가을을 만끽할 수 있다고 안내자는 소개했다. 약간 낡은 듯한 건물은 보기에도 매우 검소해보였으며 건물 주변은 매우 한산해보여 많은 경비원이 배치되어있는 우리나라의 청와대와는 매우 대조적이었다. 총독은 영국의 귀족 중에서 임명되어왔으나 지금은 수상의 제청에 의해 여왕이 임명하는 제도로 바뀌어 현재 총독은 캐나다 현지인으로 지난 2005년 9월27일에 임명되어 부임했다는 얘기도 해주었다.

다음엔 오타와 건설에 화제의 꽃을 피운 리도운하를 돌아보았다. 오타와와 온타리오호반의 도시인 킹스턴(King Ston)을 연결하는 길이202㎞의 리도운하는 군사물자를 운반하기 위해 1826년부터 6년 동안 건설했다고 한다. 이 운하가 완공됨으로써 오타와는 비약적으로 발전하게 되었고 건설에 공헌했던 바이 대령의 이름을 붙인 마을이 생길 정도였을 뿐 아니라 40개 이상의 수문이 있어 수문 간 높이의 차를 이용하여 배를 운반한다 했다. 또한 이 운하의 양옆 길은 시민들의 산책로로 이용되고 있었고 여름이면 운하에 유람선이 떠다니고 겨울이면 이 운하에 얼음이 얼어서 아래(Dcwn)호수까지 약8㎞가 스케이트장이 된다고 했다. 1859

년 수도건설이 완료됨으로써 오타와의 모습은 오늘처럼 일신되었고 그 번영의 기운이 멈추지 않고 지속되고 있다고 했다.

다음으로 찾아간 곳은 웅장하고 고전미 넘치는 성요셉(Joseph)성당이다. 일행 중 천주교신자들은 건물 안으로 들어가 방문 참배를 하고 나머지 사람들은 건물주변을 돌아보았다. 다음 돌아본 곳은 노트르담 대성당(Cathedral Basilica of Natre Dame)이다. 국립미술관 건너편에 위치한 이 건물은 오타와에서 가장 오래된 교회라 했다. 1840년에 시공하여 완공까지 70여 년이 걸렸다고 하는데, 이 건물에 시설된 두 개의 첨탑과 벽 장식물과 조각들, 그리고 성인상 등의 섬세함에 놀라지 않을 수 없었다. 입구에 있는 황금성모상에서도 옛 장인들의 기질과 기법을 엿볼 수가 있었는데 성당 안에는 200개 이상의 조각물이 보존되어 있다 했다.

다음엔 오타와강이 내려다보이는 팔리아먼트힐(Parliament Hill)에 위치한 국회의사당(Parliament Building)을 둘러보았다. 청동지붕을 이고 있는 고딕(Gothic)양식의 건물인데 동쪽과 서쪽 센터(Center)의 세 블록(Block)으로 이루어졌으며 센터블록 안에는 높이89,5m의 평화의 탑(PeaceTower)이 있고 거기엔 53개의 벨(Bell)로 이루어진 연주악기 카리용(Carillon)과 거대한 종과 전몰자를 기리는 추도시설이 갖추어져 있고, 전망대로도 활용되는 이 탑에서는 오타와시내가 한눈에 보인다했으나 올라가보지 못했다. 그 아래는 센터블록의 입구로 상원과 하원의 본회의장 등이 있으며 최초로 지어진 건물은 1867년에 완성되었으나 화재로 소실되고 1922년에 현재의 건물이 재건되었다고 했다. 정원 중앙에는 건국100주년을 기념하여 1967년에 점화된 기념화(Centennial Flame)가 타오르고 있었다. 뒤쪽은 완만한 언덕길인데 동쪽의 리도운하와 서쪽의 오타와강 그리고 알렉산드라(Alexandra)다리, 건너편의 가티노(Gatineau)가 아득히 보였고 후원에는 빅토리아(Victoria) 여왕의 동상과 브라운(Brown), 마켄젤(Mackenzle), 칼티어(Cartier) 등의 동상이 나란히 서있는 후정을 거닐며 한 세기를 빛내온 역군들의 모습을 그려보았다.

城壁과 要塞에 둘러싸인 北美地域의 古都 퀘백

퀘백(Québec)의 주도(主都)인 퀘백시는 1534년 프랑스 탐험가인 자크카르티(Cartier Jacques)에 의해 모피교역지로 개발되기 시작했고, 그 후 세인트로렌스강(Saint Lowrence River)하안단구지대 아래쪽에 로어타운(Lower Town)이라 불리는 강변마을이 생기면서 많은 상인들이 활동하게 되었다한다. 17세기 중반에는 영 불간의 식민전쟁이 일어나면서 이곳에도 분쟁이 일어나게 되었고, 몇 번의 전투 끝에 1759년 영국식민지가 된바 있으나 프랑스계 주민들은 그대로 남아 영국계주민들과 융화해갔다고 했다. 지금도 주민의 8할은 불어를 모국어로 쓰고 있으며 프랑스문화가 많이 남아있는 도시였다.

시내는 성벽으로 둘러싸인 구시가지(Old Québec)와 강안의 로어타운이 있었고 구시가지 서쪽의 신시가지(New Québec) 등 세 구역으로 나뉘어져 있는, 북미지역에서도 가장 오래된 도시 중 하나다. 프랑스문화의 영향을 많이 받았으며 현재까지도 남아있는 많은 건물들 중 석조문과 석조사원 등은 중세의 거리를 연상케 하며 많은 방문자들을 매혹시키고 있을 뿐 아니라 깊은 역사의 향기를 느끼게 했다. 생루이문(Porte st Louis)과 생장문(Porte st Jean) 등을 지나 생루이가를 지나면 플라스다름(Place'd Armes)이 나오는데 이 주변에 노트르담(Notre Dame)성당과 성곽박물관(Musée du Fort) 위르실린 수도원(Couvent des Ursulines) 등이 자리하고 있었다.

먼저 퀘백시 구시가지의 관광중심이 되는 광장 중앙에 이 도시를 처음 만든 사뮈엘드 샹플랭(Samuel de Champlain)의 동상이 서있는 플라스다름(Pkace d'Armes)을 둘러보았다. 고전미 짙은 우람한 건물 앞에 우뚝 서있는 사무엘동상을 보니 어렵게 흘러간 역사의 한 장을 보는 것 같았다.

다음엔 퀘백 카톨릭교구의 중추가 되는 노트르담성당을 돌아보았다. 북미지역에서 가장 역사가 긴, 1647년에 건립된 건물이라 했는데 현재의 석조건물은 1922년 이후에 건조된 것으로 외관은 물론 내부 천정과 벽의 장식 등도 훌륭했고 가치 있는 미술품도 많이 소장하고 있다했다.

다음 플라스다름 남쪽 세인트로렌스강이 내려다보이는 고지대에 있는 페어몬트르 샤토프랑트낙 호텔(Fairmont Le Chat'eau Frontnac)을 둘러보았다. 1892년에 건립된 청록색 옥상을 가진 르네상스(Renaissance)시대의 샤토스타일(Ch'ateau Style) 건물로 퀘백의 상징 같았다. 호텔이름은 프랑스 식민시대의 총독이었던 프랑트낙(Frontnac) 백작의 이름에서 따온 것이라 하며 건물의 아름다움에 현혹된 관광객의 발길이 이어지고 있었다.

다음은 플라스 다름의 동쪽에 있는 계단으로 내려가면, 성벽 안의 상위촌(Upper Town)과 어깨를 견줄만한 번화가의 중심지 플라스 루아얄(Place Royule)이었는데, 1608년에 프랑스 탐험대 샤무엘드 샹플랭(Samual de Champlain)이 처음 자리 잡은 곳이라 했다. 그 후 유럽에서 상인들과 인디언들의 모피교역거점으로 발전하여 오늘날의 퀘백을 있게 했다고 소개했다. 한때 낙후된 지역이기도 했으나 주 정부의 원조를 받아 전성기였던 18세기의 모습을 되찾게 되었고, 복원된 석조건물 내부는 부티크(Boutique)나 가게로 쓰이고 있다 했다.

그 다음 돌아본 곳은 퀘백의 오래된 건물 중 유독 눈길을 끄는 현대적 건물인 문명박물관(Musée de Civisation)이다. 퀘백의 생활과 역사 등을 독자적인 관점에서 전시하여 다른 박물관과는 또 다른 흥취를 느끼게 했다. 통신과 공예 등 10개의 테마(Thema)로 나뉜 코너(Corner)에는 17세기 중반 식민지시대의 명암을 잘 나타내어 흥미를 끌게 했다.

다음은 생루이가를 따라 남쪽으로 이동하여 그랑달레가(Rue Grande

Allée)에 흰색 석조건물인 주의회의사당을 돌아보았다. 이 장중한 건물은 1877년에 르네상스양식으로 지은 것인데 정면의 청동상은 퀘백 출신의 유명인들을 조각한 것이라 했다. 가이드투어(Guide tour)로 호화로운 내부를 돌아볼 수 있다고 했으나 일정에 쫓기어 아쉬운 발길을 돌려야했다. 고색창연한 의사당건물을 보니 1987년에 철거한 우리나라의 구 총독부건물이 회상되었다. 이 의사당 건물과 너무도 흡사해서일까, 장구한 역사를 가진 고전미와 정교함으로 세계인의 시선을 모으고 있던 출중한 건물이었음에도 일고의 성찰도 없이 자취도 남기지 않은 채 무작정 철거해버린 것에 대한 원망과 아쉬움이 한꺼번에 일어났다.

끝으로 시타델(Citadell) 남쪽에 있는 잔디구릉으로 아브라함(Abraham)평원이라그도 불리는 옛 전쟁터를 찾아갔다. 1759년 이곳에서 영국이 프랑스군을 이겨 퀘백이 영국의 식민지가 되었다는 슬픈 역사를 안고 있는 곳이기도 했다. 당시 격렬했던 전쟁의 흔적은 거의 사라지고 지금은 시민들이 즐겨 찾는 조깅(Jogging)과 사이클링(Cycling)공원으로 조성되어있었다. 생루이문을 분기점으로 구시가와 신시가로 구분되는데 구시가를 거의 요새화했던 당시의 전쟁터를 둘러보니 높게 시설된 전투요새지에는 당시의 무기인 대포와 포대가 설치되어있었고 그 시설 앞을 세인트로렌스강은 유유히 흐르고 있었다.

강 건너편에는 레비로종(Lévis Lauzon)가가 아득히 조망되어 흡사 우리고장의 낙동강변의 외관을 연상케 했다. 깎아지른듯한 강나루의 절벽이 낙동강의 정경과 같았다. 6·25전쟁 시 우리도 이 낙동강을 사이에 두고 얼마나 치열한 전투를 했던가……. 1755년에서 1763년간에 걸쳐 치러진 영국과 프랑스간의 싸움을 7년전쟁이라 역사는 기록하고 있는데 상호 국익을 위한 이 전쟁에서 얼마나 많은 피해를 보았을까. 수많은 인명이 희생되고 자연이 파괴되었던 참극을 이 강은 알고 있을 것이다.

곤곤히 흐르는 세인트로렌스강은

그 옛날 원한을 은연히 삼켜버리고
수없이 찾아드는 사람들과 함께
묻어버린 비운을 모른 체 하는가
구비치는 물결은 변한 것이 없는데
쌓여온 비분은 간 데 없고
바람이 스치는 물위에는 애상의 숨결만이
원혼을 달래는 통한의 메아리 되어
스산한 강 위를 누비고 있네

— 로렌스강 언덕에서—

만감이 교차되는 가슴을 안고 퀘백시를 물러 나왔다.

차는 귀로의 경과지인 보스턴을 향해 질주하고 있었고 넓은 고속도로 양변에는 가을을 재촉하는 초목들의 단풍빛이 우리를 반기듯 했다. 차창을 스치는 자연의 변화를 순람하면서 부족함이 없는 국토와 자원에 부러움이 앞서오는 하루가 조용히 저물어 갔다.

異國的魅力이 豊滿하고 多國籍出身者가 共存하는 몬트리올

1642년에 세인트로렌스(Saint Lourence)강을 거슬러 올라온 프랑스인 메조뇌브(Maisonneuve)가 만든 빌마리(Ville Marie)라는 마을이 오늘날 몬트리올(Montreal)의 시발이라 했다. 이 작은 항구마을은 모피교역의 중심지로 활기를 띠었고 18세기중반에는 인구 5,000명이 넘을 정도로 규모가 컸다고 했다. '몬트리올'이란 '위대한 산'을 뜻하는 말이다. 또 영국의 엘리자베스(Elizabeth) 여왕과 스페인(Spain) 왕에 의하여 전개된 해전에서 해적출신 드레이크(Drake)백작의 활약과 공적을 흥미 있게 소개하면서, 운하를 끼고 있는 캐나다는 몬트리올의 개척에 있었고, 몬트리올의 항구개척에는 유명한 건설업자인 메조뇌브의 노력을 빼놓을 수 없다 했다. 40명의 인력을 인솔하고 몬트리올 현지에 도착한 메조뇌브의 혁혁한 활약은 오늘의 몬트리올로 발전시키는 원동력이 되었다고 한다.

이렇게 발전해간 몬트리올의 모습은, 18세기 말부터 19세기 초까지 대형무역회사인 노스웨스트 컴퍼니(Northwest Comany) 본사가 있었던 것만 봐도 알 수 있듯이 주요 항만도시로 발전했고 교통이 편리해 지금도 주요 은행과 철도회사의 본사가 자리 잡고 있으며 특히 미국의 공업지대와 가깝다는 이점에 힘입어 나날이 거듭나고 있다 했다. 특히 환경보전을 위한 몬트리올 의정서체결 때는 국제정치의 무대로 등장되기도 했다는 설명이 부가되기도 했다.

몬트리올의 특이점은 프랑스 본국을 제외하고 불어를 모국어로 사용하는 프렌치 캐나디안(French Canadian)이 전체인구의 80%를 차지한다 했다. 이민정책으로 여러 나라 출신자들이 공존하고 있었지만 시가지의 표지판과 간판 그리고 쓰고 있는 언어의 대부분이 불어였다.

청록색 지붕의 회색톤 바로크 풍 건물인 시청이 처음 건설된 것은 1878년이지만 화재로 소실된 후 현재의 석조 건물로 복원된 모습이 장중해 보였다. 1960~1970년대 퀘백(Quèbec)주 독립운동이 최고조에 달했을 때에는 1967년 프랑스 드골(De Gaulle) 대통령이 이곳 발코니(Balcony)에서 퀘백 분리주의자들의 슬로건(Slogan)인 '자유퀘벡 만세(Freedom Quèbec Hurrah!)'를 외치기도 했다 한다.

다음 돌아본 곳은 1644년에 프랑스군과 원주민인 이로코와(Iroquois)족이 싸웠던 다름광장(Place d'Armes)인데 이곳에는 몬트리올 창시자인 메조뇌브의 동상이 늠름히 서있었고 그 주위를 이로코아족의 동상이 둘러싸고 있어 유구한 역사를 말해주는 것 같았고 봄이면 꽃이 만발하여 관광마차 칼레슈(Calech)도 다닌다 했다.

다음은 몬트리올섬의 중앙부분이라 할 수 있는 몽루아얄공원(Parc Mont-Royal)을 찾아갔다. 야트막한 언덕에 자리한 이 공원은 동쪽 경사면이 공원으로 조성되어 있었고 공원에 시설된 전망대에서는 시가지를 일견에 조망할 수 있었다. 특히 야경이 더 볼만하다 했으며 정상 부근에 거대한 십자가가 있었는데 옛날 메조뇌브가 홍수에서 구해달라고 이곳에서 기도했다는 이야기에 근거하여 1924년에 건립되었다고 한다. 야간조명을 받으면 100㎞ 밖에서도 이 십자가의 고고한 모습을 볼 수 있다 했다.

끝으로 찾은 곳이 1976년도에 개최되었던 올림픽공원(Olimpic Sports Complex)이다. 올림픽 개최 당시에는 경기장이었으나 지금은 스타디움(Stadium)과 식물원이 있는 스포츠 레크레이션(Sports Recreation)공원으로 바뀌어 있었다. 8만 명이 입장하는 올림픽스타디움이 완성된 것은 올림픽이 끝난 지 14년 만이었으며 지금은 이곳에서 메이저리그(Major Leagues)야구와 미식축구경기가 열린다 했다. 또 그곳에 시설된 몬트리올탑(Montréal Tower)은 경사진 탑으로는 세계에서 가장 높은 것으로 190m 높이의 전망대까지는 케이블카(Cable Car)로 올라갈 수 있었다.

또 올림픽스타디움 동쪽에는 몬트리올 바이오돔(Biodóme)이 있었는데 1992년 2월에 문을 연 자연박물관이 있었다. 넓이 1만㎡의 돔 안에는 열대우림(熱帶雨林)과 극지활엽수림대(極地闊葉樹林帶) 등 4개의 구역으로 나뉘어져 있어 지역별로 서식하는 동식물들을 직접 볼 수가 있었다.

경기장을 돌아보고 나오는 일모의 황혼 길에서 자랑스러운 우리의 태극기가 경기장 전정의 국기게양대에서 나부끼고 있어 감격스러웠다.

회로에 캐나다의 수호성인인 요셉(Joseph)을 모신 성요셉성당(Oratoire st Joseph)에 들렀다. 신앙의 힘으로 많은 사람을 치료했다는 앙드레(And're)신부가 건립한 예배당이었으나 그가 죽은 후인 1960년에 현재의 건물을 지어 연간 200만 명이 방문하는 순례지가 되었다는 설명에 고개가 숙여졌다.

9부

일본

1) 1996.8.21 일본 시마네야꾸모소학교 방문을 마치고 대구 범일 초등학교 방문단 대표와 함께 -오사카성에서-
2) 1996.8.20 대구 범일 초등학교 학생 일행 -일본 시마네야꾸모소학교 친선방문 행사장 통역-
3) 1990.4.1 일본 시마네현 가네쓰기 다카시과장 보좌와 함께 -시마네현청에서-

4) 1991.6.8 한일 친선 바둑대회 개최 -일본 측 대표인사 통역-
5) 1991.6.8 한일 친선 바둑대회 개최 -환영만찬장에서-

6) 1990.10.20 한일 교류 협의회 회의장면 -경북도청 회의실에서-
7) 1990.11.2 한일 문화전 공동개최 경북도 시마네현 양지사 대담통역 -경북 구미에서-

神話와 古代文化를 꽃피운 島根縣

시마네縣은 이즈모(出雲)와 이와미(石見), 오끼(隱岐) 등 세 지방으로 이루어져 있으며 일본의 혼슈(本州) 서쪽에 위치해 있고 동해에 접해 있어 일본에서 가장 신화가 많고 오래된 문물을 남기고 있는 지역으로 알려져 있다고 했다. 도시의 번화함을 피해 옛 일본의 문화를 살피고자하는 여행자가 많이 찾는 곳으로도 알려진 시마네현은 인구 79만6천여 명의 작은 현으로 현청소재지인 마쓰애시(松江市)는 고대 이즈모(出雲)문화의 중심지였고 많은 유적이나 토기 등이 이 지방에서 발굴되고 있다 했다.특히 마쓰애시의 남부 교외에 있는 후도끼노 오까(風土記の丘)자료관에는 여러 곳의 유적에서 발굴된 하니와(土偶)나 고대 거울 등 많은 유물들이 전시되어 있어 우리의 경주박물관처럼 느껴졌다.

신화가 많은 일본에서는 10월 한 달을 간나쓰기(神無月)라고 부르는데 반하여 이곳 이즈모 지방에서만은 가미아리쓰기(神有月)라 한다 하여 안내자에게 그 연유를 물어봤더니 10월에는 일본 내의 모든 신들이 시마네의 이즈모다이샤(出雲大社)에 모여 회의를 하기 때문에 이곳 이즈모 지방 만은 가미아리쓰기(神有月)라는 재미있는 이야기도 들려주었다. 이러한 이즈모지방에는 많은 신화와 신사가 있으며 모든 사람들의 생활습관도 옛이야기를 소중히 이어온 전통 때문에 혈통을 중히 여기는 기질이 강하고 보수적인 면이 있다고 했다.

또 이즈모지방의 서단(西端)에 위치한 다이샤조(大社町)에 있는 이즈모다이샤(出雲大社)는 일본에서 가장 오래되고 아름다운 신사 중 하나인데 이 신사의 역사는 8세기에 편찬된 지지(地誌) 이즈모구니노후토기(出雲國の風土記)에 기록된 신화에 보면 1년 중 가장 많은 전통적신사

(傳統的神事)가 이곳에서 행해지고 있으며 또 이 신사는 '인연을 맺어주는 신'으로 유명하다는 말과 현재의 이 건물은 1744년에 세워진 것으로 1952년에 국보로 지정되었다는 설명도 잊지 않았다.

그 외 시마네현 최서단 지역의 이와미(石見)는 동해를 끼고 있어 경치가 좋은 곳으로 국립공원의 지정을 받은바 있고 특히 이곳에 있는 히노미사기신사(日の御碕神社)에는 애도(江戶)시대 초기인 1644년에 중앙정부에 의해 재건된바 있으나 다른 지역의 신사와는 건축양식이 다른 볼거리가 많았다. 국보로 지정된 시로이토오도시노요로이(白糸威の鎧)라는 갑옷이 눈길을 끌었는데 이 갑옷은 12세기 가마꾸라(鎌倉)막부의 창시자인 미나모토요리토모(源賴朝)가 입었다고 전해지고 있는데 그 섬세함과 정성어린 장식술은 놀라울 정도로 탁월했다. 또 이 신사에는 두 건물이 따로 떨어져 있는데 하나는 일본천황가의 선조신(天照大神)과 이즈모신화의 주인공인 스사노오노미꼬도(素盞鳴尊)를 봉안하고 있는 신사라 했다.

해안으로 가면 후미시마(經島)라는 섬이 눈앞에 있고 높이 44m인 동양제일의 큰 등대가 눈앞에 다가온다. 해상까지 63m높이의 위용을 자랑하며 동해를 내려다보고 있는 등대가 한편은 외로워 보이기도 했다.

때마침 해가 서쪽하늘에 쓸쓸히 기울어 스산해지는 마음을 달래기 위해 옆에 있는 야마네이즈미(山根泉 縣廳國際交流課長)씨를 바라보며 다음과 같이 읊조려보았다.

日暮れの 海は甚しく靜かであった	저무는 바다는 매우 조용하다
勢い激しかった波も	기세가 거칠었던 파도도
安らかに目を暝る	편안히 눈을 감는
日と共に寢を招いたのか	해와 함께 잠을 청한 것인가
向こう暗み落る西の天が下に	어둠이 내리는 저편 서쪽 하늘 아래
我が祖國が明らかに浮んで來る	나의 조국이 밝게 떠오른다

동해를 바라본 감상을 묻는 야마내 과장에게 위와 같은 응답을 했더니 자신도 한국을 방문하게 되면 꼭 한 번 동해를 바라본 감상의 회포를 읊어보겠다고 다짐하면서 나를 한국의 형님으로 대해주었다. 귀로에 현재의 본전인 1744년에 재건했다는 이즈모다이샤(出雲大社)를 보면서 야마내 과장은 고대에는 이 신사 경내 일대가 해안이었으며 해상에 우뚝 솟은 높이48m인 일본 최대의 고층 목조건축물이었다는 설명을 덧붙여 주었다.

1915년에 세워진 일본 최대의 도리이(鳥居)가 참배도로 입구에서 눈에 들어왔다. 연간 72회의 제례가 행해지는 이즈모다이샤의 모습은 어딘지 모르게 장중한 모습으로 우리를 배웅해주는 듯 했다.

해는 이미 바다 속으로 얼굴을 묻었다. 아스라이 다가오는 희미한 어둠을 헤치고 귀로를 재촉했다.

古代風貌감도는 松江城과 武家屋의 保存地

지도리(千鳥)성이라고도 하는 시마네현의 마쓰애성(松江城)은 1611년경 마쓰애개부(松江開府)의 조(祖) 호리오요시아끼(堀尾吉晴)공에 의해 건립되었다고 한다. 일본의 상잉(山陰)지방에 현존하는 유일한 고성으로 국가중요문화재로 지정되어 있었다. 1868년 에도시대(江戸時代)가 끝나고 구미선진국의 문화가 유입되자 일본에 있는 많은 성들이 시대에 뒤떨어진 것이라고 생각되어 훼철하거나 파괴해 버렸으나 이 성만은 지역민의 높은 관심과 보존의식에 힘입어 불변의 모습으로 남아 오늘날까지 많은 사람들의 애호를 받고 있었다. 특히 5層6階로 된 목조 천수각이 눈길을 끌었으며 여기에 올라가 마쓰애시가를 관망하는 것도 다른 곳에서 경험하지 못한 압권이었다.

삐걱거리는 목조계단을 올라가니 어린 시절이 떠올랐다. 초등학교시절 어스름 달빛 아래 상급생들이 모여 앉아 하모니카(Hamonica)에 맞추어 부르던 고조노쓰기(荒城の月)란 옛 노래의 본거지에 온 것같은 착각을 일으키기도 했다. 교교한 달빛 아래 잔잔하게 가슴을 스치고 지나가는 유현한 그 곡조가 지금 이 고성을 보고 지은 노래가 아닌가 싶었다.

春高樓の花の宴	봄날 높은 루의 꽃다운 향연
巡る盃影差しで	돌리는 술잔에 그림자 비치고
千代の松か枝分い出し	천년의 노송가지 헤치고 나온
昔の光今何處	옛날의 그 빛 지금은 어디 있나

1868년(明治初)의 강제철거를 면하고 400년 전의 축성 모습 그대로의 풍격(風格)을 담고 있는 마쓰애성은 실전본위의 축조술에 따라 검고

두터운 예비판이 울룩불룩하게 덮인 16세기형 모모야마(桃山)풍으로 장중웅대한 수법을 살려 성의 내굴 사이를 띄워 북쪽으로 이어지는 통로를 만들어놓았는데, 그 통로를 따라 가니 시오미나와데(鹽見繩手)라는 옛날 상급무사가 살았던 곳이 나왔다. 그곳엔 당시 무사들의 저택과 검, 말, 안장 등 일상용품들이 전시되어 있었다.

보도(步道) 곁으로 노송의 그림자가 해자(垓子)의 물밑에 비치는 가경(佳景)도 빼놓을 수 없는 볼거리였다. 또한 이곳에는 1890년(明治23年) 8월 마쓰애중학교의 영어교사로 부임한 그리스출신의 라프카디아한(Han Lafcadia)은 구마모토(熊本)에 전임될 때까지 1년 2개월 여를 이곳에서 지내며 일본의 문물에 심취되어 일본으로 귀화한바 있다는 소개와 함께 그가 생활하던 곳으로 안내해 주었다.

200여 년 전의 옛 모습대로 있는 이곳은 삼면이 뜰로 싸인 평가건와가인데 이집에서 생활하던 라프카디아한은 옛날 마쓰애번토(藩士)의 딸과 결혼 후 여기에 살면서 이즈모 각지를 찾아다니며 일본의 풍속과 신비하게 전승되어온 괴담 등을 수집하여 많은 작품을 써서 해외에 소개한 바 있고, 알려지지 않은 일본의 모습(知られざる日本の面影) 등 다수의 저서를 남겼다고 했다. 그는 이름도 일본명인 고이즈미야구모(小泉八雲)로 바꾸었다고 한다. 구옥과 연접해 있는 토건옥의 고이즈미야구모 기념관에는 그가 집필할 때 썼던 책상과 램프(Lamp), 트렁크(Trunk), 팬(Pen), 접시 등 애용품과 유품을 중심으로 600여 점이 전시되어 있어 글을 쓰는 많은 문인들의 심방을 받고 있었다.

그리고 인근의 시오미나와데의 북서쪽에 자리한 마쓰히라하루사또(松平治鄕)의 별명인 후마이고(不昧公) 산장에는 평소 그가 애용하던 다실과 간덴안(菅田菴) 등이 중요문화재로 지정되어 있었으며 1792년 대명다인(大名茶人)으로 알려진 그의 지시로 세워진 간덴안은 다도를 중시해 온 그를 회상케 했다. 정치가인 동시에 다도의 달인으로도 널리 알려진 그의 옛 지위와 채취를 느끼기에 충분했다.

눈길을 돌려 성산(城山)의 서쪽을 바라보니 한적한 숲으로 둘러싸인 겟쇼지(月照寺)와 마쓰히라가의 보리사가 일모의 황혼에 가리어 희미하게 보였다. 약 3,000평의 경내에는 역대 영주들의 묘가 나란히 시설되어 있었는데 그 중 눈길을 끄는 것은 7대 하루사토(治鄕)의 묘문으로, 명장 고바야시조데이(小林如泥)에 의한 포도음각(葡萄陰刻)과 거대한 거북등에 탄 6대 소엔(宗衍)의 석비가 볼만했으나 시간에 쫓기어 발길을 돌려야했다.

회로에 일본신화의 시원지라 할 수 있는 일본제일의 고사(古社) 야에가키(八重垣)신사에 들렀다. 이 신사는 이즈모신화의 주인공인 스사노오노미고도(素盞鳴尊)가 야마다노오로지(八岐の大蛇)라는 여덟 개의 머리가 달린 대사를 퇴치하고 그 대사에게 희생될 뻔했던 이나다히메(稲田姬)를 구한 인연으로 그와 결혼해 신접살림을 차린 곳으로도 유명하며, 이나다히메를 그린 사전(社殿)의 벽화는 중요문화재로 지정되어 있었다.

신사벽화로서는 일본 최고(最古)의 것으로 일컬어지고 있었으며 신사의 깊숙한 이면에는 이나다히메가 거울을 대신해서 얼굴을 비추어 보았다는 연못이 있는데, 가가미노이께(鏡の池)라 부른다 했다. 이 작은 연못에는, 종이에 동전을 올려 연못에 띄우고 가라앉는 상황에 따라 결연을 점치는 것으로 유명해 젊은 여성들에게 인기가 높았다. 한편 최고의 건축물인 가모스신사(神魂神社)에는 이사나미노미고도(伊獎冉尊)를 주신으로 봉안한 고신사(古神社)로서 본전은 국보로 지정되어 있었고 지붕의 전후를 장식하고 있는, 끝머리가 수평으로 깎아지른 듯한 지기(千木 : X字型의 긴 木材)는 제신(祭神)이 여신이라는 것을 표시하고 있는 것이 특징이라고 설명했다. 자연석을 사용한 계단과 석등, 그리고 거목에 둘러싸인 경내는 우리나라의 고찰을 방불케 했다.

傳統民藝品과 鐵鋼의 故庄 야스키(安來)

야스키(安來)시는, 중후한 조형미와 대담한 채색으로 알려진 도예작가 가와이간지로(河井寬次郎)의 새로운 목조(木彫) 모양을 새겨내어 조각계를 인도해온 요네하라운가이(米原雲海) 등 위대한 선인을 배출한 곳으로 이름이 높다 했다. 긍지 높은 문화예술을 사랑하는 정신은 오늘까지도 이어져 긴잔야기(錦山燒), 야스키오리(安來織), 이즈모오리(出雲織), 시소닝교(紙塑人形), 야스키부시닝교(安來節人形), 민게이보구가구(民藝木工家具), 우에애(蒔繪)등 여러 가지 민예품이 만들어지고 있다고 한다.

1854년(安政元年)에 창설된 긴잔요(錦山窯)에는 가기(花器), 장식용도기 식기류 등 민예도기를 제작하는 긴잔야기의 명성은 나가우미(中海)의 별명이라 할 수 있는 니시기우미(錦海) 니시기가우라(錦ケ浦)에 연유해 부쳐졌다고 했으며 같은 모양의 민예품으로서 진귀하게 여겨지는 것은 야스키오리(安來織,) 포염(布簾), 테이블세터 좌포단지 등 그 풍격과 색채가 널리 애용되고 있다했다. 또 고오교구(鋼玉)를 낳은 '다다라제철'의 흐름을 잡는 히다찌(日立)금속 야스키공장에서는 고속도강인 다이스(dice)강 특수공구강 하모노고우(刃物鋼) 등의 고급특수강을 제조하여 세계의 브랜드(Brend) '야스키하가네'로서 국내외의 수요에 널리 대응해 오고 있다며 자랑했다. 이러한 중경금속공업부문에서는 야스키시가 시네마현 내에서 최고의 제품출하를 하여 고품질의 제품은 국내에서는 물론 예년보다 해외에서 더 높이 평가되고 있다는 말을 잊지 않았다.

그리고 독서사업(Reading project)의 일환으로 '신과 철학(鐵學)의 도'를 계획 추진하고 있는 '철의 도 역사문화관'이 개관되어 6개관이 운영되고 있었는데 그 중에서 가장 규모가 큰 것으로는 철의 도 문화권의 중

핵을 이루고 있는 1993년(平成5年)에 개관된 시설로서 키워드(key word)와 아이온 로드(iron road) 그리고 '신과 사람과 철'과 관련하여 철저하게 연구하고 있다는 소개의 말을 듣고 보니, 미래를 모색해가려는 박물관이란 생각이 들었다.

마침 이 와꼬오(和綱)박물관을 나오려는데 벽 한쪽에 걸어놓은 「祿在其中」 이란 논어 위정편의 한 구절이 눈에 들어왔다. 그래서 박물관을 안내 설명하는 직원에게 저 글을 왜 걸어 놓았느냐고 물어 보았더니, 이곳 와꼬오제철회사의 창립자가 사훈으로 써놓은 것이라 했다. 그 창립자가 한학에 상당한 조예가 있는 것 같아 다시 직원에게 그 뜻을 알겠느냐고 물어 보았더니 머리를 만지면서 답변을 하지 못하고 얼굴만 붉혔다. 그래서 우리 일행이 둘러선 자리에서 그 글귀를 설명했다. 그 구절은 논어 위정편에 있는 글인데 본문인 <多聞闕疑요 愼言其餘則 寡无이며 多見闕殆요 愼行其餘則寡悔이니 言寡无하며 行寡悔이면 祿在其中矣>란 구절을 송독(誦讀)하면서 '사람은 누구나 들리는 말 가운데 자기에게 불필요한 말은 듣지 말고, 많은 상황을 볼 때 나에게 위태로운 것은 보지 않고 하지 않게 되면, 자연히 하는 말은 신중하게 되고, 하고자 하는 행실에도 후회스러운 행동을 적게 하는 것이니 이런 경지에 이른 자의 녹봉은 그 가운데 있는 것이다'란 뜻임을 일러주었더니 관장까지 나와서 몰랐던 것을 깨닫게 해주어 고맙다는 인사를 했다.

다음엔 이 지방 출신인 아다지센꼬오(足立全康)가 고향의 은혜를 갚는 뜻으로 1970년에 건립했다는 아다찌미술관에 들렀다. 약1,500여 점의 회화가 수장되어 있는데 계절에 따라 200점씩 차례로 전시되고 있었다. 그 중에서도 일본화가의 대표적인 작품인 요꼬야마다이깐(横山大觀)을 비롯하여 다게우찌세이호오(竹內栖鳳)와 가와아이교구도오(川合玉堂) 그리고 우에무라쇼오엔(上村松園) 등 빼어난 작품들을 가장 많이 수장, 전시되어 있어 많은 애화가들의 방문을 받고 있었다.

또 그 옆에 마련된 도예관에는 천재로 불렸던 기다오지로산징(北大路

山人)의 작품 등을 전시하고 있었는데 그 도기의 제작술이 우리 도가들의 작품과 비슷했다.

그 외에도 미술관에는 4,300㎡의 정원이 있었는데 이것 또한 예술성이 높은 작품으로 이름이 높다 했다. 요고야마다이간의 명작을 상징한 정원을 비롯해 샤게이(借景)라는 배경으로 산과 하늘을 조화롭게 활용하여 조성한 일본의 전통적인 정원미를 훌륭하게 현현(顯現)시킨 작품으로 방문객의 사랑을 받고 있었으며 건물 벽에 구멍을 뚫어 그사이로 정원미를 감상할 수 있게 한 아이디어도 훌륭했다. 마치 한 장의 그림으로 착각할 정도로 축소된 환경의 조화를 둘러보자니 오래 전, 일본은 축소지향주의자들이라고 열강을 하던 이어령 교수의 모습이 눈앞을 지나갔다. 정말 광대한 자연을 교묘하게도 축소하여 애완(愛玩)하는 일본인의 취향을 여기에서도 확인할 수 있었다.

日暮景이 優雅한 마쓰애(松江)의 신찌고(宍道湖)

마쓰애(松江)는 옛 모습을 그대로 남겨놓은 곳이었다. 시의 서쪽에는 일본 내에서 6번째 넓은 신지고(宍道湖)가 바다처럼 일렁이고 있었고, 이곳을 찾아드는 관광객도 줄을 잇고 있었다. 주위 45㎞와 80.3㎢ 넓이에 동서의 길이만도 16㎞이고 남북으로 뻗은 길이도 8.5㎞나 된다하니 과연 마쓰애는 '물의 도시'라 할만 했다. 바다 물이 섞여 들어온 호수 안에는 해수 양쪽 어패류가 다 잡히고 있었으며 특히 바지락은 일본어획량의 70%를 점하고 있다 했다. 그 외에도 뱀장어, 새우, 재첩, 잉어, 농어, 빙어, 뱅어 등은 신찌고의 7진미로 알려져 있었다.

서일본 유수의 들새 도래지로서 계절의 빛을 받아가며 옮겨지는 자연을 소재로 하여 아름다운 정경을 묘사해나간 명작들을 국외에 소개한 고이즈미야구모(小泉八雲:Harn Lafcadio)를 비롯하여 많은 예술가들이 여러 가지 작품을 남기기도 했다는 안내자의 말이었다.

또 호안의 일각에는 시라가다(白潟)공원이 자리하고 있는데 거기에는 약100년 전까지 등대의 역할을 해온 높이6m의 큰 석등이 남아있어 옛일을 회상케 했다. 특히 신찌고 대교에서 요메가섬(嫁ヶ島)일대에 걸쳐 일어나는 호안의 일모경은 더없이 우아한 장관이었다. 신찌고를 찾는 방문객들의 한결같은 탄성과 함께 어둠을 재촉하는 이곳의 광경을 사진기에 담으려는 손놀림도 바빠졌다. 시가지 중앙을 관류하는 그 밖의 유역은 신찌고와 나까우미(中海)를 연결하는 오오바시가와(大橋川)로서 종횡으로 둘러싸인 수로에는 마쓰애대교와 깅이교(筋違橋)를 비롯한 대소의 교량들이 운치 있게 시설되어 있어 정말 수중 도시답게 '동양의 베니스'(Venice)라고 자랑할 만 했다.

잔잔한 물위에 황금빛으로 퍼져가는 파문을 바라보니 우리나라의 서해 영종도가 생각났다. 영종도의 조개구이가 일미라 해서 친구와 함께 찾은 일이 있었다. 때마침 썰물로 물러갔던 물마루가 밀물로 변해 뱃전에 부딪치며 일으키는 물보라와 함께 일모의 황혼을 받은 해상이 금빛으로 일렁이는 광경을 보고 적어 본 글귀가 떠올랐다.

바다에 묻혀드는 햇살이 노을을 쏟고
밀려오는 파도의 울음소리는
잠든 갯벌을 말아 삼킬 듯 거세다

쌀쌀한 겨울바람에 맞서 펄렁이는
포장 안 화덕의 숯불위에는
마지막 삶을 빼앗기는 조개의 울음소리가 귓전을 쓰리게 하고

썰물로 물러간 물마루가 밀물로 바뀌어
영종도의 뱃전을 부딪칠 때
출렁이는 물결이 다가오는 어둠과 함께
황혼을 마시고 있다.

영종도의 석경은 이렇게 장엄했다. 붉은 노을로 장식된 석경에 도취되어 스스로 탄성의 노래를 불렀던 과거가 여기 신찌고와 비교되어 떠올랐다. 그러나 우리에겐 이 신찌고처럼 넓은 호수가 없다. 이곳 신화에 의하면 오구니누시노미고도(大國主命)의 조부에 해당하는 야쓰가 미스오미쓰노미꼬도(八束水臣津野命)가 신라의 남은 땅을 잘라 큰 밧줄에 걸어 잡아당겨 이즈모(出雲)의 땅에 얽어붙이고 기즈기노미사기(杵築の岬) 사다(狹田) 구니미(闇見) 비보노미사기(美保の岬) 등의 땅을 차례로 끌어다붙여 국토를 넓히다보니 내해의 일부분이 남아 호수화 한 것이 신찌고라한다. 이 또한 천혜의 자연이 아닌가! 멀리 요메가섬에 서있는 몇 그루의 노송이 다가오는 어둠을 안고 그림자처럼 까맣게 변해갔다. 이 아

름다운 광경은 호텔의 객실이나 공항과 역은 물론 식당이나 상점 등 어느 곳에서나 볼 수 있었으니 과연 시마네를 대표하는 그림이요 광경이었다. 그래서 시마네의 마쓰애와 마쓰애의 상징처럼 여겨오고 있는 것 같았다.

마침 내가 묵고 있는 호실에도 신찌고의 석경이 값진 액자로 되어 벽에 걸려있어 깊이 생각해보니 우리 동해의 일출광경과 비슷했다. 동해의 파도를 말아 올리며 왜구를 수호하겠다는 말을 유언으로 남긴 문무대왕의 수중릉에 일어나는 일출경이 생각났다. 이 광경을 지난 90년 11월 경상북도 구미시에서 개최한 한일공동행사장 입구에 경상북도의 대표화로, 걸고 일본 시마네의 마쓰애 신찌고 석경을 대표화로 나란히 게액한 바 있었다. 입장하는 모든 사람들이 똑같은 그림을 걸어놓은 것 같다고 했다. 나는 마음속으로 결심한바 있어 당시 참관인에게 그림의 참뜻을 설명하는 데 전력했다. 즉 일본의 그림은 신찌고의 '일모'를 상징하지만 우리 경북의 그림은 동해의 '일출'을 상징한다는 취지를 설명했더니 잘 선정했다는 칭찬까지도 해주었다. 삼라만상을 비추는 해는 반드시 동에서 떠올라 서쪽으로 지는 법인데 그림의 자리를 바꾸어야 하지 않은가 하는 말을 하는 사람도 없지 않았으나 우리의 국위가 솟아오르는 해와 같다는 뜻으로 봐 달라고 했던 기억이 새롭게 떠올랐다. 그렇다면 일본은 저무는 석경이요 한국은 솟아오르는 해와 같다는 말이 되는데 이렇게 해서라도 일본을 앞서고 싶었던 소망을 이제 이 신찌고에서 다시 음미해야했다.

국토의 소유개념을 떠나 이 지구상에 조성된 자연의 조화는 이렇듯 신비로웠다. 이곳을 찾은 수많은 관광객들은 호수 위의 확 트인 풍경을 즐기기 위해 하구죠(白鳥)호란 유람선을 타고 호수 안을 선유코자 줄을 잇고 있었다. 해는 바야흐로 얼굴을 물속에 묻고 있었고, 호안 근처에는 튀어오르는 고기떼의 유영으로 이채로웠다.

깅기廣野를 한 눈에 내려다보는 오사카조(大阪城)

근대일본사에서 다이묘(大名)라 함은 에도(江戶)시대에 1만 석 이상의 녹봉을 받던 무가와 제후 그리고 재산이 많아 흥청거리던 자와 그 시절을 말한다고 하며 이때 오다노부나가(織田信長)와 그의 후계자인 도요도미히데요시(豊臣秀吉)의 통치하에서 정치적 통합을 이룩한 시대를 이르는 말이라고도 했다. 요시아기(美昭)가 노부나가에게 쫓겨나 무로마찌(室町)막부가 멸망한 1573년부터 히데요시의 정권이 무너진 1598년까지의 약30년 동안을 말하는데 이 시대에는 전국시대를 거친 영주와 무사 그리고 해외로 진출하여 부를 축적한 상인과 직인(職人) 등에 의하여 웅장하고 호화로운 생활양식이 범람하였다 한다.

노부나가의 거점인 아쓰지(安土)성과 히데요시의 거점이었던 후시미(伏見)성에 붙여진 명성으로 그때의 대표적 건축물이라고 설명하면서 이 시대에는 일본 전 지역이 중앙정부의 통제를 받게 되어 그전의 무로마찌와 아시카가(足利)시대(1338~1573)가 절제 있는 시대였는데 비해 이 시대에는 호방하고 화려한 시대로서 사원들을 대신해서 거대한 성과 저택들이 세워졌다는 것이다. 이 시대의 문화는 신흥전국의 다이묘들과 대상인들의 영향으로 웅장하고 화려한 성격을 보이는데 이때의 양식들이 아쓰지(安土) 모모야마(桃山)성들이 대표적인 건축물이라 하고 이때 도요도미히데요시에 의해 1583년(大正11年)에 세워졌다했다.

주위 12㎞의 큰 돌담이 유명한데 그 큰 규모에 놀라움이 앞서왔고 도구가와이에야스(德川家康)가 히데요시의 아들 히데요리(秀頼)를 오사가성에서 1619년 낙성시키고 1619년 에도막부의 직접관리로 오사가죠다이(大阪城代)를 두어 명치유신 때까지 내려오다가 1868년 성 대부분이 소실되었으나 1931년 덴슈가구(天守閣)를 재건하여 공원으로 일반에게 공개했다 한다. 또 오사가죠에서는 물의 도시로 알려진 오사가의 경관을 전망 할 수 있는 덴슈가구(天守閣), 오데몬(大手門), 센간야구라(千貫櫓) 등 일본의 중요문화재가 있는 오사가 최고의 사적공원중심에 위치한 이 오사가조는 문화적 역사적 명성이 높아 사계절 내내 관광객의 발길이 이어지고 있다는 말도 잊지 않았다.

그리고 히데요시가 이 성을 축조하기 위하여 1583년에서부터 1586년까지 3년 동안 무려 10만 명 이상을 동원했다는 말과 당시 목조건물인 관계로 잦은 전쟁과 거듭되는 보수로 현재의 콘크리트성으로 재탄생하게 되었다는 말도 함께 들려주었다. 총8층인 이 성은 5층까지는 승강기를 이용하며 그 위에는 계단을 이용하도록 되어있고 화장실은 2층에만 시설되어 있어 다소 불편하기도 했다. 재건된 오사가죠는 흰색의 벽과 황금색이 조화를 이루어 눈길을 끌었고 가장 위층의 덴슈가구(天守閣)는 진도7의 지진에도 견딜 수 있게 보강되었다고 자랑했다. 2층에서는 주로 축제행사가 이루어지고 있었으며 3층에서는 에도막부 말기의 오사가죠에 대한 자료들을 볼 수 있다했으나 시간이 없어 돌아보지 못해 섭섭했다.

한편 1865년에서 1931년까지 이 성에는 덴슈가구가 없었다는 말에 약간 의아스럽기도 했으나 벼락을 맞아 덴슈가구가 불타버렸기 때문이란 말에 의문이 풀리기도 했다. 순간 내 머리를 스치고 지나가는 임진왜란의 참상이 눈앞을 막아왔다. 1592년(宣祖25年)에서 1598년 6년간의 그 치욕적인 환란이 몸서리쳤으나 한편으로는 그 악랄한 침략의 갚음으로 히데요시가 축성한 덴슈가구가 벼락을 맞아 불타버렸다니 이것이 불법침략을 감행한 천벌이 아니었던가 생각하니 반분은 풀렸다. 4층에는 히데요시와 그 시대를 일별할 수 있고 5층과 6층은 복층(複層)으로 천장이 높은 것이 특이했다.

이곳에는 1614년에서 1615년간 히데요시 가문이 몰락한 여름전투흔적들이 전시되어 있다고 했다. 그리고 7층에는 히데요시의 생애를 살필 수 있도록 전시해 두었는데 활동사진을 통해 1598년 그가 사망할 때까지를 한눈에 볼 수 있다고 했고, 오사가의 역사를 설명해주는 화면도 준비되어 있다고 했다. 하지만 무엇보다도 오사가죠의 압권(壓卷)은 8층이라고 했다. 이곳에서는 오사가 역사박물관을 비롯 우메다(梅田)지역과 공중정원, 전망대, 오사가죠의 홀 등 근처의 경관과 긴기(近畿)광야를 전망할 수 있다 했다. 특히 벚꽃놀이가 유명한 오사가에서 벚꽃 피는 것을 처음으로 알려주는 곳도 바로 이 오사가조이기 때문에 사계절 중에서도 봄이 되면 오사가조의 8층 전망대는 관람객들로 발 들일 틈이 없을 정도라 자랑했다.

그러나 전쟁의 소용돌이 속에서 희비가 엇갈렸던 지난날의 한 장면은 서글픈 반성을 반추하게 했다.

世界最大의 金銅坐像佛이 있는 東大寺

일본남도의 7대 사찰 중 하나로 서기745년에 쇼무왕(聖武王)의 발원으로 로벤(良弁)이 창건했다는 도다이지(東大寺)는 절터가 넓어 화려한 당우(堂宇)가 흩어져 있지만 대불전인 금당(金堂)은 1709년의 에도(江戸)시대에 재건된 높이 47.5m나 되는 세계최대의 목조건물임을 소개해주었다. 또 도다이지(東大寺)는 1998년 12월에 세계문화유산으로 지정된 나라(奈良)를 대표하는 사찰로서 가마구라(鎌倉)시대의 부흥을 보여주는 대표작인 난다이몽(南大門)과 쇼로(鐘樓) 그리고 상가쓰도(三月堂) 등이 모두 일본의 국보로 지정되어 있으며 저마다 다른 일본전통의 미학을 자랑하고 있었다.

비록 건축에 전문가가 아니더라도 지붕의 모양이나 가람(伽藍)의 배치 등을 보아 도다이지가 왜 그렇게 유명한지 짐작이 갔다. 경내는 싱그러운 자연 속에서 고풍스러운 사찰들을 둘러보는 사람들로 붐비었고, 숲속에서 들려오는 새소리가 정숙한 분위기에 어울렸다. 도다이지의 대불은 와가구사(若草)산을 배경으로 우뚝 솟은 폭47.5m의 대불전과 중앙에 안치된 높이16m, 얼굴길이4.8m, 손길이약3m, 무게425屯의 본존 비로자나불(毘盧庶那佛)을 대불이라고 하는데 일본 삼계단(三戒壇)의 하나로 중요시되고 해이안(平安)시대를 통하여 고후구지(興福寺)와 더불어 일본 불교계의 지도적 위치에 있다고 한다.

때마침 우리가 찾아간 그 시간에 대불 세척작업이 있었는데 한 사람이 대불의 손바닥에서 손가락을 닦고 있어 자세히 살펴보니 그 사람이 서있는 키와 부처님의 손가락길이가 같아서 보는 사람 모두를 놀라게 했다. 그 다음 도다이지 빈주루존자(賓頭盧尊者)가 대불전 입구 오른편에 있었는데, 아픈 곳이 있으면 동상(銅像)의 신체 부위 중 자신의 환부와 같은 곳을 골라 문지르면 치유된다는 구전에 따라 모두 그곳으로 몰리고 있어 나도 함께 그곳에 가서 아픈 곳이 있으면 문질러 보고 싶어 챙겨보았으나 아픈 곳이 없어 발길을 돌렸다. 또 이색적인 곳으로는 도다이지의 기둥구멍인데 대불전 오른쪽에 있는 기둥에는 한 사람이 드나들 수 있는 큰 구멍이 있어 그 구멍을 빠져나가면 행운이 온다고 하여 모두 이곳에 몰려 순번을 기다리고 있었다. 나도 그 곳을 들러보고자 했으나 기다리는 사람들이 너무 많아 발길을 돌렸다.

도다이지를 보고 나오면서 무엇이 제일 인상적이었던가 돌이켜보니 대불손바닥 위에 서서 부처님의 손가락을 닦던 그 모습이 유일하게 기억에 남아있었다. 국내에도 유수한 대불이 많으나 과연 이곳 도다이지 대불을 능가할 대불이 있을까 하는 의문을 안고 도다이지 출구를 벗어났다. 1180년 묘치히도왕(以仁王)의 반란에 협력했다는 사유로 당시 토벌대장인 다이라노시게하라(平重衡)가 불질렀다가 지금의 위용으로 재건된 도다이지의 모습에서는 그때의 슬픈 흔적을 전혀 찾을 길 없었다. 돌이켜 생각하면 모치히도왕의 난이 일어난 그 후 400여 년이 지난 1592년에 우리는 임진왜란이란 혹독한 침략을 당했다.

400년 전에 일본에서 불태워 없앴던 고찰의 비극이 우리나라에서 재현되었으니 약탈문화의 진수가 한반도에 옮겨져 우리의 유명사찰들이 모두 불타버렸던 슬픈 역사가 아련히 되살아났다. 세계최대의 목조 건물로 예찬을 받고 있는 도다이지의 이 건물도 불타버렸던 우리의 고찰들과 어떻게 달랐을까? 아마도 송대문화(宋代文化)의 깊은 영향을 받은 우리의 예술성이 이곳 도다이지를 능가했을 것이라는 자위를 안고 어둠이 깊어가는 나라(奈良)시의 한 거리를 걷고 있었다.

激戰烈火를 이겨낸 구마모도(熊本)城

1960년도 철근 콘크리트조로 외관이 복원된 구마모도(熊本)성의 대천수(大天守)와 소천수각(小天守閣)의 재건은 옛 사진과 그림도(圖) 등을 원본으로 하여 기와의 열과 매수 등 세부까지 충실한 분석과 검토하에 복원이 행하여졌다고 하며 대천수각은 3층6개단으로서 지하1개단 그리고 높이 약 30m로 2층의 지도리하후(千鳥破風)를 설비하였고, 외벽은 각층의 처마 하 부분에만 백벽(白壁)으로 배색한 이외에는 검은 하견판(下見板)으로 둘러 품격 있고 중후하며 취향에 따라 다르게 시설되어 있음을 느낄 수가 있었다.

1960년도 이래 1990(平成)년도의 대개보수를 끝낸 내부에는 시대별로 알기 쉽게 소개하는 모형 등이 전시되어있어 이해력을 돕고 있었다. 소천수각은 2층4개단으로 높이는 약19m이고 대천수각보다 약간 북향으로 치우친 별동(別棟)이었다. 성곽의 주위는 5.3㎞이고 면적은 98만㎡이며 성내에 천수각과 소천수각, 18개소의 망루문(望樓門) 그 외에 29개소의 성문을 시설해 놓은 당당한 위용을 자랑하는 건축물이었다. 그 후 가도(加滕)가가 패망한 약 240년간에 걸쳐 호소가와(細川)가의 거성(居城)으로 되었다는 사실을 인식케 했다.

그러나 시일이 경과하여 1877년(明治10년)의 내란(西南戰爭)으로 천수각 등이 소실되었던 52일간의 농성내수(籠城耐守)로 난공불락의 견고한 축조물로 천하에 알려지게 되었다는 말에 우리의 안시성 혈전이 눈앞에 상기되어왔다. 이러한 과거를 기조로 1955년에는 구마모도성적(熊本城跡)이 나라의 특별한 사적으로 지정되었고 1960년에는 대·소천수각의 외관복원 이후 축성 400년이 되는 2007년을 향하여 제복원정비가 활발히 추진되고 있었다. 1588년(大正16年) 가도기요마사(加滕淸正)가 성주가 된 이래 기요마사의 탁월한 토목치수의 기술발휘로 7년간에 걸쳐 이구마모도성을 완벽하게 축성한 것이 1607년(慶長12年)이었고, 도구가와(德川)막부가 확립되어 평화를 가져오게 된 그사이에 무사의 문화도 호화로운 부게(武家)문화로 꽃피게 되었다는 말과 650년에 걸쳐 호소가와가에 전래되어온 무구와 조도(調度 : 家具) 문서에 이르기까지 여러 분야에 걸쳐 이 나라의 중세에서 근대를 대표하는 귀중한 자료들이 전시되어 있었다.

특히 눈길을 끄는 것은 1605년(慶長10年)경에 완성했다는 석원(石垣)의 축석방법인데 상기쓰미(算木積)라 해서 출우부(出隅部)에 장석(長石)을 서로 어긋나게 쌓아가는 방법으로서 구배(勾配)도 급하나 직선적이지는 않고 상원부(上垣部)가 휘어져있는 것이 특색이었다. 이러한 시설로써 기어오르는 외적을 막았던 당시의 지혜가 한눈에 들어왔고, 18개의 망루와 29개의 성문이 설비되어 있다고 전해지고 있으나 모두 둘러보지 못했고, 완전하게 보존되어있는 망루문으로 혼문(魂門)에 해당하는 동북의 방위선으로 설비된 국정중요문화재의 불개문(不開門) 꼴이 큰 부채꼴인 투격자(透格子)로 배열된 채 남아 있는 것만 보았다.

그리고 여러 사람이 달려들어 들어 올리려 해도 꿈적도 하지 않는 凹형의 바위를 목에다 걸고 현 구마모도역의 서쪽에 있는 하나오가(花岡)산에서 약2㎞의 거리를 유유히 날라 온 괴력의 전설이 남아있는 구비가게이시(首掛石)를 돌아보았다. 가토기요마사와의 한판 승부전에서 전사한 아버지(木山彈正)의 복수를 위해 노동자로 변장해 들어온 요고데고로(橫手五郞)는 돌을 운반하는 인부에 취역되어 일하다가 그 진의가 밝혀져 우물 파는 취역장으로 옮겨지게 되어 남보다 더 깊은 우물을 파다가 그 우물 속에 생매장되었다고 한다.

이렇듯 슬픈 잔상의 애화가 담겨져 있는 그 큰 구비가게이시가 본성의 서쪽소성(平左衛門丸)에 남아있었고, 조선출병 시 울산에서의 전투에서 경험한 농성의 체험에 따라 물의 소중함을 통감한 기요마사는 구마모도성 내에 120개소의 우물을 판바 있다. 그 우물의 깊이는 39m에 이르는 곳도 있으며 또 이들 우물은 음료수 확보의 목적뿐 아니라 축성공사에 필요한 용수로도 긴요하게 쓰였다한다. 현재 17개소가 잔존해 있어 많은 관광객의 방문을 받고 있었다.

다음엔 구마모도를 상징적으로 빛낸다는 히고록가(肥後六花)를 돌아보았다. 이곳엔 구마모도의 대표화라 할 수 있는 히고기꾸(肥後菊), 히고쓰바기(肥後椿), 히고사잔까(肥後山茶花), 히고쇼우부(肥後菖蒲), 히고아사가오(肥後朝顔), 히고샤구야구(肥後芍藥) 등 6가지 꽃이 있는데, 비후라는 구마모도의 한 지역명을 써서 비후육화라 부르게 되었고, 이 꽃들은 약 200년 전에 호소가와공이 유용식물로 재배한 것이었는데 이를 계기로 무사들의 원예로 이어져 비후명화원으로 사계절을 즐겁게 이용하고 있다했다.

그밖에도 공격하기 어려운 명성의 조건으로, 성안의 석단을 한단한단 안길과 높이를 의도적으로 다르게 축성하여 올라갈 때 보폭이 일정치 않아 용이하게 디딜 수 없도록 하여 적의 진군을 저지토록 구상되어 있었다. 또 성을 둘러싼 수로도 평성(平城)과 산성(山城)의 특징을 살려 수로(水路)와 공굴(空堀)에 에워싸인 것이 특이했고 또 자연의 지형과 내(川)를 방어의 중요한 해자(垓字)로 이용 설계한 것도 축성의 명수로 알려진 기요마사의 기교(技巧)한 묘책이 아닐 수 없었다. 우선 외호(外壕)는 구마모도성의 동쪽에서 남류했던 시라가와(白川)를 이용한 것과, 안쪽을 흐르던 두 곳의 지류를 하나로 합류하여 내굴(內堀)로서의 기능을 살린 것이 오늘의 구마모도성을 낳게 했다고 자랑했다.

일본情趣 풍기는 回遊式 成趣庭園

구마모도(熊本)의 스이젠지 죠주엔(水前寺成趣園)은 에도(江戶)시대의 주요도로였던 동해도 53개 지역의 역참(驛站)을 모방하여 조성했다고 전해진다. 또한 이곳은 아소(阿蘇)산의 복류(伏流)가 청렬(淸冽)한 지하수를 용출하고 있는 곳으로 1636년 호소가와(細川)가의 3대 번주(藩主)인 다다도시(忠利)공이 가쓰라리큐(桂離宮)에서 이곳으로 옮겨 찻집과 라간지(羅漢寺)의 전지주인 겐다구(玄宅)스님을 위해 사찰을 건립하였다고 소개했다.

또한 이 절은 스이젠지(水前寺)라고도 불렸는데 15~16세기경의 찬란했던 모모야마(桃山)양식의 흔적을 정원곳곳에서 찾아 볼 수 있었다. 회유식 정원으로 조성된 죠주엔(成趣園)은 호소가와가의 4대와 5대의 번주에 의해 약80년에 걸쳐 완성되었고 죠주엔이란 명칭은 중국의 유명시인 도연명(陶淵明)의 시에서 유래되었다 하니 아마도 5두미의 봉록(封祿)을 뿌리치고 귀원전거(歸園田居)하여 궁경자급(躬耕自給)해가며 시주(詩酒)를 즐겼던 귀거래사에 보이는 '원일섭이성취(園日涉以成趣)하고 문수설이상관(門雖設而常關)'이란 명구 일 절을 인용한 것이 아닌가 상정해 보았다. 그리고 신원(神苑)으로 여기는 죠주엔을 경내로 한 이즈미진자(出水神社)는 1878년 명치유신 때 창건되어 호소가와가의 역대 번주를 받들며 보은의 정성을 바치기 위해 사람들의 발길이 끊어지지 않고 있었다. 또 호소가와가의 초대 번주인 호소가와후지다카(細川滕考)공은 와가(和歌)에 뛰어나서 도모히도(智仁)친왕에게 고긴와가집(古今和歌集)의 비술을 전수할 때 쓰인 이 건물을 이곳으로 1913년(大正元年)에 이축했으며 지하수가 용출되고 있는 연못이 앞에, 명치천황이 다녀간 것을 기념하여 세워진 임행비(臨行碑)가 옆에 조용히 자리 잡고 있었다.

그 외에 이즈미진자(出水神社)와 동시에 건립되었다는 노가구뎅(能樂殿)은 8대 번주인 마쓰이(松井)가에서 봉납한 무대라고 소개하고 예로부터 구마모토에 전승되어온 본좌(本座)와 신좌(新座)의 전통을 이어오고 있는 가면극의 무대로 활용되고 있었다. 한편 신수(神水)로 불리는 장수의 물(長壽の水)은 호소가와다타도시(細川忠利)공에 의해 명명되었고 이 장소에 찻집을 지은 의도는 청렬한 지하수가 찻물로 최적이라 여겨 백약의 장으로서 많은 사람들에게 사랑을 받고 있다는 설명이 이어졌다. 죠주엔에 입장하여 약 20여 분에 걸친 짧은 회유순람(回遊巡覽)이었으나 많은 것을 느끼게 하는 훌륭한 유원지였다.

청정한 담수도 탐스러웠지만 그 주변을 조화롭게 꾸며 많은 관광객을 불러들이는 일본인의 지성을 여기에서도 엿볼 수가 있었다. 일본 제1이라 불리는 후지산(富士山)도 만들어놓고 잔잔한 연못 가운데에 두서너 개의 섬(島)을 만들어 흥취를 돋우도록 한 고안은 어디에서 나왔을까? 이곳에 찻집을 건립한 다다도시는 도연명의 귀거래사에 심취되어 이 정원을 만드는 데도 중국의 낭만성을 여기에 가미하여 광활한 중국의 대자연을 축소해놓은 한 폭의 그림처럼 조성했다 하니 그 창안이 놀랍기도 하지만 도연명 시의 명구를 현실로 옮겨놓은 그 기법에 더욱 놀랐다.

이렇듯 옛날의 좋은 점은 어느 나라의 것이든 현실에 반영하는 그들의 지혜로움이 과거사는 무조건 고루한 것으로만 몰아가는 우리나라의 젊은이들과는 너무도 차이가 많았다. 온고이지신이란 옛말대로 고대중국의 호방한 정취를 좁은 구마모도에 접목시켜 축소 적응해놓은 그 묘책이 훌륭했을 뿐 아니라 분명히 우리가 배워야할 하나의 과제인 것 같은 생각을 떨칠 수가 없었다. 유구한 역사만을 앞세울 것이 아니라 그 역사에 걸 맞는 독창적인 문화의 창달이 필요하기 때문이다.

이시가리(石狩)광야의 표본도시 삿보로(札幌)

삿보로(札幌)는 혹가이도(北海道)의 관문으로 일본 5대도시 중의 한 곳이다. 삿보로라는 지명은 아이누족의 말로 '오랫동안 메마른 강바닥'이라는 뜻이라 했고 삿보로의 중심가는 가로수가 아름다운 오오도리공원(大通公園)이며 주로 볼만한 곳은 스스기가(鈴木街)라 했다. 인구180만 명의 삿보로는 혹가이도의 도청소재지이자 이 지역 정치 경제 교통의 중심지로서 오랜 세월 아이누족의 생활터전이었으나 명치유신 이후 혹가이도를 개척한다는 정부 의지에 따라 1869년 혹가이도 개발계획의 중심으로 삿보로를 택하게 되었고 이로 말미암아 많은 일본 사람들이 이곳으로 생활터전을 옮기기 시작했다고 한다.

또한 삿보로의 개발모델로는 미국의 보스턴을 택했다고 하는데 그 이유는 그곳 역시 북위43도에 위치해 있어 삿보로의 위도와 같았기 때문이라 했다. 우선 식량이 부족한 것을 감안한 일본정부는 광활한 이 땅에 미국식 영농방법을 도입하기로 하고 당시 미국의 농무장관이었던 호레이스 케플론(Horase Capron)을 연봉$10,000의 파격적인 대우로 스카웃했다는 설과 그 당시 그의 보수가 일본의 최고위직인 태정대신(총리대신)의 급료와 동일한 액수였다고 전하여진다. 그 외에 메사추세츠 농과대학장인 윌리암 클라크(Willam Clark)와 농경과 목축지도 교사였던 에드윈 던(EdwinDun) 등 건축가와 도시계획전문가 30여 명의 미국인 기술자를 초청한바 있었다고 하며 이들 중 특히 윌리암 클라크와 에드윈 덤의 공적을 흠앙한 동상이 오오도리공원에 세워져 있는 것이 이채로웠다.

삿보로는 도시가 4각형의 블록으로 형성되어 있는데 동서는 이시가리가도를 중심으로 남북은 오오도리를 중심으로 나뉘어져 있고 오오도리에 있는 오오도리공원은 동서로 약 1,5㎞에 이르는 도심 속의 오아시스(Oasis)처럼 여름에는 맥주광장(Beer Garden)이 개설되고 겨울에는 삿보로 최대행사인 눈(雪)축제가 열린다 했다. 웅장한 눈 조각과 기묘한 얼음 조각이 넓은 공원을 별세계로 장식하며 세계 여러 곳에서 찾아드는 수많은 관광객들의 발길을 이곳에 멈추게 한다했다.

또한 삿보로의 상징이자 국가지정 중요문화재인 시계탑은 삿보로농학교의 시련장으로서 1878년에 축조되었다 했고 관내에는 시계탑의 역사를 소개한 패널(Panel)이 전시되어있었다.그리고 시계가 움직이는 원리를 대형화면으로 해설한 코너(Corner)와 같은 형식의 시계도 전시되어 있는 것이 특이했다.

또 삿보로의 여름은 짧고 겨울이 긴 기후의 특징 때문에 겨울의 적설량이 6m가 넘을 경우가 많아 교통이 마비될 때가 있어 다른 지역에 비추어 개발이 늦어졌다. 그러나 혹가이도 전역에 널려있는 수많은 산과 호수, 활화산과 온천 등 자연경관이 수려하기 때문에 휴양지로 큰 인기를 모으고 있을 뿐 아니라 1972년에 개최된 제11회 동계올림픽과 눈축제를 통한 세계인의 관심을 끌기 시작하여 지금은 쾌적한 환경 때문에 일본인들이 가장 살고 싶어 하는 동경의 도시 중 하나로 꼽힌다 했다.

이러한 혹가이도의 개척에 결실의 꽃을 피우게 한 공로는 황막한 평야를 오늘날과 같이 눈뜨게 한 당시 삿보로 농학교의 초대총장이었던 윌리암클라크와 농경과 목축 지도교사인 애드윈 덤이었다고 칭송하면서 이들의 업적이 오오도리공원에 세워진 동상에 새겨져 있다 했다. 그 외 붉은 벽돌(赤煉瓦)의 애칭을 받고 있는 혹가이도 구청사는 미국 메사추세츠주를 모델로 1888년에 세워졌는데 계절마다 바뀌는 풍경화 같은 정원과 넓은 연못은 혹가이도 시민들의 평화로운 휴식처로 이용되고 있었다.

혹가이도 개척의 산실이었던 이 구청사가 지금은 혹가이도 역사박물관으로 꾸며져 130여년에 이르는 장구한 변천사를 설명해 주고 있었으나 내가 상상하고 기대했던 삿보로의 별칭으로 '만가(挽歌)'의 설화는 어느 곳에도 없었다.

무명의 한 작가가 쓴 소설 만가가 70만 부라는 경이적인 판매고를 올리며 전국을 휩쓴 센세이션(Sensation)의 배경이 삿보로였기 때문에 삿보로에 대한 관심은 누구보다 컸었다. 만가의 서사가 전개되는 구보찌(窪地)의 소공원은 어디에 있으며 효또레이꼬(兵藤怜子)가 갈색 강아지에게 손바닥을 물려 가쓰라기(桂木節雄)와의 사랑을 눈뜨게 한 그 언덕은 과연 어디에 있는가 등 상상을 이어가며 하라다야스꼬(原田康子)가 역필한 한 구절을 머리에 떠올리며 차창 밖을 내다보았다.

> 나는 눈앞에 펼쳐지는 산과 호수와 숲에도 애착을 느꼈다. 12월의 숲과 산 사이에 있는 호수는 박정(薄情)한 여자의 눈처럼 차갑고 푸르게 빛나고 있었다. 밝은 겨울의 태양 밑에 이어지는 거칠고도 거대한 자연 속에는 부드러운 정서(情緖)의 미진(微塵)도 없었다. 나는 이렇듯 딱딱한 아름다움에 가벼운 질투(嫉妬)를 느꼈다.
>
> – 原田康子의 挽歌中에서

사랑은 윤리이전의 정념인 것이고 정념이기 때문에 부조리인 것이다. 부조리이기 때문에 인간갈등의 드라마가 생기는 것이고 이 드라마를 작자에 따라 가구(假構)된 로마네스크(Romenesque)한 세계를 전개하고자 시도한 것이 이 만가라 해도 좋을 것이다. 사랑이 윤리가 아니고 정념으로 있는 한 결코 안정될 수는 없다. 그 부정한 정념으로 초래된 비극을 작자는 견고한 구성과 예민하고 섬세한 문체에 따라 그려나간 한편의 아름다운 로망(Romen)을 만들어 낸 것이다.

– 挽歌의 書評中에서

이렇게 일본의 문인들은 평하고 있으나 삿보로의 비약적인 발전과 더불어 세계인이 선호하는 삿보로 맥주와 만가의 높은 명성은 우연한 일치가 아닌가 하는 생각의 꼬리가 여운으로 이어졌다. 그밖에도 혹가이도의 유명한 스키장인 상가구산(三角山)과 오오꾸라산(大倉山), 위장병과 신경통에 특효가 있다는 죠상게이(定山溪)온천을 돌아보지 못하고 무거운 발길을 돌려야했던 삿보로의 여행이 귀국길의 마음을 아쉽게 했다.

廢鑛炭塵의 어둠을 걷은 밝은 夕張市

유바리(夕張)시는 혹가이도(北海道)의 중앙부에서 남서쪽에 위치한 인구 36,000명의 작은 산협(山狹)도시로 국도와 지방도 외에 1981년에 개설된 사철(Japan Railway)과 혹가이도횡단 자동차도로가 지도세(千歲)에서 유바리(夕張)간을 1994년에 개통되어 혹가이도 중앙부와 동부를 연결하는 중요한 거점도시가 되었다. 광업도시로 명성이 높았던 이곳은 일본큐슈의 미이게(三池)탄광과 후꾸시마(福島)현의 죠방(常盤)탄광들처럼 명망이 높아진 동기는 1888년 인적미답의 유바리천변 상류에서 산출되는 석탄 때문인데 당시 혹가이도청 기사였던 사가이찌다로(坂市太郞)에 의해 석탄의 대로두(大路頭)가 발견되고 그 다음해에 탄광개발이 시작되면서 그 면모가 달라지기 시작했다 한다.

1802년 27,000屯을 기점으로 1893년에는 78,000屯을 채탄하였을 뿐만 아니라 러일전쟁이 일어났던 1904년에는 무려 550,000屯이란 경이적인 생산량을 기록하여 일본의 해전을 승리로 이끈 원동력이 되었다며 자랑이 대단했다. 이렇듯 유바리의 기운은 반세기에 걸쳐 일본 근대화와 공업 발전에 기여한 석탄의 역할이 매우 큰 것이었고, 이에 따른 인구증가도 1940년 64,000명에서 1947년에는 82,000명으로 증가했으며 전후 경제부흥, 석탄산업의 신장과 더불어 인구도 계속 증가하여 1955년에는 100,000명을 돌파하게 되었다한다.

그러나 20여 개소의 산지로부터 풍부한 원료탄의 채굴이 활기를 띠게 되었으나 석탄에서 석유로의 연료전환기를 맞이한 일본전국의 에너지(Energy) 변혁기류는 유바리 전역에까지 밀어닥쳐 매년 폐산이 이어져 중소탄광은 모두 폐쇄되어 현재 인구는 최성기의 33%에 지나지 않는다

했다. 폐산이 된 탄광기업은 자사용지내의 선탄장과 사무실, 그리고 종업원주택의 철거비용 염출이 어려워 그대로 방치해, 폐옥의 풍경이 싸늘한 늦가을의 바람과 함께 산탄지의 참담한 모습이 어둡게 비쳐져 젊은 노동력 확보와 청소년 정착 및 기업유치의 장애로 이어졌다.

그러나 버려진 이곳의 정비와 재개발사업의 대응책이 전국에서 논의가 시작됐고 산탄지역진흥 임시조치법의 연장과 함께 관계기관의 따뜻한 지원도 받게 되어 탄광도시 개조실현으로 푸른 산협의 경관과 유원지를 대권역으로 발전시키는 석탄역사촌 계획을 착안하기에 이르렀다. 흑진주로 찬양되던 석탄을 재생시켜 일대 관광개발사업으로 전환하여 석탄사양의 도시인 유바리의 어두운 상징을 걷고 기사회생의 기폭제로 착상한 것이 석탄박물관 계획으로 이곳 산협도시의 희망으로 밝아 왔다 했다.

1978년부터 5개년계획으로 15ha의 장방형부지에 총 55억 엔을 투자하여 '배우고 쉬고 기르자'라는 3요소를 복합한 일대관광거점을 조성하여 박물관에는 탄광풍속관, 탄광기계관, 사적유바리관 등이 연결된 시설로 세계에서 희귀한 박물관으로 전국에 알려졌다 한다. 여기에는 석탄의 생성에서 과거, 현재, 미래에 이르는 모든 것이 학술적 관광적인 연구자료가 집중 전시되어 있었으며 1980년 9월부터 S.L(Steam Locamotive) 회관을 개관하여 건물자체가 거대한 S.L형태를 하고 있어 이 관내에는 석탄을 운반하는 S.L2량과 객차 그리고 세계의 기차모형 S.L영화 등 소리와 빛에 의한 전시가 갖추어져 있었다.

또한 1981년 6월부터는 유바리에 거주하는 사람들의 생활역사를 설명하는 산의 생활관, 1981년 11월에는 수상식당을 병행하여 인공호도 완성되어 레저(Leisure)시설로서 당년 입관관람객만도 18만여 명이 되었다 한다. 유기시설로는 혹가이도 내 제1의 규모를 자랑하는 어드벤처패밀리(Adventure Family)가 완성되어 높이60m, 길이800m의 제트코스터(Jet Coaster)와 루프코스터(Loop Coaster) 그리고 사이클 모노레일(Cycle Monorail) 등이 이곳을 찾는 아이들에게 감동적이고 약동적인 꿈을 실어줄 것이라는 말도 잊지 않았다.

아울러 세계의 진귀한 동물 박제 1,000여 점을 전시하여 한곳에 앉은 채 그 생태를 관찰할 수 있게 한 세계의 동물관도 마련되어 초·중학교의 교제로도 제공되었다. 이렇게 유바리의 어두운 이미지를 전환시켜 도시 전체에 활기를 불어넣은 데는 자치단체의 과감한 정책도 필수적이었다 한다. 고주택의 지붕과 벽을 일신하기 위해 컬러풀(Color Full)운동도 그 중의 하나로 꼽았다. 그밖에도 유바리의 기본과제는 이제까지의 점관광에서 루트(Root)관광으로 발전을 시도하고 있어 매우 선진적인 느낌이 들었다.

혹가이도에 유례없는 고원공원(高原公園)이라 불리는 덴마크풍치공원과 석탄의 역사촌을 루트화 함에 있어 탄진으로 황폐해진 산야에 새 흙을 덮어가며 검은 상징을 지워가는 유바리시민의 협동과 조화롭고 긍지높은 시민상이 돋보였다. 오늘도 폐광된 황지에다 유바리 농업특산물인 멜론(melon)과 참마, 아스파라오(Aspora) 등을 재배하며 세계최초로 '멜론브렌디'의 콤비(Combination)를 독자적으로 개발하여 세계시장에 진출하고 있는 모습이 영민해 보였고 탄진으로 오염된 유바리천의 세탄수에 정화장치를 부설하여 탁도(濁度)를 담수에 가까운 규제치까지 제거하여 시내를 관류하는 냇물이 청류(淸流)로 돌아와 붕어와 잉어 황어들을 낚을 수 있게 되었다는 말에 부러움이 앞서왔다.

풍부한 대자연의 자원을 활용하여 가족과 함께 즐길 하이킹(Hiking)지구 조성과 가을이 되면 서방의 모든 산이 비단빛 단풍으로 장식되는 홍엽명소(紅葉名所)의 수려한 경관이 도시인을 손짓하는 유바리는 결코 폐광으로 황폐한 낙후된 산협폐촌이 아니라 푸르름이 있고 밝은 미래가 약속되는 희망의 도시임에 틀림이 없었다.

現代風을 超脫한 東京都廳의 雄謀

일본의 수도 도쿄(東京)는 400년의 역사를 가진 도시라했다. 1603년에 도구가와이에야스(德川家康)가 원래 에도(江戶)로 불리던 이 도시에 무가정권을 수립하면서 번성이 시작되었다고 하며 일본의 정치 문화 중심 도시인 이곳은 18세기중엽까지는 인구 100만 명을 넘는 도시로 발전해 갔다고 했다. 그러나 형식적 최고지위인 천황이 그때까지도 교또(京都)에 거처하고 있었는데 1868년 명치유신에 의해 도구가와 무가정권이 붕괴되자 천황이 그때 새롭게 개명된 도쿄로 옮겨 명실상(名實上) 일본의 수도가 되었다고 소개했다.

이렇게 명치시대로 진입한 일본은 서구문명을 탐욕적으로 받아들여 1869년에는 도쿄와 요고하마(橫浜)간 최초의 증기기관차가 운행되었다 했다. 그 후 1882년에는 우에노(上野)에 일본초유의 동물원이 개원되었고 정치적으로는 1885년에 내각제도가 채용되어 초대 수상으로 이또히로부미(伊藤博文)가 취임되었다는 말에는 그리 반갑지 않는 기분이 스쳐갔다. 36년간의 식민지압정을 지긋지긋하게 겪어온 소치가 아니겠는가마는 일본번영의 기틀을 잡아간 이 시대인 1889년에는 대일본제국헌법이 제정 공포되어 근대국가로서의 체재가 확립되어 갔다고 했다.

그러나 1912년에서 1926년의 다이쇼(大正)시대에 이르러서는 국내 각 도시에 근로자가 늘어갔고 소비생활의 비중이 높아감에 따라 교육수준 또한 높아져 고등여학교에 진학하는 여성이 늘어나게 됐는가 하면 연극과 오페라(opera)도 성대해졌다는 말도 잊지 않았다. 그 외에 1923년 9월 관동대진재가 도쿄를 급습해서 도심부는 화재로 소실되고 14만여 명의 사망자와 행방불명자가 생겼을 뿐 아니라 30만여 동의 건물이 소실되어 수많은 난민을 낳았다고 한다.

진재 후 부흥계획이 입안은 되었으나 당시 국가예산 이상의 비용을 감당치 못해 조기복구는 실현되지 못하고 극히 일부의 복구사업만이 실행되었다고 했다. 관동대진재가 일어난 지 얼마 되지 않은 가운데 1926년 소화시대가 어두운 서막을 올렸다. 그럼에도 1927년에는 아사구사(殘草)와 우에노(上野)간에 최초의 지하철이 개통되고 1928년에는 보통선거법에 의한 최초의 중의원의원 선거가 시행되어 의회제도가 확립되어갔고 1931년에는 하네다(羽田)에 도교공항이 완성되어 근대화의 기반이 구축되어갔다.

도교거주 인구는 636만 명에 이르러 뉴욕과 런던에 버금가는 도시로 성장해 갔으나 1941년에 시작된 태평양전쟁은 이곳에 커다란 영향을 미쳤다고 한다. 전쟁수행을 위한 도쿄부(東京府 : 知事의管轄)와 도쿄시의 이중행정을 해소하기 위해 1943년 부 와시를 합병하여 도쿄도(東京都)를 탄생시켰다고 했다. 이러한 행정제도의 개혁으로 장관급의 지사가 선출되었고 혁신적인 능률행정을 기도했으나 1945년 3월10일의 도쿄 대공습을 시작으로 102회의 공습을 받아 많은 인명과 재산을 소실 당했다. 1945년 8월15일 일본은 포스담(Potsdam)선언을 무조건 받아들여 종전을 맞았으나 화재로 황폐한 도쿄의 인구는 349만 명으로 줄었다고 하며 폐허로 변해버린 거리를 세계 굴지의 도시로 변모시킨 일본인의 저력을 은근히 자랑하기도 했다.

인구 1,000만 명 이상이 활력 있게 움직이는 도쿄의 거리마다 하늘로 치솟는 고층건물은 수를 헤아릴 수 없으나 그 중 도쿄도의 행정을 총괄하는 도청(都廳) 건물은 우람하기보다는 예술성을 가미한 장대한 모습이었다. 높이243m에 지상43층 지하3층의 제1 본청사는 집행부의 건물로 활용되고 있었고 높이163m에 지상34층 지하3층의 제2 본청사에는 도청유관기관이 들어 있었으며 높이41m에 지상7층 및 지하1층의 다른 건물은 의회건물로 활용되고 있었다. 제1청사와 제2청사의 202m 45층에는 도쿄도민 누구나 자유로이 출입하여 시내를 관망할 수 있는 전망대가 설치되어 각종 홍보물과 함께 도정의 일면을 살필 수가 있어 좋았다. 38만1,000㎡의 광대한 부지에 2만7천500㎡의 건평을 가진 이 건물은 1988년 4월에 착공해 1991년 3월에 완공했으며 설계는 전 세계에 명성을 떨친 단게겐조(丹下健三)라 했다. 단게겐조는 2차세계대전 이후 1952년 히로시마의 평화기념관과 도쿄도청청사, 1964년 가가와(香川)현청사내 경기장, 1970년 일본만국박람회 등 숱한 걸작을 창출해낸 위인으로 숭모하고 있었다.

그러나 이 웅대미묘한 건축물의 자제 대부분이 한국산 석재라는 말에 아연하고 말았다. 웅장해 보이면서도 미려하게 다듬어진 이 건물의 기반이 우리나라의 자원으로 채워진 것이란 말에 문득 고향의 산천이 눈앞을 스치고 지나갔다.

1988년에 착공하여 1991년에 완공된 이 건물에 쓰이기 위해 당시 우리나라에는 석재 수출이 한창이었다. 그래서 우리고장의 산간 계곡 여러 곳이 채석장으로 변해 있었는데, 그때 이 건물을 탄생시키기 위한 선재장(選材場)으로 활용되었던 것을 생각하니 공연히 마음이 상했다. 이렇게 훌륭한 건물을 세우기 위해 우리나라의 자원까지도 애써 실어간 일본인의 정신에 비해 우리들은 왜 그렇게도 소중함을 모르고 있었던가 하는 생각과 함께 1996년에 철거해 버린 구 중앙박물관의 석조건물이 아련히 눈앞을 스쳤다.

盲崇을 强要當했던 怨憎의 니주바시

일본 도쿄의 니주바시(二重橋)는 일황(日皇)의 거처인 황거(皇居)로 들어가는 정문 앞 다리로 원래 이중으로 시설되어 있었기 때문에 붙여진 이름이라 했다. 또 메가네바시(眼鏡橋)라고도 하여 이 다리가 물에 비친 모습이 물위의 시설물과 어울려 안경처럼 보인다고 해서 붙여진 이름이라 부언하기도 했다. 이 니주바시를 건너 황거로 가는 외곽에 히가시교엔마에(東御苑前) 광장이 있었다. 현재 천황이 거처하는 황거는 일반에게 공개하지 않는데 1년에 2회(1월2일과 12월23일 천황의 생일)는 관람이 허용된다고 했다.

그 외 황거외원에는 에도시대 막부의 중신들 저택이 있었던 곳이었고 서쪽에는 1897년에 세운 무장 구스노기마사시게(楠木正成)의 동상이 있다했으나 가보지 못해 아쉬움이 컸다. 고색이 짙은 니주바시를 건너면 높은 성벽으로 둘러져 있는 곳에 깊은 해자(垓字)가 시설되어 있는데 그 주변에는 아담한 공원이 여러 곳 조성되어 있다고 소개하면서 그 중에도 히가시교엔(東御苑)을 찾는 사람이 많다고 했다. 이 히가시교엔에는 도구가와 장군의 혼마루(本丸 : 主城)가 우람하게 서있고 서쪽으로는 광장으로 조성되어 있다했으나 실제 가보지는 못하고 멀리서 관망만 했다. 한쪽 모습이 깊은 숲에 둘러싸여 한편으로는 쓸쓸해 보였지만 고적처럼 이름이 알려진 니주바시는 60년 전의 그림과 조금도 변하지 않은 채 내 눈앞에 있었다.

67년 전으로 기억되는 초등학교(尋常小學校)시절이었다. 입학을 하니 한 마디도 알아듣지 못할 일본어를 국어라 하고 우리말을 쓰지 못하게 하는 군인출신의 일본인 선생이 학생들을 매사에 군인 다루듯 했다. 특히 수신(修身)시간엔 정면 벽에 걸려있는 니주바시 그림을 마치 신주 받들 듯하며 규조삼바이(宮城參拜)를 강요했다. 수신 책을 눈 위까지 올려들고 정중하게 경례를 한 다음 가만히 책상 위에 내려놓아야했다. 이 행동을 반복하여 충분한 예행연습을 마친 다음 참배를 끝내고 공부를 시작하는 것이 지겹도록 싫어서 하루는 눈 위에까지 받들어 올렸던 수신 책을 책상 위에 내던지고 말았다. 사람도 아닌 그림을 쳐다보고 천황폐하에게 충성을 맹세하는 것이 못마땅했고 매일 두세 번씩 지겨운 연습을 시키는 것도 마땅치 않아 책을 내던진 것이 큰 화를 불렀다. 굵은 눈을 부라리며 내 옆으로 다가온 그 선생은 억센 주먹으로 머리에 꿀밤을 준 뒤 들고 있던 대나무 회초리로 손바닥을 사정없이 내리치기 시작했다. 아픈 건 고사하고 부풀어 오른 손바닥에서 진물이 나는 것을 보고 놀라 눈앞이 캄캄해졌다. 분이 풀리지 않았던 일본인 선생은 수업이 끝나자 나를 직원실로 끌고 가 불손학생(不遜學生)이라고 다른 선생에게 말한 다음 2시간 넘게 책상 앞에 꿇어앉혔다. 해가 서창에 얼굴을 묻을 즈음 일어나 집에 가라고 했으나 나는 일어서다 그만 쓰러지고 말았다. 다리가 완전 감각을 잃고 마비되어 걸을 수가 없었던 것이다.

니주바시의 인상은 이렇듯 원증(怨憎)의 연유(緣由)를 안고 있기에 그다지 신성하고 소중한 시설물로는 보이지 않았다. 니주바시를 바라보는 눈앞에는 귀신보다 더 무서운 선생 얼굴이 번갈아 떠올랐다. 무조건 최경례를 시키면서 천황을 신성시했던 광신적인 선생과 한낱 그림을 향해 천황인양 맹숭(盲崇)을 강요했던 과거가 니주바시 밑을 흐르는 물위에서도 어른거렸다. 60여 년 전의 원증을 안고 찾아온 니주바시에서 이렇게 착잡한 순간을 맞이하고 있었다.

해가 서산에 가리워 지자 니주바시 광장은 텅 빈 채 쓸쓸히 저물고 있었다. 그래도 니주바시 앞 광장에는 수많은 사람들이 찾아와 손을 모으며 천황을 숭배한다는 말과 지금도 많은 시위군중을 진압할 때는 이 니주바시 쪽으로 유도한다는 설명이 어어졌다. 극에 달한 시위군중들도 이곳에 이르면 자연히 두 손을 모으고 고개 숙여 천황을 숭앙한다니 아직도 일본국민에게는 신성불가침의 성역이겠으나 60여 년간 내 가슴에 남아있는 니주바시의 환상은 그 순간까지도 잔인한 흉물이었다. 대형여객기 60대를 세울 수 있는 115㎡의 광대한 면적에 신처럼 거처하고 있는 황거는 많은 일본인들의 불평을 사고 있다는 말도 잊지 않았다. 금싸라기처럼 귀중한 땅을 어찌 천황 혼자 차지하느냐는 국민의 볼멘소리가 내 귓전에도 맴도는 듯했다.

*인용참고서적

책 자 명	발 행 처
세계사사전	청아출판사
세계사 작은사전	가람기획
지명대사전	연합뉴스
세계사연구(1권)	유네스코한국위원회
세계사연구(2권)	유네스코한국위원회
세계문화사대관(曺佐鎬 洪淳祀 共著)	한국출판사
동양사대관(曺左鎬著)	제일문화사
인명사전	민중서관
서태후(역사소설:德齡作 김우림譯)	도서출팜 보람
세계를 간다 유럽 17개국	중앙M&B
세계를 간다 동유럽 6개국	렌덤하우스 코리아(주)
세계를 간다 러시아	렌덤하우스 중앙
세계를 간다 뉴질랜드	렌덤하우스 중앙
시드니 골드코스트	렌덤하우스 중앙
북유럽 9개 도시	렌덤하우스 중앙
자신만만 세계여행 U.S.A	삼성출판사
Just go 캐나다	(주) 시공사
세계의 국가들	교학사
중국관광가이드	중국인민공화국 국가관광국
레바캉스가이드북 컬렉션 오스트리아	VACANCES